포스트드라마 연극의 미학

이 도서의 국립중앙도서관 출판시 도서목록(CIP)은 e-CIP 홈페이지(http://www.nl.go.kr/cip.php)에서 이용하
실 수 있습니다.(CIP제어번호 : CIP2011000499)

포스트드라마 연극의 미학

김형기, 심재민, 김기란, 최영주, 최성희
이진아, 파트리스 파비스

『포스트드라마 연극의 미학』을 발간하며

　수백 년 동안 유럽에서의 '전통적' 연극('the' theatre)은 드라마텍스트를 무대 위에서 배우의 말과 행동을 통해 현재화하는 것을 말하였다. 이러한 서양 연극의 전통적 특징을 나타내는 명칭이 바로 '희곡적 연극 (dramatic theatre)'이다. 희곡적 연극에서는 텍스트가 우선적으로 지배적 위치를 점한다. 18, 19세기에 음악과 춤이 첨가되거나 혹은 우위를 차지하는 다양한 연극에서도 텍스트는 관객의 지적·정서적 작용에 의해 체험될 수 있는 내러티브적, 사유적 총체성이라는 의미에서 결정적이었다. 말하자면 희곡적 연극은 자체 내에 완결된 이야기 형식을 가지고 현실을 재현함으로써 극적 환영(幻影)을 만들며 세계의 총체성을 표현할 수 있다고 주장해왔다.

　그러나 2차 세계대전 이후 인문사회학 분야에서 유행처럼 확산되기 시작한 포스트모더니즘의 논의에 힘입어 연극(학) 분야에서도 연극의 개념과 이론 및 실천의 전망을 새롭게 조명하고자 하는 움직임이 활발히 일어나고 있다. 약 50년 전부터 1990년대에 이르는 시기에 연극에서 발생한 변화의 특질을 강조하기 위해서 독일 프랑크푸르트 대학의 연극학자인 한스-티스 레만 교수는 당시의 사회문화적 징후 일반을 포괄하는 개념인 '포스트모던 연극'이라는 개념 대신에 '포스트드라마 연극(postdramatisches Theater)'이라는 용어를 사용하였다. '포스트드라마 연극'이란 용어는 단순히 시기적인 관점에서 '희곡 이후의 연극'을 가리키는 것을 넘어, 인식론적 관점에서 '탈희곡적 연극'을 포함한다.

그리하여 레만에게서 포스트드라마 연극이란 희곡의 우세에서 해방되고, 재현보다 현전, 전달되는 것보다 공유되는 경험, 결과보다 과정, 의미화보다 현시(顯示), 정보보다 에너지역학을 강조하는 연극이다. 즉 포스트드라마 연극은 메시지를 전달하는 의미 대신에, 결코 끝나지 않는 의미생산의 수행적 행위를 시작하면서 수행적 행위로서의 지각과 그리고 지각과정의 매체성으로 이목을 집중시키고자 한다. 이 같은 퍼포먼스 중심의 연극에서 레만은 또한 탈중심화, 서사의 다중화, 그리고 수용미학과 같은 포스트모더니즘 이론과 화합하면서 지배적인 권력구조로부터의 해방이라는 긍정적 모멘트를 끌어낸다.

지나온 50여 년간의 세계 공연예술의 전개과정을 냉정하게 관찰할 때, 급속도로 변화하는 사회문화적 환경 속에서 문학과 연극은 대중매체로서의 위상을 점차 잃고 있다. 이러한 맥락에서 보자면 지시적 기능 대신 수행적 기능이 지배적 위치를 차지하는 '포스트드라마 연극'의 부상은 프란츠 빌레의 지적대로 "과잉현상"이 아니라, 연극이 앞으로 살아남기 위해 택하고 있는 불가피한 "생존계획"에서 비롯한 것임을 알 수 있다.

이 책의 출판은 이와 같은 상황 속에서 지난 10여 년 동안 전 세계적으로 연극(학)계에 많은 기여와 함께 생산적인 논쟁을 가져온 '포스트드라

마 연극'의 개념과 현상을 면밀히 파악하고 연구하여 이를 한국의 연극
비평과 실천현장에 적용하며 확산시키고자 하는 의도에서 2009년 가을
처음 기획되었다.

이 책의 목차와 수록된 글의 내용을 구체적으로 들여다보면 다음과
같다.

1장 김형기: 「'포스트드라마 연극'의 개념과 영향미학」은 먼저 1960년
대 이후 퍼포먼스의 부상과 미디어 혁명으로 인한 새로운 지각 환경에
처하여 연극예술이 겪고 있는 자기변화의 양상을 '포스트드라마 연극'이
라는 개념 하에서 파악하고, 이를 20세기의 연극사적 맥락에서 고찰한
다. 그리고 이 '탈희곡적 연극'이 관객들의 '미적 경험'을 활성화하기 위
하여 택하는 영향미학의 토대로서 '수행적인 것'과 '퍼포먼스'가 무엇인
지를 공시적 관점에서 서술하는 한편, 포스트드라마 연극의 의의와 함께
문제점도 밝히고 있다.

2장 심재민: 「포스트드라마 연극의 수행성, 현상학적인 몸, 그리고 새
로운 형이상학」에서는 레만이 역사적 아방가르드에서부터 네오아방가르
드를 거쳐서 포스트모더니즘 연극에까지 이르는 연극적 상황을 조망하
면서 전통적인 드라마 연극과는 다른 양식적 특질들 – 종합의 중지, 몽
상적 구조, 공감각, 퍼포먼스 텍스트 등 – 을 발견한 사실을 서술한다.
그리고 이러한 특질들에 기대어 레만이 특히 포스트드라마의 현상학적
인 몸에서 드러나는 수행적인 것에 천착한다는 점, 또 이처럼 몸 중심의
공연에 기대어서 생성 중심적이고 양가적인 논리에 입각해 자신의 미학
적 철학적 사유를 전개시키고 있음을 규명하고 있다.

3장 김기란: 「포스트모던 댄스, 탄츠테아터, 포스트드라마 연극」은 현

대 공연예술의 범주에 속하면서 '포스트모던-'의 세계 상황을 공유하는 두 개의 예술장르, 그러나 서서히 그 경계를 지워나가고 있는 포스트드라마와 탄츠테아터(포스트모던 댄스)를 비교하여 고찰한 글이다. 일반적으로 탄츠테아터는 연극과 무용이 결합된 공연예술 장르로 이해되는 만큼, 여기서는 현대 무용의 전개과정 즉 모던 댄스에서 포스트모던 댄스로 전개되는 과정에서 탄츠테아터가 등장한 배경과 의미를 사적(史的)으로 조망하는 한편, 탄츠테아터가 포스트드라마 연극과 공유하는 공통의 미학적 지향점과 공연예술적 특징을 피나 바우쉬의 작품을 중심으로 고찰하고 있다. 이를 통해 탄츠테아터의 공연예술적 특징 즉 일상적 동작의 발견과 분절, 몽타주 기법을 통한 장면의 급진적 대조와 왜곡된 시간 개념, 신체 위에 의미 쓰기와 읽기 등은 한스-티스 레만이 '포스트드라마 연극'의 미학적 지향점으로 지적한 내용과 공유된다는 점도 밝히고 있다.

4장 최영주: 「기술이 진화시킨 연극: 포스트드라마 연극과 미디어」는 미디어가 공연예술에 수용되면서 그와 함께 제기되는 미학적, 철학적 담론에 먼저 주목한다. 그리고 90년대에 이르러 포스트드라마 연극 형태의 공연에서 퍼포먼스의 '생동성과 현장성'이 영상, 텔레비전, 인터넷의 '생동성과 현장성'과 경쟁을 벌이는 현상에 관심을 기울인다. 궁극적으로 이 글은 퍼포먼스 연극 안에서 디지털 테크놀로지가 만들어내는 미학적 층위가 전통적 미학(Aesthetics)의 관점으로 설명될 수 없는 감각학(Aisthesis)으로 구성되는 것임을 밝힌다. 결과로 관객은 보는 자가 아니라 미디어를 느끼는 감각하는 신체가 된다고 본다. 여기서 미디어와 퍼포먼스의 만남은 미학적 층위만큼이나 의미와 문화의 층위 역시 고려되어야 한다는 것이 이 글의 주장이다.

5장 최성희: 「포스트드라마 연극의 서사적 특징: '이야기'할 수 없는 것을 이야기 '하기'」에서 말하는 서사란 우리의 과거, 현재, 미래를 연결하는 '관통선'이며 우리의 정체성을 구성하는 가장 근본적이고 절실한 행위이다. 이때의 '서사'는 스토리, 플롯, 서술 '행위', 의미의 네 가지 요소를 포함하는 광의의 개념이다. 이 글은 크림트의 〈그녀의 삶에 대한 시도들〉과 사라 케인의 〈4:48 싸이코시스〉를 대표적인 포스트드라마 텍스트로 분석한다. 이때 특히 전통적인 스토리의 실종으로 인해 더욱 절실해진 공연의 플롯(구조, 배치, 형식), 서술 행위(언어의 수행성), 그리고 참여자의 기억 속에 구성되는 최종적 '의미'에 대한 천착과 고민을 살펴봄으로써 결과적으로 포스트드라마 연극에서 서사의 '총합'은 오히려 더욱 증대되었다고 강조한다.

6장 김형기: 「일상의 퍼포먼스화 – 혹은 뉴 다큐멘터리 연극」은 포스트드라마 연극의 드라마투르기와 자기반영적 연출전략을 사용하는 '리미니 프로토콜'의 연극작업을 탐구한다. 이 연출가 집단은 주어진 원본의 모방이나 재현으로 대변되는 연극적 환영(幻影) 대신에 일상과 그 안에서의 경험 자체를 무대에 올려놓음으로써 '진정성(authenticity)'을 추구하는 새로운 형태의 퍼포먼스를 시도한다. 이 글은 연극의 개념, 목적, 연출의 개념, 연기와 진정성의 구분 등에 관하여 새로운 인식의 전환을 불러일으키고 있는 리미니 프로토콜의 연극작업을 포스트드라마 시대에 일상의 퍼포먼스화라는 관점에서 천착함으로써, 연극성(가상, 허위, 거짓)과 진정성(실재, 사실, 진실) 사이의 경계(다큐멘터리 연극)에 대해서뿐만 아니라 '연극 그 자체'란 무엇인가에 대해서까지 사유하고 있다.

7장 이진아: 「포스트드라마 연극에서 관객의 위치는 어디인가?」는 희곡과 연극의 전통적 관계에 방향전환을 가져온 일련의 작품들을 중심으로 하여 관객의 위치와 역할의 변화를 살핀다. 이러한 변화는 공연예술에 있어서 관습적으로 이해되어 온 공연 내적인 영역과 공연 외적인 영역이라는 경계 자체의 변화와 관련이 있다. 이 문제와 관련하여 다루게 될 작품들은 희곡작가에 의해 쓰인 독립된 문학작품으로서의 희곡 텍스트와 결별하기 시작하는 작품들이며, 희곡 텍스트에 대한 연출가, 배우, 디자이너 등의 해석으로서의 공연, 관객이 부재하는 곳에서 리허설을 반복함으로써 완성되는 공연의 개념이 더 이상 가능하지 않은 작업들이다.

이 글은 관객의 위치와 역할의 문제를 특히 다음의 몇 가지 논점을 중심으로 하여 고찰한다. 첫째는 무대와 객석으로 분리되어온 전통적 경계의 변화이다. 이러한 물리적 공간의 변화는 종종 공연이 관객의 신체 공간을 침범하는 결과로 나타나며, 그리하여 일상과 연극, 현실과 허구의 경계를 허물게 된다. 두 번째로 주목할 점은 퍼포밍 되는 공연 내 관객의 위치이다. 포스트드라마 연극의 관객은 종종 작품 내에서 특정한 역할을 맡아 수행하거나 작품의 내부 구조 안에서 필수불가결한 존재로 등장하면서 공연 내부 영역의 존재가 된다. 마지막으로 고려될 점은 예술제도 내 관객의 위치이다. '작가-작품-수용자'의 전통적 구조 안에서 조금씩 참여자, 해석자의 위상을 강화해 나갔던 관객은 이제 창조자라는 작가의 권위를 나누어갖기 시작한다. 작가가 작품의 최종적 창작자가 아닌 시스템을 설계하고 기획하는 자로 물러난 자리에서 작품의 서사를 구성하고 구조를 완결하는 역할은 이제 관객의 몫이 된다. 이러한 작업을 통해 관객의 위치 및 역할이 제기하는 문제의 쟁점을 가늠할 수 있다.

8장 파트리스 파비스: 「포스트드라마 연극에 관한 고찰들」은 10여 년이 흐른 지금까지도 동시대 연극에 대한 논쟁에서 지배적인 위치를 점하고 있는 레만의 '포스트드라마 연극' 개념을 비판적으로 재검토하기 위해 몇 가지 쟁점을 중심으로 심층적인 고찰을 시도한다. 주지하듯이 포스트드라마 연극 개념은 장려되는 만큼이나 많은 비판에 노출되어 있으며 결코 모든 연극 현상들을 포괄할 수는 없다. 오늘날 연극은 새로운 무대적 글쓰기를 향해, 이야기하기의 새로운 방식을 향해 나아가고 있는 추세이다. 따라서 이 글은 텍스트와 무대, 드라마와 포스트드라마 사이에서 벌어지는 세밀하고도 역동적인 움직임에 대해 보다 엄밀하게 주목할 필요가 있음을 강조한다.

이상 총 8장으로 구성된 이 책에서 집필에 참여한 7명의 연구자는 연극학, 문화학, 매체학 등의 학제적 연구에 의해서 비로소 그 미학적 층위가 밝혀질 수 있는 포스트드라마 연극의 폭넓은 스펙트럼을 최대한 망라하고자 노력하였다.

국내 공연계는 기존의 관습을 뛰어넘는 전혀 새로운 형식의 공연들이 과거 어느 때보다도 빈번히 관객과 마주하고 있음에도 불구하고, 동시대의 연극상황과 '퍼포먼스로서의 문화'에 대한 인식에 있어서는 여전히 더딘 행보를 보이고 있다. 이에 한국연극평론가협회 회원들은 우리 시대 연극의 미학에 관한 담론을 진작시켜 그 연구성과를 연극이론가는 물론 비평가, 그리고 미래의 한국 연극을 담당할 학생 및 현장 연극인과 공유하고자 하는 취지에서 2010년 1월부터 8월까지 〈포스트드라마 연극 세미나〉를 시작하였다. 이 책은 바로 이 연구 세미나에서 발표하고 토론한 글들의 모음이며, 따라서 위 주제에 관한 국내외 연구를 집대성하는 의미를 가질 수 없음을 미리 밝힌다. 오히려 이 저서의 발간을 계기로 포스트드라마 연극의 미학에 관한 학문적 논의가 더 다양한 시각에서 활발히 일어나고, 더 나아가 그 연구성과가 예술현장으로 확장되어 학문과 예술창조가 상호 동반 성장의 길로 접어들기를 기대해마지 않는다. 포스트드라마 연극의 미학에 관한 본격적인 연구서로서는 국내에서 첫 번째로 발간되는 단행본 저술인 만큼 두려운 마음이 앞선다. 강호제현의 질정과 격려를 부탁드린다.

이 책이 빛을 보기까지에는 많은 분들의 도움과 봉사가 있었다. 그 가운데서도 〈포스트드라마 연극 세미나〉의 개최를 흔쾌히 지원해주신 (주)시몬느 박은관 회장님의 전폭적인 이해와 믿음이 무엇보다도 큰 힘이 되었다. 인문학과 문화예술 전반에 대한 남다른 열정과 식견을 갖추시고 한국연극평론가협회 회원들의 비평이론 저술활동에 지속적인 후원을 아끼지 않으신 박은관 회장님께 이 자리를 빌어 심심한 감사와 경의를 표한다. 아울러 연구와 교육활동으로 바쁜 가운데서도 이 세미나에 동참하여 발제와 토론을 맡아주신 필자들과 한국연극평론가협회 회원들, 또 이 세미나를 찾아준 많은 연극학 전공의 학부 및 대학원 학생들에게 따뜻한 감사의 마음을 전한다. 그리고 매번 세미나가 원활히 진행될 수 있도록 온갖 헌신적 수고를 아끼지 않은 목정원, 정진세, 김다정 간사와 학술모임의 공간을 기꺼이 제공해주신 중앙대학교 공연예술원에 감사의 말씀을 드린다.

끝으로 인문학과 예술학의 자리가 점점 더 좁아드는 시대에 주저 없이 이 학술서적의 출판을 허락해주신 도서출판 푸른사상의 한봉숙 사장님께 깊은 감사를 드린다.

2011년 1월
유난히 춥고 눈이 많은 겨울날에
김형기

차례

'포스트드라마 연극'의 개념과 영향미학

– 퍼포먼스와 '수행적인 것'을 중심으로

김형기

들어가는 말

20세기 서양 연극의 흐름은 고대 그리스 비극 시대 이래로 굳건히 지속되어온 사실주의적, 환영주의적 문학연극의 전통과, 이에 맞서 "연극의 재연극화"(게오르크 푹스)를 주장한 역사적 아방가르드(historische Avantgarde, 1900~1935)의 연극, 그리고 이들의 개혁정신을 계승한 1960년대 이후의 네오아방가르드 연극인들에 의한 "포스트드라마 연극(postdramatisches Theater)"으로 대별될 수 있다. 지난 세기 초부터 시작된 이 같은 변화의 흐름은 관객에게 미치는 '미학적 영향'의 방식이 변화한 데서 기인한다. 이 변화는 일차적으로 연극인들이 예술로서의 연극의 목적과 기능에 대하여 가지는 의식 있는 태도에서 비롯하며, 더 나아가 제도와 기관으로서의 연극과 극장에 대해 사회와 시대정신이 그때마다 요구하는 바와의 긴장관계 속에서 진행되었다.

일찍이 19세기 말 20세기 초에 상징주의와 표현주의, 다다이즘, 미래주의를 포괄하는 연극개혁운동가들은 언어로 다 표현할 수 없는 인간의 세계를 묘사하기에 적합한 매체들을 찾는 데 주력하였다. 즉 세기전환기에 접어들면서 사회적 존재로서 인간의 현실과 실존은 점점 더 불가해하고 모호하며 불확실해져 가는 반면에, 연극무대에서는 무의식의 세계, 수수께끼 같은 영혼, 파악할 수 없는 꿈같은 내면세계를 표현하고 또 지각하기 위한 연극미학의 출현이 오랜 동안 더디어져 왔다. 독일의 철학자이자 문학이론가인 페터 스촌디(Peter Szondi)는 이를 가리켜 세기말에 도래한 "드라마의 위기"[1]라고 말한 바 있다. 즉 종래의 단선적이고, 환영(幻影)의 생산을 목표로 하는 언어 중심의 사실주의적 재현의 연극은 그 드라마의 '닫힌 형식'으로 인하여, 복합적이고 다원화된 사회구조와 그 안의 인간존재를 더 이상 묘사할 수가 없다는 것이다. 그 결과 '열린 형식'의 드라마가 출현하게 되었고, 그때까지 연극에서 무소불위의 권좌를 누려오던 언어도 인간의 몸, 공간, 음악, 조명, 색상 등과 같은 비언어적 표현수단에 부분적으로나마 자리를 내주게 된다.[2] 스촌디가 진단한 "드라마의 위기"에 뒤이어 나온 새로운 텍스트형태는 다름 아닌 베르톨트 브레히트(1898~1956)에 의한 희곡의 서사화였다. 하지만 브레히트의 극작과 연출은 게스투스와 서사적 장치를 강조하여 희곡적 재현형식의 전통을 탈피하고자 한 점에서는 혁신적이지만, 통일된 사건진행, 성격 혹은 등장인물의 대화와 모방으로 전개되는 이야기 등과 같은 희곡적 연극의 기본 틀을 여전히 유지하고 있다는 점에서 전래하는 고전적 연극과의 완전한 단절은 아니다.

---

1)　페터 스촌디, 『현대 드라마의 이론(1880~1950)』, 송동준 역, 탐구당, 1983, 19쪽.
2)　Volker Klotz, Geschlossene und offene Form im Drama, München: Carl Hanser, 1980 참조.

브레히트 이후(post-Brecht)의 새로운 연극의 실재는 희곡, 사건진행 그리고 모방이라는 삼각체제의 해체로부터 시작한다. 그 결과 이미지연극, 춤연극, 공간연극, 구체연극, 스펙터클연극, 미디어연극 등이 서양 무대에서 각기 독자적으로 혹은 혼합된 형태로 등장하였다. 특히 디지털멀티미디어 시대에 접어들면서 점점 더 부재와 현존, 실재와 가상 간의 구분이 무의미해지고 시뮬레이션이 지배하게 됨에 따라 고전 텍스트의 권위나 전통과 의미가 손상되면서 '희곡 이후의 연극', 아니면 '희곡 없는 연극'이 존재하는가 하는 물음이 연극계의 중요한 화두로 대두하였다. 그리하여 현란하게 움직이는 이미지들의 순환 앞에서 무겁고 복잡한 연극은 대중매체라는 종래의 위상을 상실할 상황에 처하게 되었다.

우리 시대는 인터넷과 텔레비전 외에 각종 미디어가 압도적으로 지배하는 세상이다. 우리는 대중매체가 쏟아내는 정보와 이미지의 홍수, 다시 말해 범람하는 시뮬라크르 속에 갇혀 실제의 사람들과 세상을 직접 바라보고 경험하는 방법을 잘 알지 못한다. 이러한 시대적, 매체적 환경 속에서 우리의 관심은 단연코 연극이 어떻게 관객들의 지각과 경험에 작용해야 하며, 어떤 방식으로 존재해야 하는 것인가 하는 물음에 집중되지 않을 수가 없다. 포스트드라마 연극과 그것의 미학은 오늘의 사회와 시대정신이 던지는 이와 같은 미학적이면서 동시에 정치·사회적이고 윤리적인 물음에 대한 답변에 다름 아니다.

이 글에서 필자는 1960년대 이후로 새로운 환경에 처해 있는 연극 예술이 구체적으로 겪고 있는 자기 변화의 양상을 '포스트드라마 연극'이라는 상위개념 하에서 고찰하고, 그것이 갖는 '새로운' 영향미학(Wirkungsästhetik, aesthetics of effect)의 특징들을 통시적·공시적 관점에서 서술하고자 한다. 여기서 말하는 '영향미학'이란 "수용을 활성화하고 조종하며 제한하는 텍스트요소와 구조들의 총합으로서, 수용과 관련한 영향잠재력"[3]을 가리킨다. 다시 말해서 예술작품을 매개로 한 창조자와 수용자 간의 소통과정에서 그때마다 각기 동원되어 사용되는 특수한 '미학적' 수단들과 방식들을 지칭하며, 독자 내지 관객에 대한 영향의 가능성과 종류는 바로 이들에 의해 좌우된다.[4] 특정 목표에 도달하는 최선의 길이 '미적 경험'이라고 파악하는 영향미학자들에게 있어서 중요한 것은 관객들의 '변형(transformation)'이다. 그렇다면 포스트드라마 연극이 관객들의 '미적 경험'을 활성화하기 위하여 택하는 차별화된 미학적 영향전략들이란 과연 무엇인가를 밝히는 것이 본 논문의 핵심 연구내용이 될 것이다.[5] 이를 위해서는 먼저 포스트드라마 연극의 개념과 범위를 역사적 아방가르드와 네오아방가르드 연극의 문맥 안에서 명확히 살펴보는 일이 필요하다.

1. '포스트드라마 연극'의 개념
1.1. '포스트드라마 연극' 개념의 연원

'포스트드라마'라고 표기한 연극의 형태들이 연극학 관련 출판 분야나 대중언론의 문화란에서 자리를 잡아가기 시작한 것은 1990년대부터이

---

3) Andreas Böhn, Reallexikon der deutschen Literaturwissenschaft. Neubearbeitung des Reallexikons der deutschen Literaturgeschichte, hrsg. v. Jan Dirk Müller, Bd. III: P−Z, Berlin, New York: de Gruyter, 2003, pp.851~854 중 p.852.

4) Erika Fischer−Lichte, Theaterwissenschaft, Tübingen u. Basel: Francke, 2010, p.230.

5) 포스트드라마 연극의 미학에 관해 발표된 국내 연구논문으로는 이경미, 「현대연극에 나타난 포스트아방가르드적 전환 및 관객의 미적 경험」, 『한국연극학』 37, 한국연극학회, 2009, 205~244쪽; 심재민, 「'몸의 연극'에서의 수행적인 것의 가능성과 한계」, 『드라마 연구』 30, 한국드라마학회, 2009, 35~55쪽 등이 있다.

다. 원래 리처드 셰크너가 해프닝의 특징을 드러내기 위해 도입한 '포스트드라마적(post-dramatic)'[6]이라는 용어는, 이것과 서로 범주를 구분하기 어려운 "퍼포먼스"라는 예술형식까지도 수렴하여 오늘날까지 다층적인 미학의 특징을 총괄적으로 표현하는 말로 사용되고 있다. 동시대 연극형태의 특징을 설명하기 위한 이 '포스트드라마적'(탈희곡적)이라는 표기를 일찍이 이론적으로 정립하여 그 성과가 연극 연구와 실천의 분야에서 활발히 사용되고 있는 곳은 단연 독일어권의 연극학계이다. 그 가운데서도 이 명칭을 처음으로 사용한 사람은 기센대학의 연극학자 안드르제이 비르트(Andrzej Wirth)이다. 그는 『기센대학 학보』에 기고한 「미학적 유토피아로서의 연극무대 위의 실재: 또는 미디어 환경 속에서 연극의 변천」(1987)이라는 글에서 대사연극(화술연극)이 "탈-희곡적 형태의 소리 콜라주, 구변오페라, 춤연극 등으로 인하여" 자신의 독점적 위치를 상실하였다고 서술한다.[7] 뿐만 아니라 그는 1980년에 벌써 브레히트의 이후의 연극이 대화적인 것에서 탈피해 담론적인 것으로 나아가는 경향이 있음을 인정하는 글을 발표하고, 희곡 대(對) 연극이라는 이분법을 해체하려는 변화가 이미 오래전부터 일어났다고 언급하고 있다. 예컨대 초기의 로버트 윌슨, 피나 바우쉬, 리처드 포먼과 조지 타보리 등의 실험적인 연출에는 그 근저에 어떤 희곡적 텍스트도 없었으며, 이들의 연극적 논리 역시 익숙한 드라마투르기와는 근본적으로 다른 법칙성을 따랐다고 밝힌다.[8] 이 같은 연극의 현상을 가리켜 비르트는 '탈희곡적'(포스트드라마

---

6) Richard Schechner, Performance Theory, New York: Routledge, 1988, p.21.

7) Christel Weiler, Postdramatisches Theater, *Metzler Lexikon. Theatertheorie*, hrsg. v. Erika Fischer-Lichte, Doris Kolesch, Matthias Warstat, Stuttgart Weimar: Metzler, 2005, pp.245~248 중 p.245에서 재인용.

8) 이들은 자신들의 영감의 원천을 예컨대 윌슨의 경우 사진이나 혹은 자폐증을 앓는 사람들과의 소통가능성에 대한 질문에서, 피나 바우쉬의 경우에는 은유적 말하기에다 다시 몸을 부여

적)이라고 지칭한 것이다.

같은 기센대학의 연극학자 헬가 핀터(Helga Finter) 역시 1985년에 '포스트드라마적' 이라는 개념은 사용하지 않았지만, 동시대 연극의 특징은 더 이상 텍스트의 우위 아래 발전해오지 않았으며 일종의 중심이동이 일어났다고 주장하고 있다. 그녀의 이해에 따르면 이로써 포스트모던 연극은 개개의 기호체계와 그것의 인습적인 공동유희를 해체하기 위해 텍스트연극 혹은 줄거리연극의 틀을 파괴하였다. 그 대신 동시성, 부가(附加), 몽타주 등을 통해서 "탈중심화된 주체성"의 모델을 가리키는 새로운 시간, 공간, 인물 등이 생성되었다.

그러나 포스트드라마 연극에 관해 본격적으로, 심도 있게 학문적 논의가 시작된 것은 이로부터 10년 이상이 지나 한스-티스 레만(Hans-Thies Lehmann)의 단행본 『포스트드라마 연극』(1999)이 출간되면서부터이다. 여기서 저자는 게르다 포쉬만이 개발한 '희곡 이후의 연극(nachdramatisches Theater)' 이론[9]에 따라서 포스트모던 시대에 출현한 포스트드라마 연극의 현상을 그것의 생성에서부터 설명할 뿐만 아니라, '포스트드라마'라는 용어가 커버할 수 있는 유효한 범위도 서술하고자 시도하고 있다. 연극에 관한 이론서라기보다 철학서에 가까운 레만의 이 책은 오늘날 20세기 말엽의 연극을 말할 때 '포스트드라마 연극'이라는 개념 없이는 더 이상 논의가 불가능할 정도로 중요한 학문적 담론의 위치를 차지하고 있다.

하는 시도에서, 그리고 포먼과 타보리의 경우는 연극과 춤 사이의 경계를 없애는 데서 발견하였다.

9) 게르다 포쉬만은 다중관점에 입각한 연극텍스트 내에서의 공간과 시간 그리고 서사와 개인의 지양(止揚), 몸의 탈의미화, 의미의 규명불가능 등이 '포스트드라마적인 것'의 특징이라고 설명한다. Gerda Poschmann, Der nicht mehr dramatische Theatertext. Aktuelle Bühnenkunst und ihre dramaturgische Analyse, Tübingen: Niemeyer, 1997. 특히 이 책의 p.296, 309, 292 참조.

1.2. 포스트모니즘, 역사적 아방가르드, 네오 아방가르드 연극과의 관계

이와 같은 형태의 새로운 공연예술의 출현은 전통적인 주체 개념이 해체되는 시점과 맞물려 있다. 전통적인 의미의 주체가 이성 및 의식적인 것에 기초하였다면, 20세기에 접어들면서부터 '욕망의 주체', '몸의 주체'라는 새로운 주체 개념이 대두하기 시작한다.[10] 새로운 주체 개념의 진원지는 무엇보다 니체 철학이다. 프리드리히 니체는 몸에서 종래의 주체 개념에 대한 대안을 찾는다. 몸과 정신에 대한 니체의 새로운 관계 정립은 서구 형이상학에 뿌리를 둔 이분법적 사고의 해체에서 비롯한다. 또한 니체가 내세우는 '생성' 개념 역시 모더니즘 세계의 총체성을 거부하고 새로이 부상하기 시작한 '해체'의 개념의 토대가 된다.

2차 대전 이후 포스트구조주의의 담론을 주도한 철학자에 속하는 자크 데리다(Jacques Derrida) 역시 논리, 이성, 존재 중심적 사고로 대변되는 서구의 전통형이상학을 벗어나고자 노력한다. 그의 철학의 핵심은 의미가 결코 현존하지 않으며 언제나 지연되고 상이한 궤도들에 흩어져 있다는 점이다. 바로 여기서 데리다의 차연(différance)과 산종(散種, dissemination)의 개념이 부상하는 바, 이는 또한 그의 진리 개념과 맥을 같이 한다. 데리다는 전통형이상학의 사유에서 벗어나기 위해 단호한 다원화의 전략이 필요하다는 것을 깨닫고, 여러 언어들을 동시에 말하고 여러 텍스트들을 동시에 생산하는 새로운 글쓰기를 주창한다. 이런 맥락에서 그의 차연 및 산종개념의 움직임은 의미정지가 아니라 의미구성의 방법이라

---

10) 에리카 피셔-리히테, 「기호학적 차이, 연극에서의 몸과 언어 – 아방가르드에서 포스트모던
    으로」, 심재민 역, 『연극평론』 37, 한국연극평론가협회, 2005, 238~258쪽 참조.

는 것이 드러난다. 새로운 연극의 도래와 관련해서 볼 때 데리다의 비형이상학적 글쓰기의 전략은 전통적인 의미전달 중심의 연극, 즉 텍스트 중심의 연극의 파괴에 대한 이론적 뒷받침이 된다. 또한 소위 '연극사건(Theaterereignis)'이라는 새로운 연극의 특징을 이루는 '과정성', '예견불가능성' 그리고 '수행적 행위' 등도 역시 의미의 완결된 현재성과 진리개념을 부정하는 데리다의 사상적 맥락에서 이해할 수 있다.[11]

질 들뢰즈(Gilles Deleuze)는 차이 개념에 대한 새로운 이해를 시도한다. 그는 동일성(identity)과 부정(negation)의 마력에서부터 차이를 해방시키고자 '자유로운 차이'의 개념을 고안해낸다. 그는 차이에 관한 이러한 사유를 "리좀(Rhizom)"이라는 메타포를 통해서 설명한다. 모든 차이들을 서열적으로 포괄하는 고전적인 뿌리식물과는 달리 리좀은 근경(根莖)식물로서 뿌리와 줄기가 구별되지 않으며, 자신의 주변환경과 계속적인 교환을 통해서 존재한다. 들뢰즈는 이러한 리좀이 바로 오늘의 현실에 대한 범례를 형성한다고 보았다. 리좀은 낯선 진화의 고리 속으로 들어가 상이한 노선들 사이에서 횡적인 결합을 이룬다. 리좀은 그러므로 바로 '유목민적인(nomadic)' 것이며, 비체계적이고 예상하지 못한 차이들을 생산한다. 이처럼 리좀에 근거한 탈중심화된 차이는 장르의 탈영토화, 혼종화, 탈경계화라는 포스트모더니즘적 사유의 전형을 보여준다.[12]

이는 20세기 후반에 등장한 이와 같은 포스트모더니즘과 포스트구조주의 사상적 배경에 힘입어 연극무대에서도 이제 거의 모든 경계와 금기가

---

11) 김욱동, 「서론: 포스트모더니즘과 포스트구조주의」, 『포스트모더니즘과 포스트구조주의』, 현암사, 1991, 11~55쪽 참조.
12) 김상구, 「들뢰즈의 차이의 개념에 의한 존 바드의 〈선원 어떤 이의 마지막 항해〉 해석」, 정정호 편, 『들뢰즈 철학과 영미문학 읽기』, 동인, 2003, 355~374쪽; 이정호, 「휘트먼의 근경적 글쓰기 - 들뢰즈/가타리의 정신분열증분석학 이론으로 읽은 휘트먼」, 정정호 편, 앞의 책, 229~272쪽 참조.

무너지고, 무엇이든 가능하게 되기 시작한 상황에 대한 설명에 다름 아니다. 말하자면 오늘의 연극은 "시대흐름이 내주는 온갖 형식들과 주제 그리고 기질에 관한 것을 모조리 빨아들이는 거대한 해면(海綿)처럼 작용"하는 것이다.[13]

1.2.1. 포스트모던 연극과 포스트드라마 연극

그렇다면 이런 새로운 양상의 연극이 포스트모던 시대를 배경으로 하여 활발히 전개되어 왔음에도 불구하고 포스트모던 연극이란 용어 대신에 구태여 '포스트드라마 연극'이란 용어를 사용하는 이유는 무엇인가? 연극 사적으로 볼 때 1970년대부터 1990년대에 이르는 시기의 연극에 대해서 '포스트모던 연극'이라는 개념이 널리 통용되어 온 것이 사실이다. 이합 하산은 포스트모던 예술을 지칭하기 위한 매개변수들로 불확정성, 단편화(斷片化)현상, 탈정전화, 자아와 깊이의 상실, 묘사와 재현 불가능성, 아이러니, 혼성모방 혹은 패러디, 카니발화, 퍼포먼스(행위, 참여), 구성주의, 보편내재성 등을 예시하고 있다.[14] 이에 따르면 포스트모던 연극은 해체의 연극, 다중매체 연극, 게스투스와 움직임의 연극 등으로 분류될 수 있다. 그 특징을 요약하자면, 모호성, 비연속성, 이질성, 비-텍스트성, 다원주의, 여러 가지의 약호, 전복, 도착, 주제 및 주인공으로서의 행위자, 데포르마시옹, 재료로서의 텍스트, 해체, 희곡과 연극 '사이'에 있는 제3

---

13) Peter von Becker, Das Jahrhundert des Theaters. Das Buch zur Fernsehserie, hrsg. v. Wolfgang Bergmann, Köln: Dumont, 2002, p.238.

14) Ihab Hassan, An Intorduction to Postmodernism. Essays in Postmodern Theory and Culture, 『포스트모더니즘 개론. 현대문화와 문학이론』, 정정호·이소영 편/역, 한신문화사, 1991, 311~321쪽 참조.

자로서의 퍼포먼스, 반(反)-미메시스 등을 들 수 있다. 포스트모던 연극은 담론이 없이 존재하며, 그 대신 명상, 리듬, 음조 등이 지배한다.[15]

그러나 방금 위에서 열거한 표제어들은 새로운 연극의 실상을 적확하게 표현하고 있긴 하지만, 지나치게 도식적인데다 또 그 이전의 연극형식들에 해당되는 점들도 없지 않다. 우리가 포스트모던이라고 부르는 실제 연극의 많은 특질들은 드라마 형식의 전통들로부터 탈피를 나타낸다. 그 점에서 "포스트드라마적"이라는 개념과 상통하는데, 여기서 중요한 것은 변화된 연극관념을 파악하고 분석하는 일이다.

물론 포스트드라마 예술작품들이 포스트모더니즘과 일치하는 공통분모도 분명히 존재한다. 포스트드라마 연극의 특징이라면 "재현보다 현전, 경험의 전달보다 공유, 결과보다 과정, 의미화보다 현시(顯示), 정보보다 에너지역학"[16]에 더 많은 비중을 두는 것이다. 이런 점에서 포스트드라마 연극은 어떤 심리학적 혹은 역사적 깊이를 제공하지 않고, 몸의 직접적인 현재를 전시한다.[17] "[…] 몸은 의미를 형체화하는 것이 아니라 에너지를 발화(發話)하는 것이며, 어떤 삽화를 표현하는 것이 아니라 행동을 표현한다".[18]

여기서 레만은 한스 울리히 굼브레히트(Hans Ulrich Gumbrecht)가 발전시킨 현전(現前)의 철학에 동조한다. 굼브레히트는 자신의 저서 『현전의 생산』(2004)에서 해석의 문화, 다시 말해서 의미를 규명하는 것의 문화를 해석학적인 것의 바깥에 머무는 몸의 실체적 물질성으로 대체할 것을 주장한다. (연극)유희의 허구성이 그 안에서는 모든 의미가 중지되는 짧은

---

15) Hans-Thies Lehmann, Postdramatisches Theater, Frankfurt a. M.: Verlag der Autoren, 1999, p.146.
16) 같은 책, 146쪽.
17) 같은 책, 259쪽.
18) 같은 책, 371쪽.

카니발적 시간으로 대체되어야 한다는 것이다.[19]

구체적인 것의 소실점에 대한 포스트모던적 관념을 수용함으로써 형상을 결코 확정짓게 하지 않는다는 사실, 그리하여 형상이 언제나 흐름 속에 있고 항시 변한다는 사실이 포스트드라마 연극(Postdramatik)의 특징이다. 이로써 포스트드라마적인 "진행 중인 작품(work in progress)"은 결코 실현될 수 없는 불확정적인 것으로, 즉 표현할 수 없는 것으로 탈바꿈된다.[20] 포스트모던 방식으로 포스트드라마 연극은 단편화에 몰두하는데, 이는 통일성을 형성하는 일체의 거대구조를 부정하기 때문이다.

이에 따라 음악, 연기, 발레, 오페라 등을 영화, 컴퓨터그래픽의 시각적 표현형태들과 결합하는 것이 포스트드라마 연극의 징표가 된다. 모든 것이 다른 모든 것들과 결합될 수 있다.

레만에 의하면 포스트드라마 연극은 무엇보다도 "포스트-브레히트적" 연극이다. 이것은 연속적인 서사가 아닌 단절의 미학이 중요하다는 사실을 뜻한다. 그에 의하면 브레히트는 이야기(fable)를 중시함에 따라 드라마텍스트 전통을 지키고자 하는 수동적 대리인의 위치를 벗어나지 못했다는 것이다.[21] 레만은 줄거리가 아니라, 신체적 상태가 포스트드라마 연

---

19) Hans Ulrich Gumbrecht, Production of Presence. What Meaning Cannot Convey, Stanford University Press, 2004 참조.

20) Lehmann, 앞의 책, 443쪽 이하 참조.

21) 포스트드라마 연극이 관객과 소통하고 중계하는 방식은 이성적 차원을 경유해서가 아닌, 일종의 호흡, 리듬, 몸의 에너지전이를 통해서다(Lehmann, 앞의 책, p.262 참조)라고 주장하면서 레만이 브레히트를 혁신자가 아닌 희곡적 전통의 보수적 대리인으로 폄하하는 이러한 시각은 공정하다고 볼 수만은 없다. 주지하듯이 브레히트는 이야기를 연극의 핵심으로 파악하고, 변증법적으로 잘 짜여진 이야기를 통하여 관객의 의식과 태도변화를 유도하는 정치적이고 이성적 연극을 추구하였다. 물론 이 같은 이념적 도그마화의 경향이라든가 합리성의 강조가 포스트드라마 연극에서는 부각되지 않는다. 그러나 브레히트는 관객에게 있어서 늘 감정과 이성의 공동작용을 목표로 하였다. 그는 몽타주 기법을 도입하여 비약적 종결을 강조하고 열린 형식으로 에피소드를 구성함으로써 관객이 무대사건에 능동적으로 참여하게 유도하였다. 뿐만 아니라

극의 특징을 나타낸다고 강조한다.

> 고통과 쾌락의 상태에서 그 자체로 이미 "탈의미화 하는" 몸의 현실이 […] 자기지시적으로 연극의 테마로 선택될 때, 무엇이 생기겠는가? 바로 이런 것이 포스트드라마 연극에서는 발생한다. 포스트드라마 연극은 몸 자체, 그리고 몸을 관찰하는 행위와 과정을 연극미학적 대상으로 삼는다.[22]

담론과 진실을 해체하는 것에서 포스트드라마 연극은 데리다, 푸코, 리오타르와 더불어 산업사회의 완고하고 경직된 각질상태에 맞서 반란을 일으킨다. 포스트드라마 연극의 특징은 진실을 유예하고, 위계구조를 해체하며, 진실을 비담론적 신체유희로 대체하는 것이다. 포스트드라마 연극은 그러므로 담론적 진술을 표현대상의 밀도로 대체한다.

레만은 이러한 새로운 연극에 대해 '포스트모던'이라는 용어를 사용하는 것에서부터 확연히 거리를 취한다. '포스트모던'이라는 용어 하에서 그가 이해하는 것은 "시기적인 범주"이다. 이 범주는 과정의 성격과 다원성의 강조, 또 해체, 데포르마시옹, 단편화 등의 의도에서와 같은 서로 다른 예술방식과 컨셉트 면에서 무엇보다도 모더니즘(Moderne)과의 결별을 보여준다. 그러나 정작 포스트드라마 연극의 미학을 전개하는 과정에서 레만에게 중요한 것은 모더니즘의 거부가 아니라, 오히려 "희곡적 형식의 전통으로부터 방향을 돌리는" 데서 빚어지는 "구체적인 미학적 문제제기"[23]이다.

브레히트의 서사적-변증법적 연극과 특히 그것의 극단적 형태인 학습극 연극(Lehrstücktheater, learning play)은 궁극적으로 구체적인 정치상황에 놓인 인간들의 '행동(learning by doing)'에 기반을 두고 있다는 점을 감안한다면, 브레히트의 연극을 평가하는 레만의 관점은 지나치게 단순하고 편협하다.

22) Lehmann, 앞의 책, p.366.
23) 같은 책, p.29.

이런 관점에서 레만은 '포스트드라마 연극'의 미학적 연원을 20세기 초로 거슬러 올라가 희곡적 문학(극문학)으로부터 연극의 분리와 이를 통한 연극의 자율성 회복, 또 그에 따른 연극 고유의 수단들을 포함한 연극이라는 예술매체 자체에 대한 자기성찰 등을 핵심으로 하는 역사적 아방가르드에서 찾는다. 레만이 '포스트드라마 연극'을 자신의 저서에서 "브레히트 이후의 연극", "네오아방가르드 연극(Theater der Neo-Avantgarde)"이라는 또 다른 이름으로 부르는 것도 역사적 아방가르드 연극에서 시작되었으나 완성될 수 없던 것을 네오아방가르드 연극이 계승하고 더욱 더 극단화하여 전개하고 있다는 인식에서 비롯한다.[24)]

1.2.2. 역사적 아방가르드, 네오아방가르드 연극과 포스트드라마 연극

그렇다면 20세기 초의 역사적 아방가르드 연극운동의 중심 관심사는 어디에 있는가? 그것은 공연에서 무엇보다도 관객의 지각(知覺, perception)방식, 경험방식들을 급진적으로 새롭게 구조화하는 데서 찾을 수 있다. 이들 아방가르드주의자들은 새로운 지각으로 관객에게 그때마다 각기 원하는 효과를 불러일으키고자 했다. 그 결과 프로시니엄 무대의 극장이 배척되고, '제4의 벽'이 있는 시민연극에서와 같은 연극 '보기'와 '듣기'가 여기서 사라지게 되었다. 뿐만 아니라 연극 아방가르드주의

---

24) 이러한 서술관점은 에리카 피셔-리히테와 게르다 포쉬만의 아래 저술들에서도 마찬가지로 확인할 수 있다. Erika Fischer-Lichte, "Grenzgänge und Tauschhandel. Auf dem Wege zu einer performativen Kultur", Erika Fischer-Lichte/Friedemann Kreuder/Isabel Pflug(Hrsg.), *Theater seit den 60er Jahren. Grenzgänge der Neo-Avantgarde*, Tübingen u. Basel, 1998, pp.1~20 참조; Erika Fischer-Lichte, "Verwandlung als ästhetische Kategorie. Zur Entwicklung einer neuen Ästhetik des Performativen", Erika Fischer-Lichte/Friedemann Kreuder/Isabel Pflug(Hrsg.), 앞의 책, pp.21~91 참조; Gerda Poschmann, 앞의 책, p.53 참조.

자들은 문학에 종속되어온 연극을 그것의 매체적 특수성에 입각하여 "재연극화(retheatricalization)"하려고 했다. 따라서 이들의 관심은 심리적, 상징적, 대화적이고 기호적인 것에서부터 무대에서의 신체[물질]적이고 수행적인 것의 지각과 소통방식으로 옮겨오게 되었다. 무대 위 배우들의 비재현적, 비지시적 움직임을 강조하는 이런 연출방식으로 관객들은 종래의 수동적 태도에서 창조적이고 능동적인 태도로 옮겨가게 되었다. 연극 아방가르드주의자들이 이처럼 무대공간과 연극 기호를 가지고 벌인 실험은 '문화위기'에 빠진 20세기 초 유럽의 관객들에게 새로운 지각의 성취를 요구하여 궁극적으로 이들을 '새로운' 인간으로 변모시키기 위한 목표에서 비롯한 것이었다. 하지만 30년대 초에 유럽에 들이닥친 파시즘

〈오르페우스와 에우리디체〉 공연사진(무대미술 및 의상: 아돌프 아피아, 1912/13)

출처: Peter Simhandl, Bildertheater. Bildende Künstler des 20. Jahrhunderts als Theaterreformer, Berlin: Gadegast, 1993, p.17.

과 스탈린주의로 인하여 예술과 삶을 일치시키려고 한 아방가르드 연극인들의 시도는 급격히 중단되고 좌절될 수밖에 없었으며, 1960년대에 이르러서 네오아방가르드주의자들에 의해 그 맥이 다시 이어지게 되었다. 이때 새로운 주도적 움직임이 1950년대 이후 특히 미국과 유럽에서 관찰되기 시작하였는데, 리빙 씨어터의 줄리앙 백과 주디스 말리나, 퍼포먼스 그룹의 리처드 셰크너, 플럭서스의 백남준, 요제프 보이스, 빈 행동주의의 볼프 포스텔, 그리고 로버트 윌슨 혹은 퍼포먼스 그룹의 리처드 포먼 등이 새로운 길을 개척한 인물들이다. 이들은 역사적 아방가르드주의자들과 마찬가지로 텍스트의 역할을 의문시하고 또 배우와 표현되는 인물들 간의 관계를 탈(脫)심리적으로 규정하며, 행위자와 관객들 간의 현상학적 영향관계를 탐구하는 방식으로 새로운 길을 열어갔다.[25]

이런 점에서 역사적 아방가르드와 네오아방가르드 연극은 연출과정과 공연에서 의미생산을 조종하는 문학텍스트로부터의 탈피, 그 동안 텍스트의 의미기호에 가려져 있던 물질성, 몸, 수행적인 것, 수행성 등을 부각시키면서 관객과의 소통에서 벌이는 다양한 지각실험, 그 결과 관객이 "공동생산자" 내지 "공동창조자"로 부상하는 것 등에서 공통점을 찾을 수 있다.

하지만 역사적 아방가르드와 네오아방가르드 사이에 존재하는 유사성과 나란히 원칙적인 차이점에도 주목할 필요가 있다. 그것은 네오아방가르드 연극이 1960년대 이후 무엇보다도 인간의 자율성의 종말, 주체적 자아의 폐위, 자의식을 지닌 개체의 종말 등으로 특징지어지는 포스

---

25) Arnold Aronson, American Avant-grade Theatre, A history, London & New York: Routledge, 2000, p.7 이하 참조. 같은 시기에 유럽에서 활동하기 시작한 동료들, 예컨대 아리안 므누슈킨, 예르지 그로토프스키, 유제니오 바르바, 또는 피터 브룩 등의 네오아방가르드 연극 실천 작업들은 역사적 아방가르드의 프로젝트를 더욱 발전시키고 극단화한 것으로 볼 수 있다.

<플럭서스 행위> 공연사진(1962)

출처: Elisabeth Jappe, Performance Ritual Prozeß. Handbuch der Aktionskunst in Europa, München: Prestel, 1993, p.20.

트모더니즘의 지적, 사상적 배경 하에서 문화를 '퍼포먼스'로 이해하는 소위 "수행적 전환(performative turn)"이 일어나면서 전개되었다는 것이다.[26] 게다가 네오아방가르드는 대부분 비유럽의 연극형태나 또는 다른 장르 출신의 동시대 예술가들의 작업에 더 많은 관심을 기울였다는 점이다.[27] 그리하여 해프닝과 플럭서스(fluxus)는 단순히 미학적 형식실험에

---

26) Doris Bachmann-Medick, Cultural Turns. Neuorientierungen in den Kulturwissenschaften, Reinbek: Rowohlt, 2006, pp.104~143 참조.

27) 네오아방가르드 연극 운동에 중요한 자극과 충동을 준 예술가들은 미국 블랙마운틴 대학 주변 출신의 존 케이지, 머스 커닝햄 혹은 앨런 카프로우 등과, 또 부상하는 퍼포먼스 아트, 해프닝 혹은 행동주의를 대표하는 인물들이었다. 자주 조형예술에서 건너온 이들은 이제 '수행적 미학'(수행성)으로써 비단 전래된 작품(work)개념뿐만 아니라 당시의 '연극'에 대해서도 반대 입장을 취하였다.

그치고 말았던 다다의 새로운 버전이 아니었다. 오히려 보이스는 무엇보다도 행위(Aktion)가 동반되지 않는 모든 반(反)예술-개념에 저항하였다. 그가 "나는 그[뒤샹]를 매우 존경했지만, 그의 침묵은 거부하지 않을 수 없다"[28]라고 말한 데서 알 수 있듯이, 네오아방가르드 연극은 기성의 [시민]'예술에 대한 부정적 예술(negative 'Kunst über [bourgeois] Kunst')이라는, 좌절한 역사적 아방가르드의 자기이해를 극복하고자 시도한 탈바꿈의 과정이라 할 수 있다.

바로 이 지점에서 20세기 초엽의 역사적 아방가르드와 20세기 후반의 포스트모더니즘에 기반을 둔 네오아방가르드 간의 차이가 드러난다. 역사적 아방가르드는 그 개혁의 가치를 아무리 높이 평가하더라도, 전통적인 희곡적 연극이 기울이는 논리 중심, 텍스트 중심, 이야기 중심, 인물 중심의 노력에 새로운 활력과 자극을 부여했을 뿐이다. 말하자면 역사적 아방가르드 연극은 관객을 '새로운' 인간으로 변화시키기 위한 목표 아래 소통을 위한 여러 연극적 전략을 수정하거나 새로이 세운 반면, 포스트모던 시대의 네오아방가르드 연극은 관객을 가능한 기호현상들에 대한 무한정의 지배자로 만들 뿐, '새로운' 인간으로의 변화나 세상의 개혁과 같은 어떤 다른 유토피아적 혹은 진보적 목표도 추구하지 않는다. 로버트 윌슨이나 얀 파브르, 클라우스-미하엘 그뤼버, 프랑크 카스토르프 혹은 크리스토프 마탈러 등과 같은 작가와 연출가들은 희곡이 대화, 갈등, 해결, 형식의 추상화 등의 변증법을 담보하는 한 그것을 포기한다. 이들이 이 변증법을 거부하는 이유는 희곡을 세계의 모델로서 보는 것에 대한 그들의 믿음이 사라진 까닭이다. 이들은 "희곡과 논리, 그리고 희곡과 변증

---

28) Dieter Mersch, "Life-Acts. Die Kunst des Performativen und die Performativität der Künste", Gabriele Klein, Wolfgang Sting(Hg.), *Performance. Positionen zur zeitgenössischen szenischen Kunst*, pp.33~50 중 p.36에서 재인용.

법의 공범관계"의 전통에서 이탈한다. 왜냐하면 세계모델로서의 희곡은 실재로부터 추상화되고 멀어지면서 종료되었고 또 희곡의 이러한 특성이 미디어 역사 상 어차피 오래 전에 폐지되었기 때문이다. 이 때문에 이들의 작품에서는 진행되는 공연이 함유하고 있는 세계, 즉 시간과 공간의 물질성과 그리고 행위자들의 몸성과 물질성이 강하게 부각되는 것이다.[29]

요약해서 말하자면, 역사적 아방가르드의 연극이 관객에게 직접적인

〈사중주〉 공연사진(하이너 뮐러 작, 로버트 윌슨 연출, 1987)
출처: Peter Simhandl, Bildertheater. Bildende Künstler des 20. Jahrhunderts als Theaterreformer, Berlin: Gadegast, 1993, p.149.

영향을 미칠 수 있고 또 그렇게 하기에 적합하다고 여겨지는 연극 기호와 요소들의 스펙트럼을 확장하였다면, 포스트모던 시대의 네오아방가

---

29) Andreas Kotte, Theaterwissenschaft, Köln · Weimar · Wien: Bählau, 2005, p.111 참조.

르드 연극은 관객에게 모든 임의의 기호현상을 무제한 실행하거나 혹은 의미의 지시를 포기하고, 제시된 형태들을 단순히 그 구체적, 물질적, 현상학적 존재 형태로 경험할 자유를 부여하고 있는 셈이다.[30]

다만 연극학에서의 용어 사용에 있어서 네오아방가르드 개념은 상대적으로 종속된 역할을 하고 있는 것이 사실이다. 이것은 아방가르드 개념이 무엇보다도 분석적 관점에서 볼 때 충분히 예리함을 갖지 못하기 때문이다. 말하자면, '수행적 전환'과 '포스트드라마 연극'(탈희곡적 연극)이라는 두 범주가 지난 수 십 년 동안 진행되어온 미학적 입장과 강조점의 이동(기호성에서 수행성으로의)을 정의하고 기술(記述)하는 과정에서 네오아방가르드나 포스트모더니즘의 개념보다 훨씬 더 생산적인 개념으로 입증되었을 뿐더러 작금에 연극학적 담론을 주도해온 것과 관련이 있다. 결국 2차 세계대전 후에 형성되기 시작한 네오아방가르드 연극으로서의 포스트드라마 연극은 '탈희곡적인 것'과 '수행적인 것'의 미학으로 패러다임을 전환하도록 하는 데 결정적인 자극과 영향을 끼친 점에서 역사적 아방가르드 연극의 연장선상에 있으면서 동시에 이를 극복하고 더욱 극단화하고 있다고 할 수 있다.

2. 포스트드라마 연극과 '수행적인 것'의 미학

2.1. '수행적 전환': 텍스트 모델에서 퍼포먼스 모델로의 중심이동

구텐베르크 은하계에서 오랫동안 주도적 위치를 차지해온 '텍스트로서의 문화'라는 관념이 1960년대 이후부터 '퍼포먼스로서의 문화'라는

---

30) Erika Fischer-Lichte, Die Entdeckung des Zuschauers. Paradigmenwechsel auf dem Theater des 20. Jahrhunderts, Tübingen u. Basel: Francke, 1997, p.35 참조.

메타포로 점차 대체되고 있다. 이로써 그때까지 효력을 지녀오던 연극과 예술 그리고 문화의 개념이 의문시되면서 종전과는 다른 형태의 연극, 예술 그리고 문화의 이해를 위한 관점이 새롭게 열리게 되었다. 의사소통을 위한 매체로서의 연극은 지시적(referential) 기능[31]과 수행적(performative) 기능을 언제나 동시에 충족시킨다. 지시적 기능이 등장인물, 줄거리, 관계, 상황 등등의 '묘사' 내지 재현과 관련이 있다면, 수행적 기능은 사건의 '실행'과 그것의 직접적인 '영향'에 방향이 맞춰져 있다. 서양의 연극사는 이 두 가지 기능 사이의 관계를 조정하고 새롭게 규정하는 것의 역사로서 파악하고 기술할 수가 있을 것이다.

연극에서 지시적 기능이 여전히 지배적이던 2차 세계대전 후 서양의 공연예술계에 중요한 패러다임의 전환을 가져온 주목할 만한 실험적 사건은 1952년 미국 블랙마운틴 대학의 식당에서 여름학기 중 존 케이지와 로버트 라우셴버그의 주도 하에 열린 〈제목 없는 사건(untitled event)〉이다.[32] 연극학계에서 '수행적 전환'을 알리는 일종의 "'원초적 장면(Urszene)'"[33]으로 간주되고 있는 이 퍼포먼스는 연극의 본성에 관한 어떠한 가정이나 억측도 다시 검토될 필요가 있음을 보여준 사건으로, 60년대 이후 활성화된 '수행적인 것'의 이론을 정초하는 데에 중요한 계기가 되었다.

---

31) 지시적 기능 내지 지시성(referentiality)이란 언어학적 의미에서 어떤 언어기호가 그것이 지칭하는 언어 이외의 대상이나 사안에 대하여 갖는 관계를 말한다.

32) 이 〈제목 없는 사건〉은 존 케이지가 주축이 되어 대학 식당에서 열린 예술행사로서, 피아니스트인 데이비드 튜도어, 작곡가 제이 왓츠, 화가 로버트 라우셴버그, 무용가 머스 커닝햄, 그리고 찰스 올젠과 메리 캐롤라인 리차즈와 같은 시인들이 함께 관여하였다. 이 퍼포먼스가 갖는 연극사적 의미와 가치에 대해서는 로스리 골드버그, 『행위예술』, 심우성 역, 동문선, 1995, 185~192쪽 참조; Aronson, 앞의 책, p.40 참조.

33) Miriam Drewes, Theater als Ort der Utopie. Zur Ästhetik von Ereignis und Präsenz, Bielefeld: transcript, 2010, p.17에서 재인용.

그러나 이미 살펴본 바와 같이, 텍스트 모델에서 퍼포먼스 모델로의 중심이동은 50, 60년대에 처음으로 퍼포먼스 문화의 발전과 함께 시작된 것이 아니다. 이 중심이동은 언어, 지각, 그리고 인식의 위기 내지 '재현의 위기'로 파악되는 20세기전환기의 문화위기에서 그 출발점을 갖는다. 1960년대 이후부터 '퍼포먼스', '수행적인 것'이 문화적 주도개념으로 상승하고 있다면, 20세기전환기에는 '연극성'이라는 개념이 당시 문화를 주도하는 기능을 맡았다. 연극성이라는 개념을 1908년에 맨 처음 사용한 사람은 러시아 연극인 니콜라이 에브레이노프(Nikolai Evreinov, 1879~1953)로, 그는 연극성을 "우리가 인지한 세상을 창조적으로 변형하는 행위의 일반적으로 구속력 있는 법칙"[34]이라고 정의하였다. 그는 이 법칙을 개개의 모든 예술적, 종교적 활동에 앞서는, "미적인 것 이전의 본능"으로 파악하면서 연극성을 삶의 모든 현상에 관련되는 것으로 폭넓게 이해하였다.

"연극성"에 대한 에브레이노프의 이 같은 새로운 인류학적 개념규정은 연극 개념 자체의 변화뿐 아니라, 타 장르의 '문화적 퍼포먼스들(cultural performance)'의 연극화도 동시에 초래하였다. 그 결과 역사적 아방가르드 운동을 대표하는 인물들은 기존의 텍스트 중심의 재현연극을 축제, 제의, 서커스 혹은 버라이어티 공연, 정치적 집회나 해프닝 등과 같은 다양한 다른 종류의 '문화적 퍼포먼스들'로 변형시킬 것을 요구하였다.[35] 이들의 공통된 관심은 연기자와 관객이 분리되지 않고 일치하는 것에, 그

---

34) Erika Fischer-Lichte, "Verwandlung als ästhetische Kategorie. Zur Entwicklung einer neuen Ästhetik des Performativen", 앞의 논문, p.15에서 재인용.

35) 이를테면 페터 베렌스, 아피아, 자크-달크로즈, 막스 라인하르트 에브레이노프는 연극을 축제로, 게오르크 푹스, 아르토는 제의의 형태로, 마리네티, 아르바토프, 에이젠슈타인은 서커스 혹은 버라이어티 공연으로, 또 메이어홀드, 피스카토어는 정치적 집회로, 다다이스트, 미래주의자, 초현실주의자들은 해프닝의 형태로 바꾸어나갈 것을 주장하였다.

리고 행사에 참여한 관객에 대한 영향에 집중되었다. 그리하여 관객을 활성화하려는 목표에 맞추어 연극의 지배적 특징이 지시적 기능으로부터 수행적 기능으로 옮겨지게 된 것이다.

　이렇듯 수행적인 것에 대한 근본적인 새로운 발견 내지 가치평가는 이미 20세기전환기의 시기로 거슬러 올라간다. 역사적 아방가르드 운동에 의한 '수행적인 것'의 발견으로 이미 1910년대에 그 당시 유효하던 연극, 예술 그리고 문화의 개념이 의문시 되고, 1952년의 〈제목 없는 사건〉에서 실행된 것과 같은 다른 개념의 연극과 예술 그리고 문화 이해를 위한 새로운 시각이 열리게 되었다.

〈기호〉 공연사진(게오르크 푹스 작, 페터 베렌스 연출, 1901)

출처: Peter Simhandl, Bildertheater. Bildende Künstler des 20. Jahrhunderts als Theaterreformer, Berlin: Gadegast, 1993, p.32.

　그렇다면 50년대 이후에 나타난 '수행적인 것'의 새로운 발견과 역사적 아방가르드는 어떤 관계에 있는 것일까? 또 연극성과 수행성의 개념은 서로 어떤 관계에 있는 것인가?

　역사적 연극아방가르드주의자들은 언어위기와 재현의 위기가 회자되는 20세기 초반에 '연극'/'연극성'의 개념을 새로이 정의내림으로써 '수행적인 것'을 발견하고 그 가치를 새롭게 평가했다면, 60년대 이후의 퍼포먼스 예술가들은 아주 단호하게 '연극' 일반에 대항하였다. 이들은 연극의 허구성에다 퍼포먼스의 실제공간과 실제시간을 대치시키고, 연기자의 허구적 배역연기('as … if')에다 행위자(performer)의 "실제-현전"과 그의 행동의 진정성을 대립시킨 점에서 차이가 발생한다고 볼 수 있다.

2.2. 포스트드라마 연극의 소통방식: '수행적인 것'을 통한 미적 경험

에리카 피셔-리히테는 역사적 아방가르드의 예술적 퍼포먼스에서도 운동성이 있는 몸이 중시되긴 했으나, 이때의 몸은 현상적 몸(phänomenaler Leib)이면서도 기호학적인 육체(semiotischer Körper)였음을 지적하며 역사적 아방가르드의 수행적인 것과 네오아방가르드(포스트드라마 연극)의 수행적인 것의 차이점을 구분하고자 한다.[36] 그녀는 에너지가 충만한, 현상학적 몸을 전경화함으로써 기존의 예술이론과 관습을 무효로 만든 이른바 '수행적 전환'의 전기를 마련한 대표적 사건으로 마리나 아브라모비치(〈성 토마스의 입술〉, 1975), 헤르만 니취(〈제5의 행위〉, 1964), 요제프 보이스(〈코요테〉, 1974) 등의 퍼포먼스를 예로 든다. 이들이 펼친 퍼포먼스의 소통방식이 중요한 것은 포스트드라마 연극이 사용하는 영향미학의 강령적 토대를 이루기 때문이다.

예술로서의 퍼포먼스(아트)의 연원은 상술한 바와 같이 20세기 초의

---

36) Fischer-Lichte, "Verwandlung als ästhetische Kategorie. Zur Entwicklung einer neuen Ästhetik des Performativen", 앞의 논문, pp.21~91 참조; Erika Fischer-Lichte, Ästhetik des Performativen, Frankfurt a. M.: Suhrkamp, 2004, p.45 이하 참조.

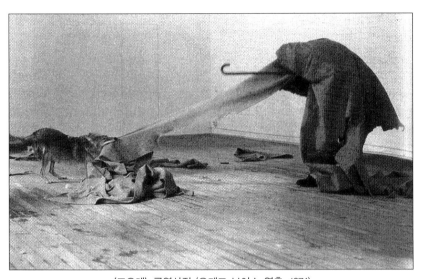

〈코요테〉 공연사진 (요제프 보이스 연출, 1974)

출처: Erika Fischer–Lichte/Friedemann Kreuder/Isabel Pflug(Hrsg.), *Theater seit den 60er Jahren. Grenzgänge der Neo–Avantgarde*, Tübingen u. Basel, 1998

역사적 연극아방가르드 운동으로 소급된다. 2차 세계대전의 대재앙으로 인하여 중단되었던 연극개혁운동은 전후 60년대부터 퍼포먼스 아트의 등장으로 다시 그 맥을 이으며 다양한 형태로 발전해나가고 있다. 퍼포먼스 아트는 현존하는 예술형태들의 한계를 성찰하고 동시에 극복하려는 요구와 결합하면서 아마포나 붓 같은 전래하는 재료들의 사용을 거부하고, 예술가 자신의 고유한 몸(몸성)을 재료로 택하는 사례가 빈번하였다. 유고슬라비아 출신의 행위예술가인 아브라모비치 역시 여기에 속한다.

　그녀는 〈성 토마스의 입술〉이라는 제목의 퍼포먼스에서 옷을 완전히 벗은 다음, 갤러리의 뒷벽으로 가서 별의 뾰족한 다섯 꼭지가 있는 테로 둘려

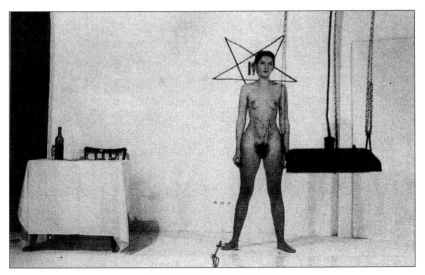

〈성 토마스의 입술〉 공연사진

출처: Erika Fischer—Lichte/Friedemann Kreuder/Isabel Pflug(Hrsg.), *Theater seit den 60er Jahren. Grenzgänge der Neo—Avantgarde*, Tübingen u. Basel, 1998

진 자신의 사진을 핀으로 꽂아놓았다. 그녀는 뒷벽에서 멀지 않은 곳에 놓여진 식탁으로 갔다. 식탁에는 하얀 식탁보, 적포도주 한 병, 꿀 한 잔, 크리스탈 유리잔 하나, 은수저 하나와 채찍 한 개가 놓여 있었다. 그녀는 식탁 앞의 의자에 앉더니 꿀이 든 잔과 은수저를 집었다. 천천히 잔을 비우며 1킬로그램의 꿀을 다 마셨다. 그리고 적포도주를 크리스탈 유리잔에 부어 느린 호흡으로 마셨다. 이 행동을 반복하여 병과 유리잔을 다 비웠다. 그 다음에 오른손으로 유리잔을 깨뜨리자 손에서 피가 나기 시작했다. 아브라모비치는 일어서서 사진이 붙어 있는 벽으로 갔다. 벽을 등지고 관객을 정면으로 향한 채 그녀는 면도날로 자신의 배에 다섯 모서리의 별을 새겨 넣었다. 피가 솟구쳐 올랐다. 그러자 그녀는 채찍을 쥐더니 관객에게 등을 돌리고 자신의 사진 아래서 무릎을 꿇은 채 격렬하게 등에 채찍을 휘둘렀다. 줄모양의 피맺힌 자국이 나타났다. 이어서 얼음 덩어리로 된 십자가에 눕고는 두 팔을 활짝 폈다. 천정에 매달린 순간발열기가 그녀의 배를 비추자 그

열기로 인하여 배에 새겨진 별에서 다시금 피가 나왔다. 아브라모비치는 얼음 위에 꼼짝 않고 누워 있었고, 순간발열기가 얼음을 다 녹일 때까지 자신의 육체적 고통을 지속시킬 의향이 있음이 분명했다. 그녀가 그 고문을 중단시킬 기색 없이 30분 동안 얼음으로 된 십자가 위에 고집스럽게 버티고 있자, 관객들이 제각각 자신들의 고통을 더 오래 참을 수 없었다. 이들은 얼음덩어리로 달려가서 그 여성예술가를 잡더니 십자가에서 끌어내 실어 날랐다. 이로써 관객들이 그 퍼포먼스를 종료시켰다.[37]

이 퍼포먼스가 택한 미학적 소통방식에서 무엇보다도 먼저 눈에 두드러지는 것은 '사건'과 '돌발성'이다. 이 퍼포먼스는 기존 예술의 어떤 전통이나 기준에 의해서도 예견되거나 또 정당성을 부여받지 못했을 돌발적 사건이다. 두 시간이 흐르는 동안 행위자와 관객들은 기존의 생산자와 수용자의 관계라는 이분법을 넘어 공동으로 하나의 '사건'을 만들었다. 여기서 말하는 사건이란 "일회적이고 반복할 수 없으며, 대부분 갑자기 등장하고, 어떤 특정 장소에서 특정한 시간에 일어나는 것"[38]을 일컫는다. 이러한 '사건'의 성격은 공연이 행위자와 관객의 육체적 공동현전에 기초해 있기 때문에 돌발성[39]과 함께 나타난다.

이 여성예술가는 그녀가 여기서 실행한 행동으로 전승 가능한 고정된 예술품을 창조한 것이 아니었다. 그것은 매체인 그녀 자신으로부터 결코 분리할 수 없는 하나의 '사건'이었다. 다시 말해 실행 자체가 곧 예술생산의 과정이자 결과이므로 주체와 객체(대상, 재료)의 분리가 일어날 수

---

37) Fischer-Lichte, Ästhetik des Performativen, 앞의 책, pp.9~30 참조.

38) Erika Fischer-Lichte, "Diskurse des Theatralen", hrsg. v. Erika Fischer-Lichte, Christian Horn, Sandra Umathum und Matthias Warstat, Diskurse des Theatralen, Tübingen u. Basel: Francke, 2005, pp.11~32 중 p.21.

39) 같은 논문, p.21 참조. '돌발' 개념은 현상들이 갑작스럽고 미리 알 수 없으며 예측할 수 없게 나타남을 뜻한다.

없고, 또 언제나 생성 중에 있기 때문에 고정된 작품일 수가 없다. 게다가 그녀는 행동으로 무엇인가를 의미하거나 묘사하지 않았다. 그녀는 어떤 극중인물의 역할을 연기하는 여배우로서 활동하지 않았다. 그녀의 행동으로 아브라모비치는 오히려 자신에게 실제로 위해를 가하며 현상학적 몸의 "진정성(Authentizität)"을 드러냈다. 이 예술가는 자신의 몸을 "현상성(Phänomenalität)"의 상태로 관객들이 '지각'할 수 있게 이들을 '변화'시키는 행동을 실행한 것뿐이었다.[40]

이로써 그녀는 관객을 교란시키고 불안하게 하며 고통 가득한 상황으로 가져다 놓았다. 관객이 처하게 된 이 상황은 지금까지 아무런 문제없이 유효했던 규범과 규칙, 안전 등이 무력화되고 일상이 중지되는 것처럼 보이는 혼란스러운 상황, 다시 말해 빅터 터너가 "사이에 있는 상태(betwixt and between)"라고 말하는 "리미낼러티(Liminalität, liminality)"[41]의 상황이다. 극장 혹은 갤러리의 방문객의 역할은 지금까지 관찰자 내지 관객의 역할로 정해져 있다. 하지만 아브라모비치는 자신의 퍼포먼스에서 또 퍼포먼스로 관객들을 예술과 일상생활의 규칙과 규범들 '사이'로, 즉 미적이고 윤리적인 요구 '사이'로 옮겨 놓는 상황을 "연출"하였다. 그리고 그녀가 면도날로 자신의 살을 베기 시작했을 때 글자 그대로 관객들이 그녀의 행동이 불러일으킨 충격 때문에 숨을 멈추는 것 같

---

40) Fischer-Lichte, Ästhetik des Performativen, 앞의 책, p.10.

41) Victor Turner, "Das Liminale und das Liminoide in Spiel, Fluß und Ritual. Ein Essay zur vergleichenden Symbologie", *Vom Ritual zum Theater. Der Ernst des menschlichen Spiels*, Frankfurt a. M.: Campus, 1989, pp.28~94 참조. '문지방'을 의미하는 라틴어 'limen'에 뿌리를 둔 '리미낼러티(전이성, 전이영역)'는 두 개의 다른 국면 사이 혹은 그 경계의 상태를 가리키며 모호성, 개방성, 불확정성을 특징으로 한다. 그러므로 이 영역에서 개인은 정체성의 해체와 방향상실을 경험하게 된다. 즉 리미낼러티는 자기이해와 행동의 정상적인 한계가 이완되는 전환의 시기이며, 이를 통해 변화를 위한 새로운 조망이 나타날 수 있다.

은 소리를 들을 수 있었다. 관객들이 두 시간 동안 경험한 이러한 변형 (transformation)들은 쉽게 지각할 수 있는 행동으로 나타났다. 바로 이처럼 관객들에게서 감지할 수 있듯이 정체성이 교란되거나 증발하며, 목소리가 잠기고 몸에 대한 통제력을 잃게 되는 양상들이야말로 네오아방가르드 시대의 새로운 퍼포먼스 예술이 추구하는 미적 경험이다.[42] 관객들의 '변형'은 그녀의 고통과 이 퍼포먼스를 종료시켰다. 아브라모비치의 실행이 불러일으킨 이 '변형'이 마침내 이 퍼포먼스에 참여한 관객들을 행위자로 변화시킨 것이다. 아브라모비치의 퍼포먼스는 제의와 스펙터클의 특질들 사이에서 영원히 진동운동을 한다. 즉 제의처럼 예술가와 개별 관객의 변형이 일어나도록 영향을 미치는가 하면, 스펙터클처럼 관객들에게 놀라움과 경악을 불러일으키고 또 이들을 관음증으로 유혹한 것이다.

이러한 퍼포먼스는 전래하는 미학이론으로는 포착하기 어렵다. 아브라모비치가 실행한 퍼포먼스는 예술작품의 '이해'를 목표로 하는 해석학적 미학의 요구에 집요하게 저항한다. 그 까닭은 이 퍼포먼스에서 중요한 것은 그 행동을 이해하고 해석하는 것이라기보다 그녀가 행하고 또 관객에게 불러일으킨 '경험'이기 때문이다. 요컨대 퍼포먼스에 참여한 사람들, 즉 행위자와 관객의 '변형'이 중요하기 때문이다.[43]

---

42) Fischer-Lichte, "Verwandlung als ästhetische Kategorie. Zur Entwicklung einer neuen Ästhetik des Performativen", 앞의 논문, p.28 참조.

43) Fischer-Lichte, Ästhetik des Performativen, 앞의 책, p.17 참조; Günter Berghaus, Avant-garde Performance. Live Events and Electronic Technologies, New York: Pelgrave, 2005, pp.171~178 참조.

3. '수행적인 것'의 미학적 토대 - 혹은 퍼포먼스 개념

지난 30, 40년을 되돌아 볼 때 포스트드라마 연극의 특별한 업적이 있다면, 그것은 퍼포먼스[공연](Aufführung, performance)의 개념을 정의하는 자질들에 대해 성찰하고, 그 자질들을 도발적인 방식으로 보여주며 또 처음으로 의식하게 한 능력이라고 할 수 있다. 퍼포먼스의 개념을 규정하는 자질들에는 행위자와 관객의 신체적 현전, 물질성의 수행적 생산, 의미의 돌발성 및 사건성 등이 있다.

예술과 관련된 학문에서는 지금까지 작품(Werk, opus)의 개념이 언제나 중심에 서 왔다. 그러나 예술 창작에 작품뿐만이 아니라, 공연, 즉 사건도 포함되어 있다면, 이제 예술은 작품미학이나 이와 관련된 생산미학, 수용미학과만 관계를 맺고 있는 것이 아니다. 그보다 예술학의 중심으로 사건(event)의 개념이 등장해야 한다. 앞장에서 상술한 아브라모비치의 퍼포먼스 예술의 경우에는 '작품'을 분석하는 대신에 '공연'을 분석하는 새로운 미학의 방법론이 요구된다. 그것은 다름 아닌 '수행적인 것의 미학'으로서, 에리카 피셔-리히테는 이 미학의 토대가 되는 퍼포먼스 개념을 1)매체성, 2)물질성, 3)기호성, 4)심미성 등 네 가지 양상으로 구분하여 설명하고 있다.[44] 이 네 가지 양상은 퍼포먼스라는 사건에서 언제나 서로를 규정하면서 긴밀히 결합되어 있다.

첫째, 매체성(Medialität)의 관점에서 볼 때, 퍼포먼스는 행위자와 관객의 신체적 공동현전(Ko-Präsenz)을 통해서 이루어진다. 퍼포먼스는 모

---

44) Fischer-Lichte, Ästhetik des Performativen, 앞의 책, pp.42~57 참조; Erika Fischer-Lichte, 「우리는 어떻게 행동하는가. 행동개념에 대한 성찰들」, 루츠 무스너, 하이데마리 울(편), 『우리는 어떻게 행동하는가. 문화학과 퍼포먼스』, 문화학연구회 옮김, 유로, 2009, 19~34쪽 참조.

든 참여자의 만남과 상호작용을 통해 생성된다. 행위자가 공간을 가로질러 가거나, 동작을 하거나, 말하거나 노래하는 동안에, 관객은 이런 행동들을 인지하고 여기에 반응한다. 이러한 반응이 일부에서 순전히 '내부적'으로만 일어난다고 하더라도, 즉 상상이나 인식의 과정으로 수행될지라도, 가장 중요한 것은 행위자와 다른 관객에게 지각될 수 있는 반응이다. 또 이러한 지각은 다시금 지각 가능한 반응을 이끌어낸다. 행위자의 퍼포먼스는 관객에게 영향을 미치고, 관객이 이에 반응하는 행동은 다시 행위자와 다른 관객에게 영향을 미친다. 이러한 의미에서 퍼포먼스란 언제나 자신과 관련되어 있고 또 영구히 변화하는 자동형성적 피드백 고리(autopoietische feedback-Schleife)에 의해 생성되고 조종된다고 말할 수 있다. 그렇기 때문에 퍼포먼스의 진행에 대해서는 완벽하게 계획할 수도, 미리 예견할 수도 없다.[45] 행동의 자기 생산적 과정에서는 고도의 우연성이 작용한다.

물론 퍼포먼스의 진행과정에 대해 결정적인 규정을 미리 내리는 것은 행위자이다. 여기서 규정이란 어떻게 연출할 것인지가 정해져 있는 것을 말한다. 하지만 행위자가 퍼포먼스의 진행과정을 마음대로 좌우할 수는 없다. 퍼포먼스란 결국 모든 참여자들이 공동으로 만들어내는 것이므로, 개별적 인물이나 어떤 그룹이 공연을 처음부터 끝까지 계획하거나 조종하거나 마음대로 처리할 수 없다. 퍼포먼스는 개개인이 처리할 수 있는 권한에서 벗어나 있다.

퍼포먼스는 그 과정에서 모든 참가자들에게 하나의 "공동주체(Ko-Subjekte)"[46]로서 경험할 수 있는 가능성을 열어준다. 이 주체는 독립적

---

45) Fischer-Lichte, Ästhetik des Performativen, 앞의 책, p.58 이하 참조.
46) 같은 책, p.47.

인 것도, 또 전적으로 남에게 의존하는 것도 아니다. 스스로 완전하게 만들어낸 것은 아니지만 참여하고 있는 상황에 대해서는 함께 '책임'을 진다. 그러므로 여기서 퍼포먼스란 – 예술적 퍼포먼스의 경우에도 – 언제나 사회적 과정으로서만 진행된다는 사실을 알 수 있다. 모든 참여자들은 정도의 차이는 있지만, 퍼포먼스의 진행과정을 함께 결정하기도 하고, 동시에 그로부터 영향을 받기 때문에, 이들 중의 어느 누구도 퍼포먼스에 있어서 수동적이라고 할 수는 없다. 이런 의미에서 참여자 모두는 퍼포먼스의 진행과정에서 일어나는 '사건'에 대해 함께 책임을 진다.

두 번째, 퍼포먼스의 물질적인 측면(Materialität), 즉 공간성, 몸성, 소리들은 공연이 진행되는 중에 비로소 수행적으로 나타난다. 이 때문에 퍼포먼스의 역설적인 면이 발생한다. 퍼포먼스는 일시적이며 붙잡을 수 없다. 이러한 의미에서 퍼포먼스는 현재성에만, 즉 행위의 시작과 끝 사이에서 계속되는 생성과 소멸 안에만 국한된다 하더라도, 공연하는 중에는 물질적인 대상을 사용한다. 공연의 과정에서 나타나는 것은 일차적으로 서로 다른 주체의 의도나 생각 그리고 계획으로 거슬러 올라간다. 어떠한 퍼포먼스들이 이 물질적 대상과 함께 이루어져서 어떤 공간 속에서 어떠한 반응을 일으키고 언제 사라지게 할 것인가 하는 것은 '연출(Inszenierung)'에 의존해 있다. 이런 점에서 연출의 개념과 퍼포먼스(공연)의 개념은 서로 구분되어야 한다. '연출'이 임의적으로 반복될 수 있는 의도되고 계획된 물질성의 수행적 산출 과정이라고 한다면, 행위자와 관객의 상호작용에서 생성되는 '퍼포먼스'는 의도되었던 물질성뿐만 아니라 관객의 반응도 포함한다.[47] 또한 특정한 종류의 퍼포먼스들이 그것을 위해 마련된 특수한 공간에서 일어난다고 할지라도 퍼포먼스의 공간

---

47) 같은 책, pp.325~328 참조.

성은 언제나 붙잡을 수 없고 일시적이다. 이 때문에 퍼포먼스의 공간성은 실제 공연이 일어나는 건축적인 공간과 동일시할 수 없다. 퍼포먼스는 오히려 수행적 공간 안에서 또 그 공간을 통해서만 발생한다. 그러므로 퍼포먼스의 공간성은 존속하는 것이 아니라 발생하는 것이다.[48]

또 퍼포먼스에서 우리는 언제나 현상학적 몸과 함께 기호학적 육체와도 동시에 관계한다. 행위자의 현전을 말할 때, 이는 그가 그 공간을 점유하고 지배하고 있다는 것을 의미한다. 그에게서 에너지(분위기, 아우라)가 흘러나와 다른 참가자나 관객에게 도달하는 것처럼 보인다. 이같이 퍼포먼스에서 행위자의 현상적인 몸(phänomenaler Leib)은 자신의 특수한 생리적, 감정적 그리고 에너지가 흐르는 운동의 상황을 통해 다른 사람의 현상적 몸에 직접적인 영향력을 행사한다. 행위자는 자신의 현상적인 몸을 통한 육화의 과정에서 종종 하나의 기호로서 행위자의 기호학적 육체도 동시에 산출한다. 이 과정에서 현상학적 몸과 기호학적 육체는 분리할 수 없이 서로 얽혀 있다. 다만 현상학적 몸은 기호학적 육체 없이도 생각할 수 있지만, 그 반대는 성립하지 않는다.

퍼포먼스가 갖는 세 번째 측면은 바로 기호성(Semiotizität)이다. 하나의 퍼포먼스는 다른 곳에 이미 주어져 있는 의미를 옮기거나 전달하는 것이 아니라, 그 공연의 진행과정에서 개별적인 참여자들에 의해서 비로소 '구성'되는 의미들을 만들어낸다. 퍼포먼스에서 발생하는 의미들은 이런 뜻에서 '돌발적인 것'이라고 할 수 있다. 관객의 지각은 한편으로 행위자의 현상학적 몸, 공간의 분위기, 사물의 황홀경에 대한 초점과, 또 다른 한편으로 행위자의 기호학적 육체, 공간과 물체의 상징에 대한 초점 사이를 왕복 운동하면서 지속적으로 의미를 직접 만들어내고, 이는 다시금

---

48) 같은 책, pp.188~200 참조.

지각과정의 동력(dynamic)에 영향을 미친다. 그 지각과정에서 인지된 것이 무엇인지, 그리고 어떠한 의미들을 생산할 것인지는 점점 더 예측할 수 없는 것이 된다.

네 번째 측면은 퍼포먼스의 심미성(Ästhetizität)이다. 퍼포먼스는 '사건'이라는 성격을 통해 특징지어진다. 위에서 설명한 세 가지 명제에서 드러났듯이, 우리는 퍼포먼스에서 '작품'들과 관계하고 있지 않고, '사건'들과 관계를 맺고 있다. 사건으로서의 퍼포먼스는 연출과는 달리 일회적이며 반복이 불가능하다. 관객의 반응과 다시금 이 반응이 행위자와 그리고 다른 관객에게 미치는 영향은 공연할 때마다 매번 다르게 형성된다. 이런 의미에서 퍼포먼스는 '사건'으로서 이해된다. 여기서는 참가자들 중 어느 누구도 이 사건을 완벽히 제어할 수 없으며, 단지 사건과 대면할 수 있을 뿐이다. 이와 함께 퍼포먼스가 가진 특수한 사건성은 대립개념들의 기이한 일치로 특징지어진다. 말하자면 서양문화에서 전통적으로 대립개념으로 여겨졌던 이분법적 개념쌍(독자적 주체 대(對) 타인에 의해 결정되는 주체, 미학적/사회적 대 정치적, 현전 대 재현 등)은 이제 퍼포먼스 안에서 양자택일의 방식이 아니라, 동시에 경험할 수 있는 것으로 나타난다. 다시 말해 퍼포먼스는 모든 참여자들, 특히 관객들의 위치를 그 자리에 불러낸 규칙, 규범, 질서들의 '사이'로 옮겨다 놓는다. 이는 앞장에서 살펴본 아브라모비치의 퍼포먼스의 예에서 볼 수 있듯이, 관객들을 아주 극단적인 "사이에 있는 상태"에, 경계상황에 위치하게 한다는 것이다. 퍼포먼스가 불러일으키는 특별한 경험방식은 경계(border), 즉 리미낼러티의 경험이라는 특수한 형태로 이해할 수 있는데, 예술적 공연의 경우에는 이를 '미적 경험(aesthetic experience)'이라고 부를 수 있다. 이 '미적 경험' 속에서 관계들이 타결되고 권력분쟁이 투쟁 끝에 해결되며, 공동체가 형성되고 다시 해체된다. 이런 의미에서 퍼포먼스는 관객들에게 하나의 미학적이고 동시에 사회적이며 정치적인 과정으로 경험된다.

1960년대에 일어난 '수행적 전환' 이후로 예술은 포스트모더니즘과 포스트구조주의의 왕성한 담론에 힘입어, 결국 완결되고 해석이 가능한 형상들의 형태로 발언하지 않는다. 예술의 형체(Format)는 의미나 상징적인 것이 아니다. 오히려 예술은 이제 우리가 행동하고 탐색하며 체험하고 또 – '지각(Aisthesis)'이란 말뜻 그대로 – '받아들이고' 답변해야만 하는 과정들과 사건공간들을 만드는 것이다. 이로써 미적 경험의 구조뿐 아니라 예술의 자기이해도 변화를 맞이한다. 다시 말해서 예술은 그것의 '수행성' 혹은 '영향(Wirkung, effect)'이 결정적이 되는 실제(Praxis)로 되는 것이다. 그러므로 중요한 것은 공연에 참여한 모두에게 작용하는 효과들이고 감응(Induktion)이며, 이와 더불어 함축된 경험이지, 행위들이 각기 무슨 행위인가가 아니다.[49] 포스트구조주의의 대표적인 철학자 리오타르가 퍼포먼스 연극으로서의 포스트드라마 연극을 가리켜 "현재의 연극"이라고 부르며 '수행적인 것'에 특별히 미적, 정치적 관점에서 "윤리주의 (Ethismus)"[50]를 부여하는 이유가 여기에 있다.

4. 포스트드라마 연극의 의의와 문제점

이상에서 우리는 '포스트드라마 연극'의 개념과 그것의 공연사적 맥락,

---

49) Mersch, 앞의 논문, p.37 참조.
50) 같은 논문, p.46 이하 참조.

그리고 포스트드라마 연극이 사용하는 핵심적인 미학적 작동기제로서의 '수행적인 것'에 관해 자세히 살펴보았다. 그렇다면 지금까지 살펴본 포스트드라마 연극이 우리 시대와 사회에서 갖게 되는 의의는 무엇이고, 또 문제는 무엇인가?

20세기 후반의 "수행적 전환"을 계기로 서양연극에서는 대화로부터 상호대화성(Dialogizität)으로의 운동이, 또 매체들의 주변환경 속에서 의미를 전달하는 언어적인 것보다 시각적인 것과 사건적인 것을 더 선호하는 쪽으로의 변화가 뚜렷하게 나타나기 시작하였다. 이와 같은 사건을 장-프랑수아 리오타르는 그의 『현실긍정적인 미학(affirmative Ästhetik)』에서 "에너지가 충만한 연극"이라고 말하고, 이런 연극은 "존 케이지, 머스 커닝햄, 로버트 라우셴버그에 의한 공동창작의 특징을 잘 드러내는 음조/소음, 단어, 몸-형상, 이미지 등의 독립성과 동시성"을 다름 아닌 "기호관계들과 이것의 간극이 철폐"되는 것을 통하여 달성한다고 한다.[51] 그는 또 "어떤 '내용'이 존재한다면, 그것은 '순간적인 것'이다. […] 시작은 […] (무엇이) 존재한다는 것이다; 세계는 존재하는 것 바로 그것이다"라고 말했는데, 이 말은 곧 '수행적인 것'이 갖는 현실긍정적인 모멘트를 암시하는 것이며, 수행적인 것의 불가피성 또는 비환원성을 가리키는 것이다. 이로써 리오타르가 말하고자 하는 바는 결과적으로 연극이나 회화, 음악 등은 재현이나 전래적 의미에서의 비평에 복무하는 것이 아니라, 에너지와 성향(dispositive)을 '변형'시키는 존재들(Transformatoren)이며, 이 변형자들에 공통적으로 들어있는 유일한 규칙은 강렬한 '영향'을 생산하는 일이라는 것이다.[52]

---

51) Jean-Francois Lyotard, Essays zu einer affirmativen Ästhetik, Berlin: Merve, 1980, p.21.
52) 같은 책, pp.11~23 참조.

그런가 하면 에리카 피셔-리히테는 앞장에서 상세히 서술한 바, "공연들이 갖는 사건성", 다시 말해 "배우와 관객 간의 신체적 공동현전, 물질성의 수행적 생산, 의미의 돌발 속에서 표현되고 나타나는" 사건성에 힘입어 수행적인 예술은 변형의 과정을 가능케 할 뿐 아니라 그것에 영향을 미친다고 한다. 그런 점에서 그녀는 세계를 "재마법화하고 또 퍼포먼스에 참여한 자들을 변화시키는 것"[53]이야말로 수행적 예술로서 포스트드라마 연극의 위대한 업적이요, 심지어 "'새로운' 계몽주의"[54]라고까지 평가한다. 그것은 '퍼포먼스'가 참여하는 자들 모두에게 공연이 진행되는 동안 자기 자신을 주체로 경험할 수 있는 가능성을 열어주고, 또 직접 초래하지는 않았으나 관여해 있는 어떤 상황에 대해 책임을 지는 주체로서 자신을 경험할 수 있는 가능성을 부여하기 때문이다. 최근에 퍼포먼스를 통한 교육과 나란히 연극치료가 각광을 받는 것도 수행적 예술로서의 포스트드라마적 퍼포먼스가 갖는 이러한 "변화"의 효과에 기인한다.

한편 매체학자인 디터 메르쉬에 의하면 행위는 의미와 의도, 그러니까 행위를 통해 말해지고 표현되는 것을 가지고 있으면서, 또 다른 한편으로는 설정의 사건, 즉 물질성과 몸성을 가지고 있기 때문에 행위에는 '잉여성'이 함의되어 있다. 이는 비트겐슈타인이 『논리철학 논고』에서 언급한 '기호체계(Semiosis)'로서의 '말하기(Sagen)'와, '물질성과 설정' 및 '현전의 순간'을 가리키는 '보여주기(Zeigen)' 간의 차이와 마찬가지 것으로, 이 둘은 어떤 화해도 불가능한 일종의 해결될 수 없는 교차나 혼란을 드러낸다. 그러나 메르쉬가 볼 때 '수행적인 것'의 개념은 바로 여기서 특

---

53) Fischer-Lichte, Ästhetik des Performativen, 앞의 책, p.316.
54) 같은 책, p.362.

별한 폭발력을 갖는다. 그 이유는 '수행적인 것'은 의미발생의 한 가운데서 잡을 수 없는 것, '해석할 수 없는 것'을 가리키기 때문이다. 이리하여 수행적인 것의 구조에 대한 고찰에서 메르쉬가 마침내 다다르는 명제는, 수행적인 예술은 상징적 질서나 새로운 가능성의 확정을 '도치'시키기 위해 이와 같은 '말하기'와 '보여주기'의 교차배열적 구조를 체계적이고 효과적으로 잘 이용한다는 것이다.[55]

그러므로 포스트드라마 연극과 같은 수행적 예술은 어떤 자율적인 예술이 아니라, 새로운 예술적 윤리주의를 구성한다. 예술의 수행성과 수행적인 것의 예술에서 중요한 것은 예술의 아방가르드적 자기성찰 대신에, 일어나는 사건에 직접 개입하는 역전(逆轉)과 갈등을 연출함으로써 미학적 주권을 다시 획득하는 일이다. 수행적인 것의 미학에서 이것은 전개되는 사건의 상황에 참여자가 직접 '응답한다(Antworten)'는 의미에서 책임(Ver-Antwortlichkeit)을 지는 것을 말한다. 모든 대응이 행동의 차원에서 일어나고, 예술은 이 같은 답변하기의 방식으로 진행되는 것이다. '수행적인 것'의 미학이 새로운 윤리주의 구성에 특별한 중요성을 지니는 것은 바로 이러한 '미적인 것의 윤리' 때문이다.[56]

레만이 상론(詳論)한 포스트드라마 연극은 희곡의 우세에서 해방되고, 재현보다 현전, 전달되는 것보다 공유되는 경험, 결과보다 과정, 의미화보다 현시, 정보보다 에너지역학을 더 많이 강조하는 연극이다. 즉 포스트드라마 연극은 메시지를 전달하는 의미 대신에, 결코 끝나지 않는 의미생산의 수행적 행위를 시작하면서 수행적 행위로서의 지각과 그리고 지각과정의 매체성으로 이목을 집중시키고자 한다. 이 같은 퍼포먼스 중

---

55) Mersch, 앞의 논문, p.43 이하.
56) 같은 논문, p.46 참조.

심의 연극에서 레만은 또한 탈중심화, 서사의 다중화, 그리고 수용미학과 같은 포스트모더니즘 이론과 화합을 이루면서 지배적인 권력구조로부터의 해방이라는 긍정적 모멘트를 끌어낸다.

그러나 포스트드라마 연극과 그것의 영향미학적 메커니즘인 '수행적인 것'에 관한 철학자, 연극학자, 매체학자 등의 온갖 긍정적인 평가에도 불구하고 이들의 철학적 사유와 담론에서 단순히 지나치기 어려운 문제들도 눈에 띈다. 우선 레만은 그의 저서에서 고대 그리스 연극부터 오늘의 포스트드라마 연극까지의 변천과정을 모방과 재현이라는 기호학적 프레임에 입각하여 하나의 선으로 구획함으로써 시간과 공간이라는 칸트의 범주를 파괴한다. 아리스토텔레스적 희곡을 해체하는 것이 그의 출발점이기 때문에 레만은 연극사의 통시적 발전을 중단시킨다. 이 점에서 레만은 '드라마 이후의(nachdramatisch)' 연극에 관한 이론을 전개한 게르다 포쉬만의 테제를 따르고 있다. 하지만 포쉬만이 드라마 이전의(prä-dramatisch) 연극과 드라마 이후(post-dramatisch)의 연극의 유사성을 겨우 암시하기만 한 데 반해, 레만은 이러한 관계를 확충하고 있다. 이로 인하여 레만은 개개의 예술가들의 작품 속에 들어 있는 다양한 변화도 또 퍼포먼스 컨셉트의 다채로운 변화도 소홀히 할 수밖에 없게 되는 것이다.

레만의 두 번째 주요노선이자 문제는 수용미학에 대한 언급이다. 즉, 포스트드라마 연극은 어떤 의미도 중개하지 않기 때문에, 의미를 구성하는 것은 관객에게 맡겨져 있다는 것이다. 예술적 퍼포먼스는 빅터 터너, 리처드 셰크너와 같은 연극인류학자들이 일찍이 설파한 바와 같이, 일상의 질서를 중단시키고 관객들에게 새로운 경험을 중개해주는 일종의 사건이다. 그러므로 어떤 사건을 예술적 퍼포먼스로 만드는 데는 행위자와 나란히 시·공간적 맥락과, 무엇보다도 사건을 구성하는 관객의 역할이 필요하다. 퍼포먼스는 예술적 행동이 관객과 관계를 맺을 때 비로소 발생한다.[57] 이는 관극이라는 수행적 과정에서 처음으로 의미가 산출되고, 퍼포먼스와의 만남을 통해 개인적으로 어떤 가능성의 공간이 극장공간 속에서 반복해서 새롭게 체험되고 창출됨을 강조하는 것이다. 이런 관점에서 볼 때 연극을 연기하는 것은 수행성 그 이상이라고 할 수 있다.[58]

하지만 레만이 철학적 에세이에서 강조한 바에 따르면 포스트드라마 연극은 리오타르가 말하는 '에너지가 충만한 현전'의 토대 위에서 "힘" 내지 "밀도"로 새로운 연극을 창조하며,[59] 소위 '현전의 연극'을 위하여 의미와 재현과 작별을 고한다. 즉, 포스트드라마 연극에서는 물질적 현전이 의미의 지평을 대체하고, "감각성이 의미를 마비시킨다"는 것이다.[60] 그러나 포스트드라마 연극을 이와 같이 물리적인 것을 강조하면서

---

57) Christoph Wulf/ Michael Göhlich/ Jörg Zirfas, "Sprache, Macht und Handeln – Aspekte des Performativen", dies.(Hrsg.), Grundlagen des Performativen. Eine Einführung indie Zusammenhänge von Sprache, Macht und Handeln, Weinheim u. München: Juventa, 2001, pp.9~24 중 p.11 참조.

58) Kristin Westphal, "Lernen als Ereignis: Schultheater als performative Praxis. Zur Aufführungspraxis von Theater", Wulf, Christoph / Zirfas, Jörg (Hrsg.), Pädagogik des Performativen. Theorien, Methoden, Perspektiven, Weinheim u. Basel: Beltz, 2007, pp.49~58 중 p.51 참조.

59) Lehmann, 앞의 책, p.56 참조.

60) 같은 책, p.365. 이 책에서 레만은 "포스트드라마 연극에서는 호흡과, 리듬, 그리고 몸의 육체적 현전이 갖는 지금 시간이 이성(Logos)에 앞서 나타난다"(p.262)고 말한다. 레만은 이러한 특성이 포스트드라마 연극을 포함한 "예술형식으로서의 연극에 고유한 특수한 무인공성(無人工性)"에서 비롯하는 것임을 다음과 같이 설명한다: "연극은 의미들을 항시 시간을 펼쳐놓으면서 표현한다. 그리하여 새로운 동인들이 비로소 시작을 알려올 때 어떤 것들은 벌써 가라앉는다. 연극은 테두리를 하고 미학적으로 묶는 등의 의미를 심는 힘을 언제나 반복해서 해체하고, 구성된 것을 유희를 통해 영구적으로 파괴한다. 모든 것이, 가장 심오한 의미조차도, 의미부여를 중지시키고 이것을 불가해한 물질의 소란과 혼합하는 이러한 연기(延期)의 유희 속에서 효력을 잃는다"(p.365 이하).

의미를 내던지는 연극이라고 말하는 것은, 그가 그리스 연극부터 19세기 말까지의 유럽 연극을 통틀어 텍스트의 사실주의적 모방과 재현의 연극으로 구분할 때와 마찬가지로, 20세기 후반의 포스트모더니즘에 바탕을 둔 네오아방가르드 연극의 폭넓고 다양한 스펙트럼을 지나치게 단순 논리화하는 오류를 또 다시 범하는 것이다.

더욱이 전래의 이성 중심의 억압적인 구조에 맞서서 탈의미화를 외치며 지시적 성격의 모방과 재현을 거부하는 이러한 포스트드라마 연극의 태도가 1960년대에는 저항과 해방의 몸짓으로 일종의 도상(圖上)적 허무주의를 드러냈다면, 오늘의 21세기 초에 와서는 '해체'라는 형식주의에 대한 회의적이고 비판적인 시각에서 자유롭지 못하다. 이는 현실긍정적인 '에너지가 충만한 것의 미학(Ästhetik des Energetischen)'으로는 의미와 중심 그리고 진실 부재의 유희에 효과적으로 대적할 수 없다는 것을 이미 체득하게 된 오늘의 젊은 세대에게서 특히 잘 나타난다. 그 이유는 이들이 날마다 체험하는 일상세계적인 퍼포먼스에서의 불안정이 더 이상 탈중심화와 움직임 그리고 해체를 향한 동경을 불러일으키지 않기 때문이다. 이들의 동경은 더 이상 대안 없는 해체를 향하는 대신에, "안정성에 대한 동경과 잃어버린 형이상학, 가면 뒤의 리얼리티(실재), 또 새로운 실체성 등에 대한 추구"로 나타난다.[61] 이러한 사실은 '다시 희곡텍스트들'을 가능하게 하여 주인공이 귀환하거나 이야기가 되살아나고 있으며, 이는 또 드라마적 세계에 대한 공감, 감정이입과 결부되어 있다.[62] 이 것이 바로 포스트드라마 연극과 그것의 수행적인 것의 미학의 성과와 한

---

61) Jörg Brincken/ Andreas Englhart, Einführung in die moderne Theaterwissenschaft, Darmstadt: WBG, 2008, p.105.

62) 마리우스 폰 마에엔부르크, 루카스 베어푸스, 올리버 부코프스키, 모리츠 링케, 이고르 바우어지마와 욘 포세 등의 최근 드라마들이 그 예이다.

계가 노정되는 지점이고, 이 부분에 대한 비판적 성찰과 더불어 동시에 "포스트-포스트드라마 연극" 내지 "희곡적 연극의 옹호"[63]가 논의되기 시작하는 이유이다.

---

63) Birgit Haas, Plädoyer für ein dramatisches Drama, Wien: Passagen, 2007. 이 책에서 저자는 레만의 저술에 나타난 주요 테제들의 논리적 모순, 개념의 모호성 등에 관해 자세히 지적하며, '희곡적 연극'의 회귀를 옹호하고 있다.

참고문헌

골드버그, 로스리, 『행위예술』, 심우성 역, 동문선, 1995.

김상구, 「들뢰즈의 차이의 개념에 의한 존 바드의 〈선원 어떤 이의 마지막 항해〉 해석」, 정정호 편, 『들뢰즈 철학과 영미문학 읽기』, 동인, 2003, 355~374쪽.

김욱동, 「서론: 포스트모더니즘과 포스트구조주의」, 『포스트모더니즘과 포스트구조주의』, 현암사, 1991, 11~55쪽.

메르쉬, 디터, 『매체이론』, 문화학연구회 옮김, 연세대학교 출판부, 2006.

무스너, 루츠/올, 하이데마리(편), 『우리는 어떻게 행동하는가. 문화학과 퍼포먼스』, 문화학연구회 옮김, 유로, 2009.

스촌디, 페터, 『현대 드라마의 이론(1880~1950)』, 송동준 역, 탐구당, 1983.

이정호, 「휘트먼의 근경적 글쓰기 – 들뢰즈/가타리의 정신분열증분석학 이론으로 읽은 휘트먼」, 정정호 편, 앞의 책, 229~272쪽.

터너, 빅터, 「틀·흐름·반성. – 공동체의 리미널리티로서의 제의와 연극」, 『제의에서 연극으로』, 현대미학사, 1996, 207~242쪽.

피셔-리히테, 에리카, 「기호학적 차이, 연극에서의 몸과 언어 – 아방가르드에서 포스트모던으로」, 심재민 역, 『연극평론』 37, 한국연극평론가협회, 2005, 238~258쪽.

Aronson, Arnold, American Avant-grade Theatre. A history, London & New York: Routledge, 2000.

Bachmann-Medick, Doris, Cultural Turns. Neuorientierungen in den Kulturwissenschaften, Reinbek: Rowohlt, 2006.

Berghaus, Günter, Avant-garde Performance. Live Events and Electronic Technologies, New York: Pelgrave, 2005.

Böhn, Andreas, Reallexikon der deutschen Literaturwissenschaft. Neubearbeitung des Reallexikons der deutschen Literaturgeschichte, hrsg. v. Jan Dirk Müller, Bd. III:

P−Z, Berlin, New York: de Gruyter, 2003, pp.851~854.

Brincken, Jörg / Englhart, Andreas, Einführung in die moderne Theaterwissenschaft, Darmstadt: WBG, 2008.

Drewes, Miriam, Theater als Ort der Utopie. Zur Ästhetik von Ereignis und Präsenz, Bielefeld: transcript, 2010.

Fischer−Lichte, Erika, Die Entdeckung des Zuschauers. Paradigmenwechsel auf dem Theater des 20. Jahrhunderts, Tübingen u. Basel: Francke, 1997.

_____, "Grenzgänge und Tauschhandel. Auf dem Wege zu einer performativen Kultur", Erika Fischer−Lichte/Friedemann Kreuder/Isabel Pflug(Hrsg.), *Theater seit den 60er Jahren. Grenzgänge der Neo−Avantgarde*, Tübingen u. Basel, 1998, pp.1~20.

_____, "Verwandlung als ästhetische Kategorie. Zur Entwicklung einer neuen Ästhetik des Performativen", Erika Fischer−Lichte/Friedemann Kreuder/Isabel Pflug(Hrsg.), *Theater seit den 60er Jahren*, a. a. O., pp.21~91.

_____, Ästhetik des Performativen, Frankfurt a. M.: Suhrkamp, 2004.

_____, "Diskurse des Theatralen", hrsg. v. Erika Fischer−Lichte, Christian Horn, Sandra Umathum und Matthias Warstat, *Diskurse des Theatralen*, Tübingen u. Basel: Francke, 2005, pp.11~32.

_____, 「우리는 어떻게 행동하는가. 행동개념에 대한 성찰들」, 루츠 무스너,하이데마리 울(편), 『우리는 어떻게 행동하는가. 문화학과 퍼포먼스』, 문화학연구회 옮김, 유로, 2009, pp.19~34. Lutz Musner / Heidemarie Uhl(Hrsg.), *Wie wir uns aufführen. Performanz als Thema der Kulturwissenschaften*, Wien 2006.

_____, Theaterwissenschaft, Tübingen u. Basel: Francke, 2010.

Gumbrecht, Hans Ulrich, Production of Presence. What Meaning Cannot Convey, Stanford University Press, 2004.

Haas, Birgit, Plädoyer für ein dramatisches Drama, Wien: Passagen, 2007.

Hassan, Ihab, An Intorduction to Postmodernism. Essays in Postmodern Theory and Culture, 『포스트모더니즘 개론. 현대문화와 문학이론』, 정정호 · 이소영

편/역, 한신문화사, 1991.

Jappe, Elisabeth, Performance Ritual Prozeß. Handbuch der Aktionskunst in Europa, München: Prestel, 1993.

Klotz, Volker, Geschlossene und offene Form im Drama, München: Carl Hanser, 1980.

Kotte, Andreas, Theaterwissenschaft, Köln Theaterwissenschaft, Köln · Weimar · Wien: Bählau, 2005.

Lehmann, Hans-Thies, Postdramatisches Theater, Frankfurt a. M.: Verlag der Autoren, 1999.

Lyotard, Jean-Francois, Essays zu einer affirmativen Ästhetik, Berlin: Merve, 1980.

Mersch, Dieter, "Life-Acts. Die Kunst des Performativen und die Performativität der Künste", Gabriele Klein, Wolfgang Sting(Hg.), *Performance. Positionen zur zeitgenössischen szenischen Kunst*, Bielefeld: transcript, 2005, pp.33~50.

Poschmann, Gerda, Der nicht mehr dramatische Theatertext. Aktuelle Bühnenkunst und ihre dramaturgische Analyse, Tübingen: Niemeyer, 1997.

Schechner, Richard, Performance Theory, New York: Routledge, 1988.

Simhandl, Peter, Bildertheater. Bildende Künstler des 20. Jahrhunderts als Theaterreformer, Berlin: Gadegast, 1993.

Turner, Victor, "Das Liminale und das Liminoide in Spiel, Fluß und Ritual. Ein Essay zur vergleichenden Symbologie", *Vom Ritual zum Theater. Der Ernst des menschlichen Spiels*, Frankfurt a. M.: Campus, 1989, pp.28~94.

von Becker, Peter, Das Jahrhundert des Theaters. Das Buch zur Fernsehserie, hrsg. v. Wolfgang Bergmann, Köln: Dumont, 2002.

Weiler, Christel, "Postdramatisches Theater", *Metzler Lexikon. Theatertheorie*, hrsg. v. Erika Fischer-Lichte, Doris Kolesch, Matthias Warstat, Stuttgart Weimar: Metzler, 2005, pp.245~248.

Westphal, Kristin, "Lernen als Ereignis: Schultheater als performative Praxis. Zur Aufführungspraxis von Theater", Wulf, Christoph / Zirfas, Jörg (Hrsg.), *Pädagogik des Performativen*. Theorien, Methoden, Perspektiven, Weinheim u. Basel: Beltz,

2007, pp.49~58.

Wulf, Christoph / Zirfas, Jörg (Hrsg.), Pädagogik des Performativen. Theorien, Methoden, Perspektiven, Weinheim u. Basel: Beltz, 2007.

Wulf, Christoph / Göhlich, Michael / Zirfas, Jörg, "Sprache, Macht und Handeln – Aspekte des Performativen", dies.(Hrsg.), *Grundlagen des Performativen. Eine Einführung indie Zusammenhänge von Sprache, Macht und Handeln*, Weinheim u. München: Juventa, 2001, pp.9~24.

포스트드라마 연극의 수행성, 현상학적인 몸, 그리고 새로운 형이상학

심재민

1. 포스트드라마 연극과 '몸의 연극'의 관계망, 그리고 생성 중심적 양가적 사유 논리

20세기 초반 역사적 아방가르드(historische Avantgarde) 연극에서부터 출발하는 문학과 연극의 관계 변화는 네오아방가르드(Neoavantgarde) 연극을 통해서 더욱 공고해지고 그 의미 지평을 확대하게 된다. 이러한 연극사적 전통에 근거해서 20세기 말에 마침내 '포스트드라마 연극(postdramatisches Theater)'이라는 정리된 개념이 등장하면서, 연극의 형식적 내용적 측면에서 이제 이전의 전통을 포괄하는 현상이 주목받고 있다.[1] 포스트드라마

---

1) 여기에 대해서 Miriam Drewes, Theater als Ort der Utopie, Bielefeld: transcript, 2010, p.14. 각주 4 참조. 드레베스에 따르면 바야흐로 모던의 시대에서 포스트모던의 시대로의 이동 앞에서 연극미학은 새로운 지평을 맞이하고 있다. 따라서 이제 모던 시대와는 다른 관점에서 연극미학을 바라보아야 하는 것은 주지의 사실이라는 점을 드레베스는 레만뿐만 아니라 셰크너의 말을 인용하면서도 분명히 밝히고 있다. 즉 포스트드라마 연극의 도래 자체를 그는 당연시하고 있다.

연극은 문학과 무대 장면 사이에 존재하는 전통적인 위계질서를 부정하는 데서부터 출발한다. 그러나 포스트드라마 연극이라는 용어 이전에 이미 그 철학적 미학적 배경을 이루는 포스트모더니즘 시대의 도래는 이미 기정사실화 되어 있었다. 따라서 포스트모더니즘 시대와 함께 포스트모던 연극이라는 개념 역시 이미 고유의 의미망을 획득해 오고 있었다. 하지만 '포스트모더니즘'이 학문의 새로운 경향을 형성하면 할수록 그러한 현상의 영향을 받은 연극 영역에서의 보다 명확한 개념 규정의 필요성은 더욱 커지게 된 것이다. 적어도 이런 배경에서 레만(Hans-Thies Lehmann)의 '포스트드라마 연극'이라는 개념은 자기 정당성을 주장하고 있다. 레만은 포스트드라마 연극을 통해서 네오아방가르드 연극에서부터 더 나아가 역사적 아방가르드 연극에까지 그 연원을 거슬러 올라가고 있다. 그러므로 포스트모던 연극보다 오히려 그 역사적 근거는 더욱 깊은 것이다. 아울러 드라마 연극, 즉 희곡적 연극이 가진 텍스트와 무대의 위계질서의 전복 및 텍스트라는 중심으로부터의 탈중심화에 더욱 주목하고 있다.[2]

이런 맥락에서 레만은 포스트드라마 연극을 구성하는 다양한 요소들을 언급한다. 물론 그가 주목하는 요소들은 각자 개별적으로 분리시켜서 말하기 어려우며, 한 공연 안에서 이미 복합적으로 상호연관망을 형성하고 있다. 그의 출발점은 무엇보다도 전통적인 '드라마 연극'으로부터 등을 돌리면서 새롭게 '구체적인 미학적 문제제기'를 하는 데 있으며, 포스트드라마 연극미학이 가진 '탈서열화'와 '탈중심화'를 선언하는 데 있다.[3] 즉 레만은 "다양한 연극적 수단들을 가진 새로운 연극을 포스트드라마 미학들의 조명하에 보다 상세하게 측정하려는 시도"를 보여준다(29). 레만은 '포

---

2) Hans-Thies Lehmann, Postdramatisches Theater, Frankfurt a. M.: Verlag der Autoren, 1999, p.30.
3) 여기에 대해서 Miriam Drewes, Theater als Ort der Utopie, Bielefeld: transcript, 2010, p.15 참조.

스드드라마 연극 기호'라는 표현을 통해서 잠재적으로 연극의 모든 구성 요소들을 포괄하는 기표를 의미하면서, 이로써 보다 구체적으로 포스트드라마 연극이 가진 양식적 특질들을 지칭한다. 그가 말하는 '연극 기호'라는 표현은 연극을 단순히 기호학적인 맥락에서 바라보는 것과는 전혀 상관이 없으며, 포스트드라마 연극의 특징들을 가장 포괄적으로 드러내주는 양식들을 거론하는 것이다. 여기서 레만이 포스트드라마의 양식적 특질로서 내세우는 가장 중요한 개념들이 대두된다. 즉 종합(Synthesis)의 중지, 몽상적 구조, 공감각(Synästhesie), 퍼포먼스 텍스트가 그것들이다. 레만은 이러한 개념들로써 기존의 드라마 연극이 추구하는 재현(Repräsentation)과는 다른 포스트드라마 연극의 현존(Präsenz)을 지향한다. 그러므로 레만이 정의하는 포스트드라마 연극에서는 근본적으로 현존성이 강한 공연이 전제하는 조건들이 충족되어야 한다. 이런 관점에서 볼 때 레만은 특히 수행성(Performativity)에 입각한 공연을 염두에 두고 있으며, 그러한 공연은 무엇보다도 배우 내지 행위자의 현상학적인 몸이 중심이 되는 가운데 가장 명료하게 나타난다. 그러니까 레만의 포스트드라마 연극에서는 현상학적인 몸이 주축이 된 가운데 공연의 수행성이 작동하며, 따라서 무대와 객석의 소통(Kommunikation)이 언제나 활성화되고 있다.

이런 맥락에서 본고는 레만이 몸의 다양한 현존 방식을 통해서 궁극적으로 수행성 및 현상학적인 몸에 대해 해석하는 내용을 '포스트드라마 연극' 미학의 관점에서 다각도로 논구하고자 한다. 여기서 본고는 궁극적으로 몸의 현상학적 측면에 대한 레만의 해석을 종합적이고 비판적으로 이해하고자 한다.[4] 왜냐하면 본 논문은 현재까지 한국에서 몸의 연극

---

4) 레만은 스스로 자신의 논거를 이해하는 데 지각현상학 및 지각이론이 도움이 된다는 점을 언급하지만, 그에 대한 구체적인 설명은 하지 않는다. 여기에 대해서 Lehmann, 앞의 책, p.144 참조.

이 가진 다양한 현상에 대한 종합적인 이해가 부재한다는 사실에 주목하는 가운데, 특히 '포스트드라마 연극' 개념을 전제로 한 몸의 이해가 궁극적으로 몸의 연극에 대한 포괄적인 논구를 뒷받침할 수 있다고 확신하기 때문이다. 특히 레만이 자신의 저서에서 몸의 다양한 현존 방식에 대하여 해석한 부분을 집중적으로 조명하면서 본고는 몸에 대한 레만의 해석을 토대로 궁극적으로 몸의 연극에 대한 한국에서의 이해 지평을 확장하고자 한다. 그 동안 한국에서 현상학적인 몸에 대한 연구는 몸의 현존의 다양한 방식들에 대한 구체적이고 포괄적인 해석이 아니라, 일반적으로 이론 자체의 서술에만 치우친 가운데 부분적으로 공연 사례들을 제시하는 경향이 있었다. 이런 현실을 직시하면서 본고는, 레만이 내세우는 포스트드라마 연극의 개념 안에서 이론이 구체적인 사례에 어떻게 적용되는지, 다시 말해서 레만이 '포스트드라마의 몸'의 실제 사례를 자신의 이론의 틀 안에서 어떻게 해석하는지에 대하여 이해하고자 한다. 그럼으로써 본 논문은 레만이 실제 공연들을 어떻게 '포스트드라마 연극'의 관점에서 해석하면서 자기 고유의 미학적 철학적 사유의 깊이를 보여주는지를 추적하고자 한다. 그런 가운데 본고는 레만의 포스트드라마 연극에서의 몸에 대한 해석이 결국 전통형이상학의 이성중심주의에 바탕한 존재(Sein)중심적 사유로부터 벗어나서 생성(Werden)중심적 사유 및 '행위의 사건'적 성격에 귀착하고 있다는 점을 중시하고자 한다.[5] 동시에 레만이 전통형이상학으로부터 벗어나서 새로운 형이상학의 필요성 역시 제기한다는 것도 본고에서는 신중히 고려하고자 한다.

그러므로 본고는 니체(F. Nietzsche)에 바탕한 생성중심적 사유와 이른

---

5) 전통형이상학의 존재중심적 사유 및 이를 비판하는 생성중심적 사유와 행위의 '사건적 성격'에 대해서는 심재민, 「생성과 가상에 근거한 니체의 미학」, 『뷔히너와 현대문학』 17, 2001, 113~134쪽 참조. 특히 114~118쪽 및 각주 14 참조.

바 '예술가 형이상학', 그리고 더 나아가 포스트모더니즘 철학과 해체 이론에 대한 보다 깊은 이해가 전제된 가운데 레만의 해석을 추적해나가고자 한다. 왜냐하면 니체의 사유에 대한 이해를 통해서 레만이 직접적으로 영향 받은 포스트모더니즘 철학과 해체 이론의 본류를 접할 수 있으며, 그럼으로써 레만의 사유를 이해하는 데 근본적인 도움을 얻을 수 있기 때문이다. 다시 말해서 비록 레만이 직접적으로 니체의 영향을 받은 것은 확인되지 않지만, 그의 사유의 논리적 출발점에서는 결국 생성중심적 사유 및 양가성(Ambivalenz)의 논리와 예술가 형이상학이 드러난다는 것을 본고는 확인하게 될 것이다. 니체는 전통형이상학에서 내세우는 진리의 세계를 거부하면서 이 세계 자체를 생성 속에서 파악한다. 그는 "이 세계는 어떤 생성하는 것으로서, 항상 새롭게 위치가 바뀌며 결코 진리에 접근하지 않는 허위로서 '흐름 속'에 있다: 왜냐하면 진리란 없기 때문이다"라고 역설한다.[6] 그러므로 우리가 현실로 느끼는 실존의 세계는 니체에게 하나의 가상 세계이며, 여기에 실재성을 부여함으로써만 현실이 되는 것이다. 니체는 전통형이상학에서 말하는 존재지향적 진리 세계를 배척하면서 오히려 헤라클레이토스(Heraklit)가 말하는 "영원하고 유일한 생성"을 수용한다. 헤라클레이토스에서 "생성과 소멸의 본래 진행 과정"은 "양극성의 형태"를 띤다.[7] 그러니까 "하나의 힘이 한편으로는 성질상 상이하고 대립되면서 다른 한편으로는 또 다시 합일을 추구하는 두 개의 활동으로 나타난다. 하나의 성질은 지속적으로 둘로 나눠지고, 나눠진 것들은 서로 대립적으로 구별되지만 이 대립된 것들은 다시금 하

---

6) Friedrich Nietzsche, Sämtliche Werke. Kritische Studienausgabe(KSA) in 15 Bdn. Hrsg. von Giorgio Colli und Mazzino Montinari. München, Berlin, New York: dtv/de Gruyter, 1988, 2. Auflage. Bd. 12, p.114.

7) F. Nietzsche, KSA 1, p.825 ; 심재민, 「생성과 가상에 근거한 니체의 미학」, 『뷔히너와 현대문학』 17, 2001, 114쪽 참조.

나가 되려고 계속 노력한다. 여기서 양극성은 바로 생성의 세계의 전제가 된다. 그러므로 생성의 세계에는 이미 생성과 소멸이 내포된다."[8] 이처럼 생성의 세계의 전제가 되는 양극성은 바로 니체의 사유 논리의 핵심을 이루는 양가성에 다름 아니다. 더 나아가서 니체는 전통형이상학이 설정하는 본체 내지 주체 개념을 파기하면서 주체를 지속적인 변화 및 흐름 속에서 파악한다. 또한 생성 개념에 근거해서 니체는 생성과 소멸 그 자체는 이 세계에서 유일하게 예술가와 아이의 놀이에서만 존재한다는 사실을 천명한다.[9] 바로 여기서 생성중심적 사유에서 출발하는 니체의 '예술가 형이상학'의 단초가 발견되는 것이다.

이러한 니체의 사유의 직접적인 영향을 받은 것이 바로 포스트모더니즘 철학이며 해체 이론이다. 그 사상적 맥락을 고려하면서 본고는 포스트드라마의 몸이, '중심화'에 근거한 총체성 지향을 거부하며 인간중심주의적 세계를 탈피하고 있다는 점 역시 주목하고자 한다. 여기서 포스트드라마 연극의 개념은 역사적 아방가르드 및 네오아방가르드의 연장선상에 있으며, 동시에 포스트모더니즘 철학과의 공통성을 드러내는 가운데 궁극적으로 전통적인 드라마의 형식으로부터 방향을 돌리면서 구체적으로 '미학적인 문제제기'를 하고 있다는 것이 확인될 것이다. 포스트드라마 연극의 총체성 거부는 특히 헤겔(G. W. Hegel)의 변증법(Dialektik)에 대한 거부와 직접적으로 연관되며, 이런 맥락에서 데리다(J. Derrida)와 들뢰즈(G. Deleuze)[10]를 위시한 포스트모더니즘 철학의 사유 논리, 더 거슬

---

8) 심재민, 같은 논문, 115쪽.

9) F. Nietzsche, KSA 1, p.830 ; 심재민, 같은 논문, 115쪽 참조.

10) 들뢰즈 역시 니체의 철학을 반헤겔주의로 해석하고 있으며 특히 니체의 사유가 헤겔의 변증법적 사유에 맞서 있다는 점을 강조한다. 여기에 대해서 Gilles Deleuze, Nietzsche und die Philosophie, Aus d. Franz. von Bernd Schwibs. Frankfurt a. M.: Syndikat, 1985, 특히 pp.170~178 참조.

러 올라가서 니체의 양가적 사유 논리와 일맥상통한 점이 발견된다. "헤겔은 의식과 대상의 대립을 극복하기 위하여 이념의 지속적인 변증법적 운동을 통하여 모순을 극복할 수 있다고 본다. 즉 정반합의 지속적인 운동에 근거해서 모순을 극복하고 마침내 절대이념(absolute Idee)에 도달하게 된다. 바로 정신의 자기동일성 속에서 주체와 객체의 동일성이 보장된다"고 확신하며, "감각적인 것과 정신적인 것의 모순 역시 극복된다"고 본다.[11] 이처럼 헤겔에서는 예술에서의 정신의 절대성을 내세우고 있으며, 지양(Aufhebung) 개념을 통해서 변증법적 종합을 꾀한다. 하지만 데리다는 헤겔의 이러한 변증법적 종합 자체를 거부한다. "데리다는 절대지식에 의해 주체와 객체의 동일성이 이루어진다는 헤겔의 테제를 비판하며, '인식 대상의 양가적이고 모순적인 특성'으로 인해 헤겔이 말하는 동일성이 달성될 수 없다고 본다."[12] 이처럼 데리다는 양가적 사유 논리에 입각해서 대상을 바라보면서 헤겔식의 체계적 사유를 비판하고, 더 나아가 헤겔의 지양 개념 자체를 지배원리에서 나온 "폭력적 행위"로 규정한다.[13] 데리다가 보기에 지양 개념 안에는 보존(Aufbewahrung)과 파기(Annullierung)라는 양가성이 내재하고 있으며, 따라서 지양 자체는 대립을 단순히 통일한다는 의미에서의 종합만을 의미하는 것이 아니다.[14] 이런 관점에서 데리다는 해체 이론의 특징을 이른바 "급진적 양가성" 내지 "아포리아"로 규정한다. 이러한 양가성에서는, 종합으로 이르는 헤겔식의 '대립 통일'이 아니라 종합이 없고 따라서 지양도 이루어지지 않는 대

---

11) 심재민, 『연극적 사유, 예술적 인식』, 연극과인간, 2009, 29쪽.
12) 심재민, 같은 책, 30쪽 ; Peter Zima, Die Dekonstruktion, Tübingen/Basel, 1994, p.45 참조.
13) Peter Zima, 같은 책, p.45 ; 심재민, 같은 책, 30쪽 참조.
14) 심재민, 같은 책, 30쪽 참조.

립의 통일이 형성된다.[15] 이런 맥락에서 데리다를 위시한 포스트모더니즘 철학 내지 해체 이론의 양가적 사유 논리는 근본적으로 니체의 철학에 빚지고 있음이 명백하다. 그리고 레만의 포스트드라마 연극 개념이 근거한 사유 논리 역시 이러한 양가성에서 출발하고 있다.

그리고 본고는 포스트드라마 연극을 구성하는 특징들이 넓은 틀 안에서 피셔-리히테(Erika Fischer-Lichte)가 제기한 '수행적인 것의 미학(Ästhetik des Performativen)' 및 '동시대적 문화학(Kulturwissenschaft)의 맥락에서의 공연'과 중첩하는 지점이 있다는 것 역시 상술하고자 한다. 왜냐하면 포스트드라마 연극은 결국 관객의 체험적인 참여를 전제로 하여 공연의 과정성 자체에 초점을 맞춘 공연들에서 출발하기 때문이다. 동시대의 문화학은 공연을 진행되면서 완성되는 것으로 파악하고 있으며, 그런 의미에서 공연의 과정성을 전제하면서 관객과 행위자의 신체적 공동현존에 근거한다. "관객은 행위자의 현상적 신체의 현존에서부터 나오는 체현된 정신(verkörperter Geist) 내지 마음(embodied mind)을 느끼고 지각하는 가운데 그 역시 체현된 정신 내지 마음을 동원하게 된다."[16] 여기서 관객의 참여와 공연의 과정성은 공연의 수행성을 형성하는 전제가 되므로, 궁극적으로 포스트드라마 연극은 피셔-리히테가 말하는 수행적인 것의 미학에 입각하여 보다 상세하게 설명될 수 있다.

---

15) 심재민, 같은 책, 30쪽 참조.
16) 심재민, 「문화적 퍼포먼스로서 스포츠 경기와 응원에서 나타나는 연극성」, 『연극평론』 38, 2010, 97~101쪽 중 98쪽.

2. 포스트드라마의 양식적 특질들, 수행성, 그리고 현상학적인 몸의 현존

2.1. 포스트드라마 연극의 양식적 특질들

레만은 포스트드라마 연극이 가지는 양식적 특질들을 구체적으로 설명하는 가운데 궁극적으로 드라마 연극과 다른 포스트드라마 연극의 특징들을 강조한다. 먼저 그는 '종합의 중지(Entzug der Synthesis)'라는 개념으로써 통합적 완결적 지각을 대신하는 개방적 분산적 지각의 부상을 강조한다. 즉 드라마 연극에서 기표에 상응하는 기의를 모색하면서 의미의 일관성과 통합을 추구하는 방식으로 지각이 작동된다면, 포스트드라마 연극에서는 이러한 총체적 이해 시도 자체가 배제된다. 이어서 레만은 '꿈의 이미지(Traumbilder)'라는 표현 하에 포스트드라마 연극이 드러내는 이른바 '몽상적 구조'에 주목한다. 왜냐하면 레만은 꿈에서 비서열적 연극미학의 전형적인 모델을 발견하기 때문이다. 레만은 몽상적 구조가 가진 특징들을 특히 콜라주, 몽타주, 단편(斷片) 등과 유사한 조직에서 발견한다. 그러니까 포스트드라마 연극에서는 이미지, 움직임, 말 사이에 어떤 서열이 전제되지 않음으로써 결국 몽상적 구조가 드러나게 되며, 따라서 사건들이 논리적 구조에 따라서 진행되지 않는다(142). 레만은 또한 '공감각(Synästhesie)'에 근거한 관객의 지각 변화를 포스트드라마 연극의 양식적 특질로 규정한다. 공감각에 입각한 관객들은 이제 감각들 사이에서 소통이 이루어지는 '종합적 지각(Aisthesis)'에 의존해서 연극이라는 소통과정에 능동적으로 참여하게 된다. 여기서 레만은 공감각에 근거한 포스트드라마 연극이 지각이론 및 지각현상학에서 출발하고 있다는 점을 명시한다. 레만은 연극공연의 층위를 언어 텍스트, 연출 텍스트, 그

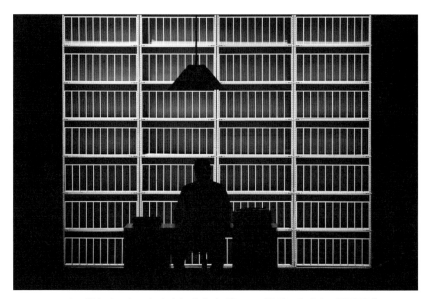

로버트 윌슨 〈크라프의 마지막 테이프〉 (ⓒ2010서울연극올림픽 집행위원회)

리고 퍼포먼스 텍스트로 구별한다. 그는 '퍼포먼스 텍스트'라는 표현으로 지칭되는 포괄적인 연극적 상황이 결국 언어 및 연출이라는 전통적인 텍스트를 전복시킨다는 점을 강조한다. 결국 퍼포먼스 텍스트라는 개념으로써 레만은 공연의 구조적으로 변화된 성질을 역설하는 것이다. 여기서 레만은 퍼포먼스 텍스트가 재현보다는 현존을, 전달된 경험보다는 공유된 경험을, 결과보다는 과정을, 그리고 고지(告知)보다는 선언을, 정보보다는 에너지론을 드러낸다는 점을 명시한다. 이처럼 퍼포먼스 텍스트가 내세우는 현존은 이미 위에서도 언급했듯이 그 자체 생성중심적 사고에서부터 출발한다. 이런 맥락에서 레만은 현존에 대해서 "부유하는, 사라지는 '임재'의 의미에서의 현존", "'떠나감' '부재' '이미 가버림'으로서의 경험 안에 들어오는 현존"이라고 정의한다(260). 또한 이러한 현존은 배우 내지 행위자와 관객의 공동 현존(Ko-Präsenz)을 전제한다.[17] 그러므로 여기서는 바로 수행성이 대두하게 된다.

2.2. 수행성과 현상학적인 몸

포스트드라마의 몸은 바로 '현상학적인 몸'이다. 이러한 몸의 상황을 레만은 "감각성이 의미를 무력하게 만든다"라는 표현으로써 규정한다(365). 피셔-리히테에 따르면, 연극에서의 몸은 기호학적인 몸과 현상학적인 몸으로 대별된다. 기호학적인 몸은 몸이 언어의 의미를 구현하면서 언어의 이른바 '반복적 도해적 기능'에 충실할 때 드러난다. 따라서 기호학적인 몸은 의미의 지시관계적 기능에 복무한다. 몸은 언어의 충실한 재현을 위한 도구로서 기능하면서 언어에 종속할 수밖에 없다. 몸이 드러내는 기표성은 그러니까 언어의 의미가 가진 기의를 드러내기 위한 수단이 되는 것이다. 이러한 몸은 결국 레만이 지적한 드라마 연극에서의 몸을 의미한다. 이에 반해서 현상학적인 몸은 몸의 현상성, 즉 현상적 존재로서의 몸의 육체성(Körperlichkeit)이라는 물질성에 충실한 경우에 부각된다. 이러한 현상학적인 몸이 관객 앞에서 지금 여기에 현존하는 가운데 몸은 자신에게 새로운 기능을 부여한다. 즉 몸의 수행적(performativ) 기능을 담당한다. 따라서 레만이 앞에서 말한 '감각성'은 현상학적인 몸의 수행성과 직결된다. 몸의 연극이 수행성에서부터 출발하는 것은 바로 이런 이유에서이다. 이러한 현상학적인 몸이 포스트드라마 연극의 근거가 된다. 포스트드라마 연극이 내세우는 몸의 감각성은 근본적으로 몸의 물질성에 기반 한다.

---

17) 레만은 여기서 공동 현존이라고도 표현할 뿐만 아니라, 동시에 "함께하는 현존(Mit-Präsenz)"이라는 표현도 사용한다. 여기에 대해서 Lehmann, 앞의 책, p.223, 255 참조.

행위자 내지 배우의 몸이 드러내는 물질성에 대한 관객의 지각을 바탕으로 양자 사이의 지점에서 발생하는 현존을 통해서 공연의 육체성이 강조된다. 행위자의 몸은 그러므로 관객에게 직접적인 영향을 미치면서 '에너지의 전이'를 낳게 된다.[18] 즉 행위자와 관객, 관객과 관객, 그리고 다시 관객과 행위자 사이의 에너지의 전이가 이루어진다. 이로 인해서 관객은 무대 위 사건들에 대한 예측 불가능한 상태에 접하게 된다. 다시 말해서 이른바 돌발성(Emergenz)의 바탕 위에서 무대와 객석 사이에는 피셔–리히테가 말하는 '자동형성적 피드백 고리(autopoietische feedback–Schleife)'가 생긴다.[19] 그 결과 공연은 그야말로 스스로 생성되는 것이다. 바로 여기서 포스트드라마 연극의 수행성이 드러나게 된다.

레만은 포스트드라마 연극에서는 "로고스의 앞으로 […] 호흡, 리듬, 육체의 살이 현존하는 지금이 등장한다"라고 말한다(262). 이러한 표현이야말로 바로 포스트드라마가 지향하는 몸의 현황을 가장 명백하게 천명하는 것이다. 레만은 여기서 이미 메를로–퐁티(Maurice Merleau–Ponty)가 내세우는 몸의 현상학에 대한 의존을 드러내고 있다. 로고스보다 육체의 살이 현존하는 가운데 포스트드라마 연극에서의 인간은 지각 주체로서의 인간이며, 따라서 이미 '세계–내–존재'이며 "세계에 운명 지어진 주관"[20]이 된다. 그 결과 포스트드라마 연극에서의 배우와 관객은 지

---

18) 여기에 대해서 Erika Fischer–Lichte, "Theater als Modell für eine Ästhetik des Performativen", Performativität und Praxis. Hrsg. von J. Kertscher u. D. Mersch. München: Wilhelm Fink Verlag, 2003, pp.97~111 중 특히 p.99 참조.

19) 여기에 대해서 Erika Fischer–Lichte, Ästhetik des Performativen. 특히 pp.284~294 참조.

20) 모리스 메를로–퐁티, 『지각의 현상학』, 류의근 역, 문학과지성사, 2002, 19쪽. "궁극적으로 메를로–퐁티의 몸의 현상학은 지각 주체와 지각 대상 사이에 형성되는 '세계의 살(la chair du monde)'에 주목하면서 정신과 몸, 의식과 세계의 일치를 지향한다. 다시 말해서 의식과 대상 사이의 간극을 제거하려는 시도에서부터 그의 '살' 개념이 생성된 것이다." 심재민, 「몸의 현상학과 연극비평」, 『동시대 연극비평의 방법론과 실제』, 한국연극평론가협회 편, 연극과인간,

각 주체로서 육체의 살을 통한 지각에 의존하고 있으며, 이성중심주의적 주체의 성격을 이미 벗어나 있는 것이다.

결국 포스트드라마 연극에서 현상학적인 몸은 이성중심주의에서와는 근본적으로 다른 수용 방식을 전제로 하며 따라서 미학 자체의 변화, 즉 종합적인 지각(Aisthesis)에 입각한 새로운 미학을 전제로 한다. 그러므로 현상적인 몸은 포스트드라마 연극 안에서 그 자체 다양한 방식으로 현존한다. 그 다양한 현존 방식은 궁극적으로 몸의 새로운 가능성을 발견하는 것이며, 이는 결국 몸을 언어보다 하위 장르에 묶어 두려는 기존 '드라마 연극'에서 해방된 새로운 연극적 시도의 결과이다.

포스트드라마 연극의 몸이 가지는 상황 맥락은 결국 20세기 말의 세기전환기의 사회·문화적 상황과 밀접한 연관을 맺고 있다. 레만은 포스트드라마 연극에서 드러나는 "기술적으로 침윤된 몸의 공연방식"의 다양한 전개 양상에 대하여 천착한다(363). 레만은 예컨대 로버트 윌슨(R. Wilson) 공연에서 드러나는 슬로우 모션이 보여주는 인간 형상의 '몽상적인 우아함'[21])과 더불어 그 연극에서 드러나는 기술적인 수용의 문제까지도 함께 고려하고 있다. 그러한 공연 상황들의 심층적인 원인에까지 파고들면서 레만은 궁극적으로 동시대의 '몸의 상황'에 대한 진단을 내놓고 있다. 이러한 진단에 근거해서 그는 포스트드라마 연극이 몸에 집착하는 다양한 방식, 그러니까 몸이 현존하는 다양한 방식 자체에 대하여 구체적인 공연의 사례들을 근거로 논구하고 있다. 레만은 포스트드라마 연극이 몸을 드러내는 전략을 궁극적으로 동시대적 '탈육체화(Entkörperlichung)'의 현상에 대한 대응전략으로 이해한다. 레만은, 동시

2009, 201~231쪽 중 207쪽.

21) '몽상적인 우아함'은 이미 앞에서 언급한 포스트드라마 연극의 양식적 특질들 중 하나인 '몽상적 구조'와 일맥상통한다.

대의 사회·문화적 상황 안에서 외형적으로 나타나는 몸의 '성적(sexual) 집중화'가 오히려 역설적으로 몸을 욕망과 에로스로부터 철저히 분리시 킨다는 사실을 간파한다. 그는 보드리야르(J. Baudrillard)를 인용하면서 "[…] 오늘날 몸을 가지는 것이 아니라, 몸에 동조하는 것이 중요한 문제 이다"라는 점을 부각시킨다(364). 왜냐하면 몸은 기술적 인공화 및 부분 대상으로의 확대나 무한 복사로 인해서 더 이상 몸 자체의 의미로서 받 아들여지지 않고 있으며, 따라서 탈육체화되고 있기 때문이다. 성적 대 상화된 몸이 기실 몸 자체가 사라진 채 매체의 기술적 능력에 의하여 인 공으로 확대되고 복사되는 상황 속에서 오히려 몸의 욕망과 에로스는 상실되는 지경에 이르게 되었다는 것이다.[22] 그뿐만 아니라, 몸은 이제 "무엇인가를 위한 기호"로서 기능한다(364). 몸은 성공, 건강 그리고 지 위 등을 위한 기호로서 기능할 뿐이며, 바로 여기서 탈감각화된 몸의 문 제뿐만 아니라 기호화된 몸의 문제가 대두되고 있다. 이러한 몸의 상황 에 직면해서 포스트드라마 연극의 몸은 '연극적 육체성'을 강조하고 있 다. 즉 "추상화로부터 매력으로(Von der Abstraktion zur Attraktion)"(362)라 는 중심 이동을 역설한다. 레만의 이러한 주장은 결국 몸성 그 자체를 강조하는 몸의 연극적 특징들이 포스트드라마 연극의 속성이 되고 있음 을 증거한다. 즉 동시대적으로 몸의 부재의 현상을 부채질하는 매체의 발달에 맞서서 몸 자체의 자기지시성에 근거한 몸의 현존을 공연 안에 서 실현하려는 의지를 조명하고 있는 것이다.

---

22) 이와 유사한 지적을 안네 플라이크(Anne Fleig) 역시 하고 있다. 그는 우리 시대에 존재하 는 두 가지 상반된 육체관을 제시하면서 '육체의 찬미'와 더불어 디지털 세계에서의 '탈육체 성' 역시 언급한다. 이에 대하여 Anne Fleig, "Körper-Inszenierungen: Begriff, Geschichte, kulturelle Praxis", Körper-Inszenierungen: Präsenz und kulturelle Praxis. Hrsg. von Erika Fischer-Lichte u. Anne Fleig. Tübingen: Attempto, 2000, pp.7~17 중 p.7 참조.

바로 이런 맥락에서 레만은 포스트드라마 연극에서의 몸은 의미론
(Semantik)을 극복한 것이라는 점을 확인한다. 이는 결국 기호학적인 몸
이 가진 의미 맥락의 해체를 제시하는 것이며, 더 나아가 이성중심주의
적인 정신으로부터 몸으로의 중심 이동을 선언하는 것이다. 즉 몸이 중
심이 되는 사유 속에서 그러한 몸은 결국 끊임없이 운동하고 변화하는
몸이 되는 것이며, 연극에서 이러한 몸이 만들어내는 의미는 이성적 사
유에 의한 의미의 고정으로 귀결될 수 없는 것이다. 결국 몸은 생성적
과정성의 맥락 속에서 파악되며, 지각현상학적인 맥락에서의 몸을 통한
일원론적 '지각 주체'의 관점에서 지각된다. 같은 맥락에서 레만은 포스
트드라마 연극에서 의미가 해체되는 과정을 설명하면서 특히 피터 브룩
(Peter Brook) 연출의 〈마라, 사드〉를 예로 들어 "연극행위의 순간적 불꽃
놀이"라는 표현을 사용한다(365). 이러한 비유는 포스트드라마 연극에
서의 의미가 순간적으로 형성되는 듯하다가 사라지는 상황에 대한 가장
적절한 묘사라고 볼 수 있다.[23] 즉 공연에서 어떤 고정된 의미의 확정을
거부하면서 공연의 과정성 속에서 오로지 이미지의 흔적만을 남기는 새
로운 연극적 상황에 대한 묘사로서 파악될 수 있다. 이것은 결국 기표가
기의로 복귀되는 것을 전제하는 기호학적 의미 형성에 대한 거부를 말
하는 것이며, 현상학적으로 기표 그 자체의 자기지시성에 충실한 공연
에 대한 묘사로 이해되어야 한다. 바로 여기서 헤겔을 위시한 이성중심
주의에 대한 포스트모더니즘 철학 내지 해체 이론의 비판이 주목을 받
게 되며, 이러한 비판에 기댄 레만의 포스트드라마 개념이 부각된다.

---

23) 여기서 레만의 개념은 데리다의 '산종(Dissémination)' 개념을 연상시킨다. 즉 레만에 미친 데
리다의 영향을 확인할 수 있는 근거이기도 하다. 물론 레만은 자신이 사용한 표현과 관련하여
"의미, 문화적 기념 등의 어떤 머무르는 흔적들"도 남기지 않음을 강조한다. 여기에 대해서
Lehmann, 앞의 책, p.178 참조.

레만은 포스트드라마 연극에서 몸이 탈의미화하는 현실을 직시하면서, 몸의 자기지시성에 근거한 "포스트드라마 연극이 몸 자체를, 그리고 몸 관찰의 과정을 연극미학적 대상으로 만든다"는 사실을 확인한다(366). 따라서 포스트드라마 연극에서의 몸은 의미 형성을 위한 기표로서가 아니라, 도발(挑發)로서 부상한다. 다시 말해서 몸은 더 이상 기호학적 맥락에서 수용되지 않으며, 이미 현상 그 자체로서 지각된다. 여기서 포스트드라마 연극의 몸이 취하는 물질성(Materiality)은 레만의 출발점이다. 레만은 의미에서 벗어난 경험, 즉 잠재적인 것의 경험에 대한 몸의 도발을 중시한다. 그러므로 레만이 '몸의 현존'에 근거해서 "몸은 가능한 것의 패러독스한 공허를 바라보는 시선의 쾌감과 두려움을 개방한다"라는 단정을 내릴 때, 몸의 현존 자체는 바로 '잠재적인 것'이라는 개념 위에서 성립하는 것이다(366). 레만은 여기서 '몸의 연극'이라는 용어를 사용하면서 이 용어가 바로 포스트드라마 연극의 개념에 수렴된다는 점을 밝힌다. 다시 말해서 포스트드라마 연극이라는 개념을 구성하는 한 요소가 바로 '몸의 연극'이다(366). 같은 맥락에서 레만은 '잠재적인 것의 연극'이 함의하는 내용을 연극상황 안에서의 "계획할 수 없는 '몸들 사이'에로의 지향", 그리고 '잠재적인 것'으로서의 "임박한 정지(drohender Entzug)" 및 "약속(Versprechen)"이라는 개념들로써 설명하고 있다(367). 여기서 먼저 주목해야 할 것은 '잠재적인 것'이 포괄하는 두 개념이다. 이 두 개념은, 몸의 현존에 근거해서 '가능한 것의 패러독스한 공허를 바라보는 시선의 쾌감과 두려움을 개방하는 몸'에 대한 레만의 언급과 일맥상통한다. 그러니까 몸의 연극에서 몸의 현존은 그 자체로 이미 '가능한 것'이면서 동시에 '패러독스한 공허'를 야기하고 있다. 즉 '무엇이 가능할 것 같지만, 실은 그것이 실재적인 것이 아닌 공허한 것인 데서 오는 패러독스'를 몸의 현존은 전제한다. 몸의 현존은 결국 생성중심적 사유에 근거한 몸의 과정성에 근거해 있다. 즉 몸은 끊임없이 변화하고 운동하며 생성소멸 한다는 관점에서 출발하면서 순간적 과정성 속에서 몸이 주는 에너지를 추구하는 데서부터 레만의 미학적 사유는 전개되고 있는 것이다. 몸의 현존은 한편으로 '몸의 임박한 정지에 대한 시선의 두려움'을 함의하고, 다른 한편으로 '몸의 약속에 대한 시선의 쾌감'을 함의한다. 생성적 사유에 입각한 관객의 입장이 된 레만은 여기서 운동하는 몸이 곧 정지한다는 데 대한, 다시 말해서 생성하는 몸의 임박한 소멸적 상황에 대한 두려움을 언급하고 있으며, 동시에 몸이 또 다른 방식으로 곧 생성할 것에 대한 기대에서 오는 쾌감을 함께 표현하는 것이다. 바로 여기서부터 몸의 양가성이 가진 '패러독스한 공허'가 이해되는 것이다. 이러한 양가적인 상황에 직면한 가운데, 레만은 '잠재적인 것의 연극'으로서의 몸의 연극을 구성하는 또 하나의 개념, 즉 "계획할 수 없는 '몸들 사이'에로의 지향"이라는 개념을 추가한다. 그런데 여기서 '몸들 사이(zwischen den Körpern)'는 레만이 '포스트드라마적 과정의 진행'에서 내세우는 '몸에서(am Körper)'라는 개념과 대립되는 가운데, '드라마적 과정의 진행'에서 전제되는 개념이다. 그렇다면 레만은 도대체 왜 '잠재적인 것의 연극'에서 '몸들 사이'라는 표현을 도입한 것일까? 우리는 여기서 이 표현 앞에 있는 '계획할 수 없는(unplanbar)'이라는 수식어에 주목해야 한다. 그럼으로써 레만은 드라마적 과정이 진행될 때 드러나는 '몸들 사이'와 분명한 차이를 드러내고자 한다. 전통적인 '드라마 연극'이 이미 계획된 '몸들 사이'를 지향한다면, 포스트드라마 연극에서는 '몸들 사이' 자체가 '계획할 수 없는' 것이라는 점을 조명한다. 다시 말해서 몸들 '사이'에서 일어나는 것은 계획할 수 없는 것으로서 '사이'에서 벌어지는 '우연적인 내지 돌발적인 효과'를 전제로 하고 있다.[24] 바로 여기서 드라마적 연극이 내세우는 '몸들 사이'가 이미 계획되어있다는 것과 분명히 다른 변별력이 확보되는 것이다. 왜냐하면 드라마적 연극에서 언어에 종속된 몸은 언어의 논리성을 미메시스하는 가운데 언어에 의해서 계획된 대로 움직일 뿐이기 때문이다.

지금까지 논구한 전체적 의미망을 전제로 해서 '몸의 연극'으로서의 '잠재적인 것의 연극'이라는 개념의 포괄적 함의를 다시 한 번 조망해 보자. 몸은 몸 자체의 현존을 통해서 관객에게 어떤 실재하는 것을 약속하는 듯이 보이지만 그 약속된 듯이 보이는 것은 곧 정지되고 사라져 버리며, 그 결과 몸의 현존은 '몸들 사이'의 돌발적이고 우연적인 효과를 지향하게 되는 것이다. 그리고 이를 바라보는 관객의 시선은, 가능한 것으로 여긴 것이 결국 공허가 되는 패러독스에서 오는 쾌감과 두려움을 함께 지니게 된다.[25] 즉 생성 소멸하는 몸의 순간적 미(美)에 대한 기대와 아쉬움이 관객에게 양가적으로 지각되는 것이다. 결국 레만이 제시한 '잠재적인 것의 연극'으로서의 '몸의 연극'은 위에서 언급한 '연극 행위의 순간적 불꽃놀이'라는 비유와 일맥상통한다. 이는 피셔-리히테가 공연을 문화적 퍼포먼스의 맥락에서 파악하는 가운데, 공연의 과정성을 부각시키는 것과 흡사하다.[26] 레만은 포스트드라마 연극이 "틀에

---

24) 이 점은 바로 피셔-리히테(Erika Fischer-Lichte)가 수행적인 연극에서 전제하는 '돌발성 (Emergenz)' 및 '우연성'과 일맥상통한다. 이러한 돌발성에 근거해서 관객은 체현된 정신 내지 마음을 통해서 지각하고 느끼는 가운데 행위자들과의 현상적 신체의 공동 현존에 의존하고 있다. 여기에 대해서 Erika Fischer-Lichte, Ästhetik des Performativen, Frankfurt a. M.: Suhrkamp, 2004, 특히 pp.284~294 참조.

25) 여기서 레만의 '관객 참여의 유인'이라는 개념은 피셔-리히테가 말하는 '행위자와 관객의 신체적 공동현존'이라는 개념과 비교할 때, 조금 약한 의미로서 인식될 수 있다.

26) 이에 대해서 Erika Fischer-Lichte, "Einleitung: Theatralität als kulturelles Modell", Theatralität als Modell in den Kulturwissenschaften. Hrsg. von Erika Fischer-Lichte u. a.. Tübingen Basel: A. Francke

끼워넣음의, 심미적으로 묶어냄의 의미형성적 힘"을 끊임없이 해체한다는 사실을 강조한다(366). 더 나아가서 그는 "모든 것, 가장 깊은 의미조차도 공연 안에서는 지연되고, 이로써 의미부여를 초월하며, 육체의 해석불가능한 소동으로써 의미부여는 옮겨지게 된다"는 점을 확인한다(366). 데리다의 '차연' 개념을 연상시키는 이러한 의미지연과 의미초월이 결국 포스트드라마적 몸의 연극에서 몸의 현존을 통해서 벌어지며, 그 결과 몸은 어떠한 기의도 만들어내지 않으면서 운동 그 자체가 드러내는 자기지시성에 충실한 것이다.

레만은 몸의 현존이 "의미의 휴식(Sinn-Pause)"이라고 표현하면서, 이러한 현존을 통해서 "맹점(盲點, punctum)"이 떠오르게 된다는 점을 강조한다(368). 이 '맹점'이라는 개념을 레만은, 사진술과 관련해서 사용했던 롤랑 바르트(Roland Barthes)로부터 차용하였다. 바르트는 맹점이란 개념을 "우연적인 자세한 것, 세세한 것, 모사된 것에서의 단일화 할 수 없는 고유성, 규정불가능한 동기" 등으로 정의하고 있으며, 레만은 포스트드라마 연극이 관객을 이러한 맹점으로 이끈다고 단정한다(368). 즉 "몸의 불투명한 가시성으로, 몸의 비관념적이며 아마도 통속적인 독특성으로" 이끌며, 이런 것들은 명명이 불가능한 채로 남아있다고 말한다(368). 이어서 레만은 맹점과 관련해서 보다 구체적인 것들을 열거한다. 즉 "보행(步行)의, 제스처의, 손 자세의, 몸의 비율의, 동작 리듬의, 얼굴의 과민한 우아함"으로 관객을 이끄는 몸의 현존 시의 맹점에 대해서 강조한다(369).

맹점의 이러한 특징들을 상세하게 열거하는 것은 결국 이성중심주의적 사유가 만들어내는 의미 고정에 대한 레만의 의식적인 거부에 기인할

Verlag, 2004, pp.7~26 참조.

뿐만 아니라, 몸의 현상성 자체를 감각적으로 파악하려는 의도를 노정하고 있다. 즉 종합적 지각(Aisthesis)과 공감각의 관점에서 포스트드라마 연극의 미학을 바라보려는 시도인 것이다. 그 결과 감각적인 '봄(Sehen)'은 몸의 현상으로부터 촉발되어 이성중심주의적 총체성에 입각한 의미 종합을 시도하는 데에 대하여 의도적인 거부를 하면서 현상적인 몸의 아름다움 자체에만 몰두하고자 하는 것이다.

레만은 '신의 현전'과 대등한 맥락에서 '인체의 현전'을 내세우며, 이로써 몸의 현존이 가진 탈이성적 성격을 옹호하며, 관객에게로의 전염을 통한 소통을 말한다.[27] 여기서 말하는 전염은 몸을 통한 에너지의 전염을 의미하며, 이는 "미메시스의 용해(溶解)와 참여"처럼 다가오는 것이다 (369). 이 개념으로써 레만은 이전에 드라마를 존속시켰던 미메시스적 차원에서의 사건 진행의 역동성을 이제 몸이 대신하고 있다는 것으로 이해한다. 즉 몸은 이제 "자기의 극적표현화(Selbst-Dramatisierung)"를 이행하고 있으며, 이를 통해서 관객의 참여를 유인하는 것이다(369). 레만은 포스트드라마 연극에서의 관객 참여의 중요성과 더불어, '인체의 현전'이라는 개념에 대한 정확한 규정을 시도한다. 신의 현전을 대신하는 인간의 몸은 레만에게 어떤 전통적인 휴머니즘, 그러니까 인간중심주의에서 나온 어떤 인간 이상을 의미하는 것이 아니다. 그가 내세우는 몸의 현존은, 공연으로서의 연극이라는 제한된 시간 안에서 특정한 개별 인간이 가진 제스처와 생명력에서 나온 '인체의 현전'을 의미한다. 레만의 이러한 개념 규정은, 전통적 드라마 연극이 내세우는 미메시스 개념의 전제

---

27) '관객 전염'의 개념은 피셔-리히테에게서도 동일하게 발견된다. 여기에 대해서 Erika Fischer-Lichte, "Entgrenzungen des Körpers. Über das Verhältnis von Wirkungsästhetik und Körpertheorie", E. F.-L./Anne Fleig (ed.), Körper-Inszenierungen. Präsenz und kultureller Wandel, pp.19~34 참조.

가 되는 자연 모방 대신에 행위자의 몸을 모방하는 것에 가까운 '관객의 몸을 통한 참여'를 강조하고 있다.

2.3. 현상학적인 몸의 현존 방식들

몸이라는 연극 요소를 새롭게 바라보는 공연들은 포스트드라마 연극 미학의 가장 전형적인 내용을 과시한다고 말해도 과언이 아니다. 레만에 따르면 포스트드라마 연극에서의 현상학적인 몸은 무엇보다 다음과 같은 기본적인 특징들을 전제로 한다. 즉 몸의 물질성, 탈의미론적인 몸, 감각성(Sinnlichkeit), 몸의 현존(現存), 관객과의 소통에서 나타나는 에너지의 전염, 미메시스의 용해(溶解)와 참여, 개별적 인체의 집중된 현전(Anthrophophanie), 개별적인 것의 절대화 등으로 요약할 수 있다. 이러한 특징들을 전제로 레만은 드라마 연극과 다른 포스트드라마 연극의 몸에 대하여 논구한다.

2.3.1. 춤, 그리고 에너지가 충만한 몸

포스트드라마 연극에서는 의미보다 에너지의 표출이 우선 한다. 의미의 구현을 묘사해내는 것이 아니라, 행동을 묘사하는 가운데, 제스처 자체가 부각된다. 이러한 특징을 가장 잘 대변해 줄 수 있는 매체는 바로 춤이다. 포스트드라마적 춤이 드러내는 몸의 긴장은 드라마 연극에서 드라마 자체가 주는 긴장을 대체한다(371). 춤은 숨겨진 에너지를 표출하는 가운데 충동에 대하여 관객들과 감정적으로 공감한다.

레만은 특히 피나 바우쉬(Pina Bausch)의 탄츠테아터가 보여주는 몸에

피나 바우쉬 《마주르카 포고(Masurca Fogo)》 (LG아트센터, 2003. 4. 25~28, ⓒLG아트센터)

대한 전방위적이고 획기적이며 포괄적인 탐색에 대하여 공감을 표시한다. 실제 대상들 및 몸의 제스처가 추상적인 것 위주로 변해가는 동시대적 시각의 특질들에 직면해서, 탄츠테아터의 춤을 통한 몸은 실제로 지각 가능한 "외부 현실의 구제"로서, 다시 말해서 현실 그 자체로서 지각되고 경험된다는 사실을 레만은 중시한다(372). 이는 결국 탄츠테아터의 춤추는 몸은 결코 재현적인 몸이 아니라는 것을 의미하며, 이러한 몸을 지각하는 관객은 몸의 역동성 자체에 몰두하게 된다는 점을 강조하는 것이다.

그런데 레만은 포스트드라마의 춤이 보여주는 몸은 이미 총체적 질서 및 조화로부터 해방된 몸을 전제로 한다는 점을 부각시킨다(373). 이는 전통적 춤의 몸이 보여주는 질서와 조화의 세계로부터 벗어난 것을 의미하며, 따라서 포스트드라마의 춤은 몸의 각 부분들이 가진 잠재적 지각을 활성화한다. 다시 말해서 부분들이 전체의 질서에 반기를 든 것으로 이해할 수 있으며, 이는 명백하게 중심화라는 총체성 지향에서 벗어난 포스트모더니즘적 세계관이 반영된 결과이다. 즉 레만이 주창하는 포스트드라마가 근본적으로 포스트모더니즘

피나 바우쉬 〈네페스(Nefés)〉 (LG아트센터, 2008. 3. 13~16, ⓒLG아트센터)

의 철학과 중첩되고 있다는 것을 증명한다. 레만은 미국에서 태어나고 벨기에에서 작업하는 안무가 메그 스튜어트(Meg Stuart)의 경우를 예로 들면서, 그녀의 춤에서 포스트드라마의 춤이 가진 특징들이 분명하게 드러난다는 점을 강조한다. 레만이 보기에, 그녀의 안무들은 "감정들의 코스모스(Kosmos)"를 개방하며, "멜랑콜리와 집단적 고독의 제스처"가 있는 놀이를 주선한다(373). 다시 말해서 그녀의 안무들은 이중적이고 양가적인(ambivalent) 감정들이 가진 질서를 드러내주며, 이로써 포스트드라마의 춤이 가진 이른바 "모순들의 질서"라는 특징을 대변하고 있다. 왜냐하면 포스트드라마의 춤이 가진 관심은 바로 "반사회적인, 다른 것이 연극의 형식들 안에 들어와서 춤추어지는" 것이기 때문이다(373).

이런 점에서 볼 때, 포스트드라마의 춤은 춤이라는 질서를 통해서 춤을 넘어서는 반사회적인 것, 질서와는 다른 어떤 것을 표현해내려는 시도와 일맥상통하며, 그 결과 양가적 감정들이 춤의 형식이라는 하나의

피나 바우쉬 〈러프 컷(Rough Cut)〉 (LG아트센터, 2005. 6. 22~26, ⓒLG아트센터)

코스모스적 질서 속에 공존하는 것이다. 더 나아가 장르혼종적 성격이
포스트드라마의 춤 안에 내재한다는 점이 분명해진다. 결국 포스트드라
마의 춤에 내재하는 모순들은 그 자체로 질서를 형성하면서 미적 가치를
가지고 있다는 점을 레만은 강조하고 있으며, 이로써 명백하게 일사불란
한 형식적 통일성에 근거한 춤만이 질서를 가진 것이 아니라는 점을 시
위하고자 한다. 레만은 춤을 형성하는 몸의 개별 요소들이 전체 질서 속
에서 유기적으로 연결되면서 총체성을 지향하는 전통적인 춤의 방식을
의도적으로 거부하는 것이다. 오히려 상이한 개별적인 것들이 절대화하
면서 동시에 질서를 형성하는 새로운 형국을 환영하고 있다. 그러므로
총체성의 거부는 예술의 한계를 넘어서 궁극적으로 총체성 지향의 사회
에까지 맞서는 전복적 의식의 확장을 꾀하는 것이다. 그러므로 그가 메
그 스튜어트의 춤에 대한 해석에서 '양가성'에 입각한 사유를 이끌어가

는 것도 헤겔식의 변증법적 종합에 대한 일종의 반기로 이해된다. 이런 점에서 볼 때 포스트드라마 개념에 대한 레만의 사유적 출발점은, 바로 변증법적 종합에 근거한 총체성 지향을 거부하는 데에 있으며, 그럼으로써 생성중심적 사유에 근거한 니체의 양가성의 논리와 일맥상통한다.

그리고 레만은 "에너지의 몸"이라는 개념으로써, 포스트드라마의 춤에서 '운동하는 몸'의 에너지(Kraft) 자체가 미치는 다양한 영향들이 부각된다는 점을 밝힌다. 레만은 빔 반데키부스(Wim Vandekeybus)의 안무, 아이나 슐레프(Einar Schleef)의 공연에서 땀 흘리며 노동하는 몸, 위험한 스포츠를 통해 육체적 능력을 전시하는 캐나다의 '라라라 휴먼 스텝스(La La La La Human Steps)'의 작업 등을 통해서 "의미 제안에 의해서 별로 구성된 적이 없는 생활 세계에서, 몸과 그의 성취, 그의 에너지와 아름다움이 진정으로 우상이 되고, '외형적'으로 안전한 마지막 진실이 되는 사실"을 중시한다(381). 여기서 레만은 몸이 의미론적 구성에 구애받지 않는 가운데 몸이 이루는 에너지에서 나온 미적 가치의 중요성을 강조하고 있다. 결론적으로 레만은 에너지가 충만한 행동이 주는 다양한 표현 방식에서 긍정적 및 부정적 영향을 확인한다. 결국 레만이 포스트드라마의 춤에서 강조하는 것은, 무용수의 에너지 자체의 발산을 통한 관객과의 직접적인 교감을 형성한다는 점이다. 따라서 무용수로부터 관객으로의 에너지의 전이가 생길 수 있으며, 이는 수행적인 것의 미학이 전제하는 관객과 행위자의 신체적 공동현존을 통해서 달성된다. 에너지의 전이란, 무용수의 몸의 체현에 근거해서 관객의 몸에 다양한 형태의 생리적 격정적 운동적 감정적 인지적 흥분을 야기함으로써 이루어지는 것이며, 그 결과 관객과 무용수의 직접적인 교감이 가능해진다.

2.3.2. 슬로우 모션과 제스처

로버트 윌슨 〈크라프의 마지막 테이프〉
(ⓒ2010서울연극올림픽 집행위원회)

레만은 슬로우 모션 기법에서 드러 나는 몸의 이미지를 포스트드라마 연 극의 징후에 포함시킨다. 그 좋은 예 를 그는 윌슨(R. Wilson)의 공연들에 서 발견하는데, 몸의 동작에서 나오 는 슬로우 모션은 동작의 진행 시간 및 동작 자체를 확대하는 효과를 준 다는 점을 확인한다. 그 결과 몸은 그 자체로 구체성을 띠고 전시되는 효과 를 가지며, 관찰자의 렌즈를 통해서 포커스가 맞춰지고 시공간의 연속성 으로부터 잘려 나와 그 자체로 예술 적 대상이 된다(374). 레만이 지적하 는 슬로우 모션은 결국 몸의 시각적 오브제화에 기여한다. 그러니까 윌 슨 공연에서 특히 음악의 청각적 이 미지와의 결합을 통해서 시각적 이미지로서 기능하는 몸의 특징이 다시 한 번 명확하게 드러나는 것이며, 더 나아가 이러한 몸은 이미 해체된 상 태에서 무대의 한 구성요소로서 기능하게 된다.[28] 여기서 레만은, 슬로우

---

28) 이와 관련해서 Erika Fischer-Lichte, "Die semiotische Differenz. Körper und Sprache auf dem Theater-Von der Avantgarde zur Postmoderne", Dramatische und theatralische Kommunikation. Beiträge zur Geschichte und Theorie des Dramas und Theaters im 20. Jahrhundert. Hrsg. von H. Schmid und J. Striedter. Tübingen: Gunter Narr Verlag, 1992, pp.123~140 참조.

모션을 취하는 행위자의 육체적 정신적 긴장에 조응하면서 지각과정에 개입하는 관객의 긴장을 동시에 언급한다. 즉 관찰자의 긴장과 행위자의 긴장은 함께 작용하여 행위자의 몸을 '현상'이 되게 할 뿐만 아니라, 동시에 몸이 "운동 도구"로서 생소하게 나타나도록 만든다(374). 이는 몸의 육체성(Körperlichkeit)이 드러내는 물질성에 근거하여 행위자로부터 관객으로의 '에너지의 전이'가 일어남을 의미한다.[29] 즉 행위자의 긴장된 몸을 바라보는 관객에게 이미 긴장이 전제되고 있으며, 이러한 상황은 결국 몸을 메를로-퐁티가 말하는 몸의 현상학적 차원에서 바라보는 데서부터 발생한다. 그러니까 행위자의 몸과 관객의 몸은 서로의 거울로서 작용하면서, 행위자의 체현된 정신과 관객의 체현된 정신은 서로 조응하는 상황을 맞게 되는 것이다.

그런데 레만은 제스처의 문제와 관련해서 제스처가 가지는 심미적 측면에 대하여 숙고하면서, 제스처가 "행위의 목적지향성과 질서를 초월하는 가시성이라는 현상성"으로서 기능한다고 이해한다(375). 이는 제스처 자체의 자기지시성을 강조하는 것이며 그럼으로써 제스처의 현상적 존재가 두드러짐을 의미한다. 다시 말해서 행위의 잠재력으로 남아있으며, 행위 안에서 춤을 추는 잠재력으로서 기능하는 제스처를 확인한다. 즉 "제스처는 간접성의 제시이며, 수단 자체의 가시화 됨"이라는 것이다(375). 예를 들면 춤이 제스처가 되는 것도, 몸동작의 매체적 성격을 실행하고 전시하는 것뿐이기 때문이라고 강조한다. 이런 맥락에서 그는 포스트드라마의 몸은 바로 제스처의 몸이라고 단정한다. 여기서 '행위의 목적지향성과 질서의 초월'이라고 레만이 단정적으로 언급하는 바는, 이미 총체성이라는 목적과 질서를 넘어서서 종래에는 통일적 의미 구축 내

---

29) 이에 대해서 Erika Fischer-Lichte, Ästhetik des Performativen. 특히 p.99 참조.

지 재현적 의미 구축이라는 '목적을 위한 수단'으로 인식되었던 제스처 자체가 독립성을 획득했다는 것을 강조하기 위한 것이다. 그럼으로써 개별적인 것으로서의 제스처를 절대화시키려는 의도가 담겨 있다.

2.3.3. 조각(彫刻)들

포스트드라마적인 몸의 현존에 나타나는 독특한 방식 중의 하나는, 행위자의 몸이 인간-오브제가 된다는 것이다. 다시 말해서 행위자의 몸은 살아있는 조각으로서 기능한다. 같은 맥락에서 레만은 포스트드라마 연극의 몸이 가진 최고도의 이중성에 대해서 언급하면서 그 연원을 이미 역사적 아방가르드에서부터 확인한다. 즉 역동적인 동작이 가진 활력적인 측면과 더불어 동시에 조각적이고 정체적인 몸이 결합하면서 드러나는 엑스터시와 숭고[30]의 모순성을 확인하면서, 이러한 특징이 포스트드라마 연극에서 재등장한다는 점을 강조한다(376). 이러한 '조각적 미학'의 좋은 예를 레만은 'Societas Raffaello Sanzio' 극단의 연극 작업에서 확인한다. 특히 로메오 카스텔루치(Romeo Castellucci)와 클라우디아 카스텔루치(Claudia Castellucci) 남매의 여러 공동 작업들에서 그러한 특징을 발견한다.

레만이 여기서 인간-오브제로서의 행위자의 몸을 강조하는 것은, 몸의 역동성과 정체성의 이중적 결합에서 오는 엑스터시와 숭고의 모순성

---

30) 레만이 말하는 '숭고'는 궁극적으로 리오타르(Lyotard)가 말하는 '숭고'의 개념에 의존하고 있음이 드러난다. 리오타르에서 숭고란 합리적 이성에 의해서 표현될 수 없는 것을 표현하려는 시도에서부터 출발하고 있기 때문이다. 레만 역시 오브제화 될 수 없는 인간의 몸 자체를 하나의 오브제로 바라보려는 시도, 즉 이성적으로 표현될 수 없는 '오브제로서의 인간의 몸'을 하나의 표현 대상화 하려는 시도 안에서 포스트드라마의 몸의 특징을 보고 있다. 여기서 '숭고' 개념과 관련해서는 리오타르(Lyotard) J. F., 『지식인의 종언』, 문예출판사, 1999. 특히 170~189쪽 참조.

을 바라보는 양가적 사유에 기초한다. 역동적이고 동시에 정체적인 행위자의 몸을 바라봄으로써 엑스터시를 느끼는 레만은 몸에서 발산하는 감각적인 분위기(Atmosphäre)의 상태 그 자체에 충실한 것이다. 즉 포스트드라마 연극이 강조하는 분위기 자체로부터 엑스터시를 느끼게 된다. 그럼으로써 언어의 묘사에 구속된 모더니즘적 상태로부터의 해방을 의미한다. 즉 포스트모더니즘적 미학의 환희가 형성된다. 그 반면에 숭고란, 역동성 속에서 정체성을 바라보면서 기실 정체될 수 없다고 깨닫는 것을 정체시키고자 하는 시도, 다시 말해서 오브제로 표현될 수 없는 것을 오브제화 하려는 시도에서 나타나는 모더니즘적 향수에 기인한다. 바로 여기서 레만의 포스트드라마가 지향하는 미학적 태도는 모더니즘적 향수와 포스트모더니즘적 환희의 접점으로부터 출발함이 확인된다. 또한 이를 통하여 궁극적으로 모더니즘적 사유의 틀에 기초하면서도 동시에 이틀을 깨고 끊임없이 새로운 사유를 지향하려는 태도를 보이고 있다. 즉 레만 자신이 말하는 '구체적인 미학적 문제제기'를 포스트드라마의 몸에 대한 해석을 통해서 구현해 내는 것이다.

레만은 행위자가 조각으로 변신하는 또 다른 형태를 얀 라우어스(Jan Lauwers)의 연극 및 사부로 테시가와라(Saburo Teshigawara)의 탄츠테아터에서 인식한다. 예를 들면 테시가와라의 공연에서 동작 조각들의 성질을 취하는 '몸의 현존'의 직접성을 통해서 감정이 일깨워진다는 사실을 환기시킨다. 라우어스의 경우에는, "종종 연기자들의 몸들이 말없이 아주 오랫동안 서서, 관객을－공격적으로 느긋하게 도발적으로 혹은 호기심에 차서－바라본다. 연기자들의 몸들은 관객들로부터의 시선을 요구하고 응답한다"(379). 레만은 이러한 또 다른 형태의 '조각 변신'을 통해서 포스트드라마 연극이 연기자에게 던지는 관객의 '관음증적 시선'을 폭로하고 있다는 점을 밝혀낸다. 여기서 관음증적 시선이란, 결국 포스트드라마의 조각적 몸 이미지가 관객이 행위자에게 던지는 '평가적 시선'의 문제와 연관된다는 단정에서 연유한다. 즉 행위자들의 몸이 가진 허약함과 초라함, 에로틱한 자극의 제공 및 도발 등으로 인하여 관객의 평가적 시선에 노출된 이른바 '희생자 입장'에서부터, 포스트드라마의 조각적 몸 이미지는 오히려 정반대의 입장을 취하게 된다(389). 이는 관객의 현실 의식에 대한 일종의 도발이라고 볼 수 있다. 그러니까 희생자 입장에서부터 관객을 공격하고 관객에게 의문을 제기하는 행위로의 정반대 입장을 취하게 되는 것이 바로 포스트드라마의 조각적 몸 이미지라는 것이 레만의 주장이다. 왜냐하면 관객에게 행위자는 "개별적이고 상처받기 쉬운 인간"으로서 마주서 있으며, 관객은 이러한 행위자를 통해서 현실을 의식하게 되는 것이기 때문이다(381). 행위자를 바라보는 관객의 시선과 행위자의 시선이 대치하고, 행위자에 의해서 이러한 관객의 시선이 급작스럽게 들켜버림으로써 결국 관객의 시선은 관음증적 시선으로 판명나게 되는 것이다. 그러나 그 결과 포스트드라마의 조각적 몸 이미지는 관객을 공격하고 관객에게 문제제기를 하면서, 관객 스스로 현실을 의식할 수 있게 만드는 효과를 가진다. 그런데 여기서 관객의 현실 의식의 근거가 되는 행위자의 '동작 조각'으로서의 몸은 관객에게 이중적인 맥락에서 수용되는 것으로 간주해야 한다. 관객은 먼저 행위자의 몸이 가진 물질성 자체에 몰두하면서 행위자의 몸의 현존에 반응하게 된다. 그러니까 관객의 몸은 행위자의 몸과 신체적으로 공동 현존하는 가운데 행위자의 몸에 대하여 육체적 감정을 가지게 된다. 그럼으로써 여기서 관객은 지각 주체가 된다. 동시에 관객이 행위자의 시선을 의식하게 될 때, 관객은 자신이 지각 주체로부터 지각 대상으로 급변하는 것을 경험한다. 그 결과 관객은 행위자의 체현된 정신에 대한 자신의 체현된 정신을 깨닫게 되는 것이며, 궁극적으로 체현을 통한 인지과정에 근거해서 자신을 주체이자 대상으로 바라보게 된다.

2.3.4. 몸과 사물들, 그리고 동물

레만은 인간과 사물들의 경계 지점을 드러내는 인체에 대해서 관심을 표명하면서, "인간적인 것과 사물적인 것 사이의 경계 지역에서 언제나 연극미학이 움직이고 있다"는 점을 확신한다(382). 여기서 레만은 춤을 추는 무용수의 인체 역학이 사물의 역학, 사물의 세계로 건너가면서, 더 높은 국면으로 접근한다는 사실을 간파한다. 레만은 포스트드라마 연극에서 드러나는 인체와 대상세계의 상호작용과 활성화를 중시하면서, 특히 오브제연극을 그 중요한 예로 발견한다. 오브제연극에서 '경계초월'의 오브제를 통해서 죽음과 삶, 주체와 객체 사이의 분명히 분리할 수 있는 확실성이 상실되면서 연극은 경계초월의 경험을 위한 특권이 주어진 장소가 된다(385). 레만은 여기서, 실제적인 몸 및 매체적인 몸의 공연을 통해서 나의 자아 속에 들어 있는 타자, 즉 다른 것과 객체를 이미 발견하게 된다는 점을 강조한다. 레만의 이러한 해석은 '자아의 전도', '합리성의 위기'를 의미하는 것이며, 포스트드라마 연극이 전통적인 합리성의 세계를 넘어서 있다는 점을 암시한다. 그럼으로써 포스트드라마 연극에서는 이미 이성중심주의적 주체가 자신 밖에 있는 대상을 타자화하고 지배하려는 시도에 대해서 근본적으로 반대의 입장을 취한다는 것이 확인된다. 더 나아가 레만의 포스트드라마 연극에서 무용수와 이를 바라보는 관객의 태도는, 전통형이상학에서 내세우는 주체 개념을 넘어 있으며 외부 대상을 단순히 객체화시키려는 의도를 초월하고 있다. 즉 대상세계와의 조화로운 실존을 추구하는 몸의 현상학적 주체의 입장을 대변한다. 다시 말해서 "외부의 사물이나 사건들이 처해 있는 상황 속에 거주하면서 그 상황과 조화를 이루려고 하는" 실존을 추구하는 지각 주체로서 출발한다(조광제, 218).

동시에 그는 포스트드라마 연극이 사물들에게 그 자체의 가치를 줄 뿐만 아니라 함께 하는 행위자 자신에게도 낯선 사물 세계의 실재성의 경험을 주선한다는 점을 강조한다. 그럼으로써 레만은 '인간과 기계의 통합'이 이루어진다는 점을 주목한다. 인체는 통제 가능하고 선택 가능한 도구로서 기능할 뿐만 아니라, 프로그래밍이 가능한 "테크놀로지적 몸(Techno-Körper)"의 의미를 갖게 되고, 이런 맥락에서 그는 "인간학적 돌연변이"라는 표현을 사용한다(386). 여기서 우리는 레만이 특히 매체를 활용한 연극에서 몸과 매체의 상호작용에 의한 새로운 예술 형식, 예를 들면 미디어 퍼포먼스 등을 환영하고 있음을 인식할 수 있다. 즉 하이텍에 의존한 새로운 연극에 적응한 인간의 몸을 긍정적으로 평가하는 것이다.

그런데 레만은 대규모 형태의 기계중심적인 오브제연극이 보여주는 두 가지 상이한 측면을 발견한다. 그 첫 번째로, 오브제연극에서 드러나는 대규모의 공격적인 기계공원이 보여주는 산업사회의 끔찍하고 파괴적인 영향잠재력의 문제를 제기한다. 즉 고도산업사회의 악령적 힘을 가진 생산의 "유령적 환영"의 문제를 조명하는 오브제연극의 영향력을 확인한다(386). 두 번째 측면은 이와 정반대로 목가적인 표현 형태로서의 서커스와 같은 장르에서 오브제연극의 또 다른 가능성을 발견한다.

그리고 포스트드라마 연극에서는 '동물'이 이제 새로운 의미를 차지하게 된다. 왜냐하면 드라마 연극에서의 인간중심주의를 부정하면서 동물 육체와 인체의 교감적 동등권을 전제로 하기 때문이다. 포스트드라마 연극에서는 동물의 말없는 육체는 희생당한 인체의 본질이 되며, 어떤 신화적 차원을 주선한다. 여기서 신화적 차원이란 결국 이성중심주의의 한계를 넘어선 것을 전제로 한다. 이런 맥락에서 레만은 "거의 말이 없는 몸이 한숨을 쉬고 외쳐대고 동물적인 소리를 내는 것은 신화적 현실의 본질이 된다."고 강조한다(387). 다시 말해서 동물의 몸이 겪는 고통을 통해서 희생당한 인체의 고통을 상기시키는 전략이 포스트드라마 연극에서 확인된다. 더 나아가 동물과 인간의 공존에 근거한 동화적 모티프의 실현 역시 중요하게 다가온다.

2.3.5. 심미적인 몸과 실제적인 몸

레만은 얀 파브르(Jan Fabre)의 연극에서 적나라하게 드러나는 실제적인 몸이 당하는 고문과 같은 상황을 주목하면서, 포스트드라마 연극이 심미적인 몸과 실제적인 몸 사이의 경계 부분을 부각시킨다는 점을 강조한다. 그럼으로써 이상적인 심미적 형식으로서의 몸은 기실 훈련의 강제력을 통해서 형성된 것이며, 여기서 실제적인 몸이 당하는 고문과 같은 훈련을 관객에게 지각되도록 하는 것이 포스트드라마 연극의 전략이라는 점을 내세운다(389). 얀 파브르의 연극에서 드러나는 심미적인 몸은 몸의 기계적 도구화에 근거해 있으며, 여기서는 연속적 동일성 속에서 반복과 대칭이 지배적으로 드러난다. 그러나 이러한 심미적인 몸의 질서에서 행위자들과 무용수들이 사소한 차이를 드러내게끔 연출하는 가운데, 궁극적으로 심미적인 몸의 질서를 해체시키게 된다. 이러한 질서의 와해로 인하여 실제적인 몸이 관객에게 지각되면서 심미적 형식화에 의해서 착취되고 공격당한 행위자들과 무용수들의 개별적인 몸이 뚜렷하게 드러나는 것이다.

이러한 질서의 해체는 질서의 이면에 존재하는 '강제력'의 폭로에 기여한다는 점에서 결국 이성중심주의적 총체성 지향의 '폭력'에 대한 일종의 반기로 해석될 수 있다. 무용수의 몸을 지각하는 관객의 입장에서는 개별적인 몸이 전체의 질서를 전제한 심미성 앞에서 희생당하고 있다는 것을 깨닫게 되며, 그럼으로써 얀 파브르의 공연은 궁극적으로 개별적인 것의 절대화에 동조하게 된다.

2.3.6. 고통, 카타르시스

레만은 연극이 '고통'과 관련되어 있다는 점에 주목하면서, 고통의 문제를 포스트드라마 연극에서 어떻게 형상화해낼 수 있는지에 대하여 논구한다. 먼저 그는 고통의 문제와 관련해서 미메시스, 즉 모방 자체가 불명료할 수밖에 없음을 인정한다. 그러므로 TV와 같은 매체세계에서 고통을 모방하는 방식 자체가 가진 문제점을 지적한다. 왜냐하면 매체세계에서의 고통 모방이란 결국 단순모사에 불과하며, 이는 실제 몸을 부인하는 결과에 이르게 된다는 것이다. 그리고 수용자의 감정이입 역시 상상적인 감정이입일 뿐이며, 따라서 수용자의 허상적인 무관심이 생길 수밖에 없다(391). 이런 문제점들 앞에서 포스트드라마 연극은 육체적 실행으로서 대응하면서, 고통을 묘사하는 데 그치지 않고 더 나아가 묘사 행위 자체에서 이미 몸이 경험하는 고통을 알고 있다는 점을 레만은 강조한다. 다시 말해서 고통을 묘사하면서 동시에 실제로 고통을 경험한다는 것을 역설한다.[31] 이러한 특징들을 부각시키면서 레만은, TV와 같은

---

31) 이는 관객 앞에서 몸의 현존에 근거해서 직접 자신의 몸에 자해를 가하는 행위자들의 퍼포

이비짜 불랸의 〈맥베스〉 (ⓒ2010서울연극올림픽 집행위원회)

매체세계가 고통에 대한 허위적 묘사로 인해 도덕적 붕괴에 직면한 데에 대응하는 포스트드라마의 대항적 측면을 내세운다. 그럼으로써 레만은 매체세계의 이미지들에서 상실된 사실성으로 연극 행위가 되돌아가고 있다는 점을 중시한다. 즉 포스트드라마 연극에서 고통을 표명하는 묘사 활동 자체가 바로 고통인 그러한 연극 작업의 중요성을 인정한다. 왜냐하면 포스트드라마 연극에서는 묘사 자체의 육체적 요인, 다시 말해서 고통스러운 몸의 현존이라는 행위와 현재성이 전면에 등장하기 때문이다. 이런 맥락에서 포스트드라마 연극에서의 고통의 묘사는, 바로 미메시스가 불가능한 상황에서 육체에 '고통의 기억'을 기록하는 작업을

먼스에서 명확하게 드러난다. 예를 들면 마리나 아브라모비치(Marina Abramovi'c)가 1975년 10월 24일 오스트리아 인스브루크의 크린칭어(Krinzinger) 화랑에서 실행했던 퍼포먼스 〈성 토마스의 입술(Lips of Thomas)〉에서 자신의 몸을 학대하고 억압하는 행위가 그 좋은 예이다. 이에 대해서 Erika Fischer-Lichte, Ästhetik des Performativen. 특히 pp.9~30 참조.

통해서 가능해지는 것이다. 이러한 예들을 레만은 무대 위에서의 라라라 휴먼 스텝스(La La La Human Steps)가 보여주는 지치게 만들고 위험한 육체 활동에서 확인하며, 여러 탄츠테아터나 아이나 슐레프(Einar Schleef)의 군사적인 것에 가깝게 짐작되는 '수행(修行) 작업' 등에서 발견한다(393). 레만이 내세우는 '고통의 기억'이라는 포스트드라마 연극의 전략은 기실 문화적 변화 속에서 몸을 문화적 가치들, 그러니까 문화적 전범, 규범, 훈련을 기입하는 장소로 인식하는 것이다.[32] 이는 결국 문화학적 맥락에서의 연극성이 가진 공연의 과정성의 문제를 주목하게 만들며,[33] 그와 동시에 '문화적 기억'으로서의 공연의 의미를 상기시킨다.

포스트드라마 연극이 이처럼 고통의 문제를 통해서 현실관련성을 획득하고자 하는 것은 이미 앞에서도 지적했듯이 매체세계의 묘사가 보여준 허위성에 대항하는 의미를 가지기는 하지만, 이로 인해서 현실과 예술 사이를 부유하는 상황을 맞기도 한다. 즉 묘사 진행 과정 자체에서 이미 묘사 대상을 동인으로 만들어버림으로써 현실관련성을 갖게 되지만, 동시에 "묘사 대상들의 빈약화, 통속화, 단순화"라는 것을 감수할 수밖에 없는 것이다(394). 더구나 이러한 현실의 문제를 제대로 묘사하려는 의도에 충실하면서 결국 예술의 영역 자체를 넘어서는 문제에 부딪치게 된다는 문제점이 발생한다.[34]

---

32) 여기에 대해서 Anne Fleig, "Körper-Inszenierungen: Begriff, Geschichte, kulturelle Praxis", Körper-Inszenierungen: Präsenz und kulturelle Praxis. Hrsg. von Erika Fischer-Lichte u. Anne Fleig. Tübingen: Attempto, 2000, pp.7~17 중 pp.7~9 참조.

33) 여기에 대해서 Erika Fischer-Lichte, "Einleitung: Theatralität als kulturelles Modell", Theatralität als Modell in den Kulturwissenschaften. Hrsg. von Erika Fischer-Lichte u. a.. Tübingen Basel: A. Francke Verlag, 2004, pp.7~26 참조.

34) 레만이 말하는 이러한 상황은 결국 피셔-리히테가 지적하는 수행성이 강조된 연극에서 일어나는 것과 일맥상통한다. 즉 일상 현실과 예술의 경계선을 넘어서는 연극에서 관객은 일상 세계로부터 공연으로의 '건너감(Übergang)'을 경험하고 여기서 더 나아가 의식의 작동에 한계

2.3.7. 끔찍한 몸(Höllische Körper), 그리고 붕괴하는 몸

레만은, 포스트드라마 연극에서는 몸의 문제를 1960년대와 다른 관점에서 접근하고 있다는 점을 내세운다. 그에 따르면, 60년대의 "몸낙관론(Körperoptimismus)"과 비교해서 몸은 이제 "실제적 담론적 전장(戰場)이 되었다"(394). 레만의 견해는 결국 이 지점에서 네오아방가르드의 몸과 차별성을 드러내고 있다. 그의 이론이 많은 부분에서 네오아방가르드의 그것과 일치하지만, 이처럼 상이성을 드러내는 이유는 결국 레만이 포스트드라마 연극이라는 개념으로써 궁극적으로 동시대적 문제를 보다 포괄적으로 포섭하려는 의도에 있다. 레만이 동시대의 몸을 비관적으로 바라보는 까닭은 "에로스라는 선하고 이상화된 육체"가 동시대 전체 사회의 해방을 야기한 것이 아니며, 인간의 몸은 이제 "추락의 커브"를 그리고 있다고 보기 때문이다(395). 다시 말해서 성(sexuality)의 욕망을 충족시키는 차원에서의 상품 세계의 기계적인 맥락 속으로 성이 수용되고 결국 성의 상품화로 인한 "도덕적 부패와 종말적 타락의 파노라마"만이 현실에서 펼쳐지고 있기 때문이다(395). 이러한 상황에 직면해서 상실되고 저주받은 사회의 끔찍한 이미지들을 포스트드라마 연극의 안무가들이 창조해내고 있다는 점을 레만은 조명하고 있다. 레만은 관객의 신경을 공격하는 안무가들의 경우를 테시가와라(Teshigawara)를 예로 들면서 그가 "피흘리는 병자들, 고통스럽게 훈련받는 성(sexuality), 벌거벗고 땀 흘리는 몸, 피부, 지방 그리고 근육"의 이미지들을 통해서 이러한 저주 받은 사회의 이른바 "지옥이미지"를 만들어내고 있다는 점을 강조하

를 느끼는 '전이성(Liminalität)' 역시 경험한다. 결국 관객은 현실과 예술의 대립붕괴로 인해서 '사이' 국면이라는 중간상태를 경험하게 된다. 여기에 대해서 Erika Fischer-Lichte, Ästhetik des Performativen. 특히 p.307 참조.

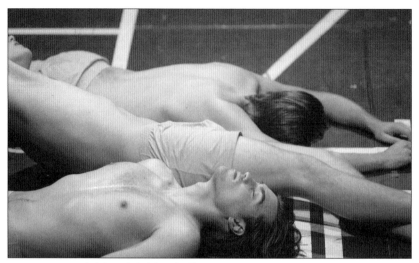

이비짜 불란의 〈맥베스〉 (ⓒ2010서울연극올림픽 집행위원회)

며, 몸이 보여주는 끔찍한 이미지가 결국 "미래 없는 병동(病棟)과 광기 세계"로서의 세계에 대한 메타포로 기능한다는 점을 부각시킨다(395).

그런데 도덕적 부패에 기인한 '몸의 타락'을 진단하는 레만의 입장은 자칫 오해를 불러일으킬 수 있다. 왜냐하면 그의 관점 자체가 또 다시 이성중심주의에 기인한 선악이분법적 도덕으로의 복귀를 의미하는 것이 아닌가하는 의구심을 갖게 만들기 때문이다. 다시 말해서 성의 상품화를 단순히 '도덕적 부패와 종말적 타락'의 관점에서만 접근할 때 이러한 의심이 싹틀 수 있는 것이다.

포스트드라마 연극은 또한 붕괴하는 몸에 대해서 관심을 표명한다. 영화, 사진, 매체들과는 달리, 포스트드라마 연극은 사회적 현실을 드러내는 새로운 방식에 주목하고 있다. 즉 이미지와 관찰자 사이의 과정에서 생기는, '보여줌과 지각함의 분리'라는 문제를 새롭게 해결하려는 시도를 한다. 포스트드라마 연극은 사회적 현실의 문제들 중에서 특히 고통과 질병 등의 문제에 주목한다. 고통과 질병으로 '붕괴하는 몸'을 통해서 사회적 현실을 조명하는 가운데, 포스트드라마 연극에서는 예술과 현실의 분리를 확실하게 허락할 수 없는 '행동'이 전제된다(397). 포스트드라마 연극은 예를 들어 에이즈에 걸린 배우의 몸을 통해서 "죽음의 위협과 붕괴"에 대한 이미지들을 발견한다. 레만은 배우 론 보터(Ron Vawter)의 예를 들어서 이러한 상황을 설명한다. 이 배우는 죽기 얼마 전의 한 퍼포먼스에서 연기를 갑작스럽게 중단하는 상황에 직면하게 되었으며, 여기서 보터의 현상적인 몸이 보여주는 상황은 그것이 실제로 연기된 예술의 일부인지 혹은 그의 개인적인 피로감의 결과인지를 구분하기 어렵게 만들고 말았다. 레만은 이 점에 주목하면서 포스트드라마 연극의 몸이 보여주는 붕괴와 이를 대표하는 에이즈는, 결국 기계적·산업적 상품 세계에서 성이 상품화된 "사회 혹은 세계의 상태에 대한 메타포"라고 규정한다(397).

여기서 레만은 수행성의 문제로 되돌아가면서 몸의 물질성을 통해서 궁극적으로 관객과 배우의 신체적 공동 현존을 전제한다. 따라서 성이 상품화된 사회와 세계 앞에서, 레만은 포스트드라마 연극의 몸으로부터 결국 '보여줌과 지각함 사이의 분리'의 문제에 대응해서 몸의 현상학적 관점에서의 해결책을 기대하고 있다. 즉 성의 상품화로 인해서 창궐하는 질병에 걸린 배우의 연기하는 현상적인 몸을 지각하는 관객들은, 재현이 아닌 현존의 몸을 바라보면서 지각 주체의 입장에 서 있는 것이다. 그러므로 관객은 단순히 재현연극의 관객이 아니라 배우의 입장 속으로 들어가는 생리적 전이를 체험하게 된다. 이 해결책을 통해서 궁극적으로 사회적 문제점들을 바라보는 관점과 더불어 사회와 연극의 관계

정립에 대한 새로운 가능성을 확인하려는 레만의 노력을 발견할 수 있다. 여기서 레만의 시도는 결국 몸의 현상학적 관점에서 무대와 객석 사이의 문제를 해결하려는 것으로 이해할 수 있다. 그러니까 몸에 바탕을 둔 실존적 주체에 입각해서 세계를 바라보는 것을 전제로 해서만 이러한 '분리의 문제'는 해결될 수 있는 것이다.[35] 즉 몸을 통한 일원론적 '지각 주체'로서 대상을 바라볼 때에만 궁극적으로 예술과 현실 사이에 기존하고, 재현에 기인하는 '분리'의 문제가 극복될 수 있다. 그리고 공연이라는 맥락에서 볼 때, 이 문제는 결국 수행적인 것의 미학으로 귀결될 수밖에 없다.

레만은 아브도(Reza Abdoh)의 연극을 예로 들면서 의미가 상실된 세계에서 냉혹함, 고통, 질병, 고문, 죽음, 타락이 지배하는 것을 목격하고, 아브도의 연극이 "야만적으로 직접적인 감각성, 초월에의 추구, 삶에의 욕구, 죽음과의 대결"등을 보여주고 있으며 따라서 세상극(theatrum mundi)으로서의 "바로크연극"적인 면을 가지고 있다는 점을 강조한다 (397). 그러니까 레만은 아브도의 연극에서 의미가 상실된 세계의 재앙을 경고하는 이른바 '신바로크연극'적 측면을 인식한 것이다. 아브도는 예를 들면 〈어느 폐허가 된 도시로부터의 인용들(Quotations from a Ruined City)〉에서 성적 · 도덕적 · 정치적 타락의 전시관을 무대 위에 던져놓음으로써 노골적으로 도발적인 면을 부각시킨다. 궁극적으로 아브도에게 연극은 카타르시스에 충실한 감정의 축제로 이해되며, 여기서 몸의 조건 및 몸의 쾌감의 조건으로서의 죽음에 대한 의식이 함께 한다. 레만은 결국 아브도로부터 "이념에 형상을 부여하는 장소"로서의, "이

---

35) 몸의 현상학적 관점에서의 공연 이해에 대해서는 심재민, 「몸의 현상학과 연극비평」, 앞의 책, 특히 207~214쪽 참조.

념교환을 위한 일종의 포럼"으로서 연극이 중요한 의미를 갖는다고 인식한다(398).

2.3.8. 정신(Spirits), 그리고 새로운 형이상학의 필요성 제기

포스트드라마 연극에서는 몸이 연극의 중심이며 매혹적인 것이라는 점으로부터 더 나아가 레만은 '몸의 초월'의 문제를 제기한다. 즉 연극은 무겁고 꽉 찬 물질성을 띤 몸의 장소이지만, 레만은 이러한 물질성을 넘어서는 '정신'의 문제를 끄집어낸다. 그는 몸을 초월하고 몸의 제한들을 초월하는 장소로서의 연극을 생각해내면서 '몸의 정신화'를 내세운다. 여기서 몸은 극기와 단련의 대상으로 인식되며, 이러한 과정에서 몸의 훈련을 통해서 몸은 "비육체적인 것의 육체적 현상"으로서 간주된다(398). 그러니까 몸은 정신에 근거한 단련을 통해서 드러나는 외형이 되는 셈이다. 레만에게는 몸의 훈련 및 단련된 통제는 "더 높은 정신화의 영역"과의 접촉을 약속하는 것이며, 따라서 연극에서의 '비교(秘敎)적인(esoterisch) 것'의 회귀를 염두에 두고 있다(399). 레만의 이러한 생각은 물론 논란의 여지가 있다. 왜냐하면 그가 기존에 보여준 몸의 현상학적 측면에서의 몸 이해와는 사뭇 다른 견해를 자칫 보여주는 것처럼 보이기 때문이다. 어쨌든 레만은 1999년 1월에 사망한 그로토프스키(J. Grotowski)의 예를 들면서, 그가 집중적·정신적 육체통제를 하면서 종교적 수행과 유사한 연극의 이념에 대해서 작업했던 데서 바로 '포스트드라마적 정신화'의 징후를 발견한다. 므누슈킨(A. Mnouchkine)의 경우에서도 레만은 "성스러운 것과 제의에 대한 관심"을 발견하면서 이러한 비교(秘敎)적인 것과의 연관성 및 "어떤 종교성"을 그녀에게서 확인한다(400). 레만은 연극에서 "상실에 빠진 '높은 소리'의 탐색"이 중요한 일이 되었으며, 이런 맥락에서 독일의 페터 한트케(P. Handke)가 말하는 "새로운 정신성의 동인"이나 보토 슈트라우스(B. Strauß)가 말하는 "새로운 명상능력" 등을 증거로 끌어들이면서 자신의 주장에 대한 설득력을 강화하고자 한다(400). 이러한 정신화의 배경을 그는 "신에게 버림받은 것 같은 현실"에서 확인하며, 더 나아가 "존재뿐만 아니라 심지어 통속적이지 않은 가상(Schein)의 무한한 결핍"에서 확인하고 있다(400). 따라서 연극은 레만에게 이제 테크놀로지의 시대에 "암시된 형이상학의 장소"가 되고, 이러한 '정신화'는 "정신적인 것의 진정성 있는 경험"을 그 목적으로 삼고 있다.

여기서 '몸의 정신화'에 대한 레만의 주장은 보다 분명하게 파악되어야 한다. 먼저 레만이 증거로 끌어들이는 한트케의 경우를 보면, 레만의 진의는 더욱 분명하게 인식될 수 있다. 한트케는 1980년에 발표한 자신의 작품 『쌩 빅트와르 산의 교훈(Die Lehre der Sainte-Victoire)』에서 화가 세잔(Cézanne)의 그림을 통해서 쌩 빅트와르 산이라는 자연을 알게 되고, 궁극적으로 예술 작품을 통해서 종교적 의미를 읽어내며 작가 개인의 과거 삶의 아픔과 갈등을 치유하는 능력을 확인한다. 즉 세계와 화해하는 방법을 예술적 상상력에 근거해서 터득하고 이른바 "평화 속의 존재(Sein im Frieden)"를 부여하는 어떤 이념적인 것을 그러한 상상력에서 확인한다.[36] 한트케는 세잔으로부터 예술의 진정한 의미를 이끌어내면서, 예술적 상상력이 주는 "존재론적 기능"에 근거해서 리얼리티를 만드는 것이야말로 예술의 진정한 능력이라고 확신한다.[37] 이 예술적 상상력이 만들

---

36) 한트케의 예술적 상상력과 종교적 기능에 대해서는 임정택 · 심재민, 「기술시대의 문학적 상상력 ─ Nietzsche, Kaiser, Handke, Fried를 중심으로」, 『성곡논총』 32, 2001, 211~254쪽 중 심재민의 글에서 특히 238~242쪽 참조.
37) 심재민, 같은 논문, 240쪽 참조.

어내는 평화 속의 존재는 그러나 결코 "어떤 고착된 것, 고정된 것을 의미하지 않으며", "대상이 가진 다양한 가능성들을 살려주는 방법 속에서 나온 존재이다".[38] 또한 한트케에 따르면 "작가는 정치적인 국가와는 다른 예술가의 세계에 의무감을 느끼는 가운데 세계에 질서를 부여하는 '진정한 이념'으로서의 '형태'를 예술 작업을 통해서 성취한다".[39] 레만이 한트케를 증인으로 끌어들이면서 '암시된 형이상학의 장소'로서의 연극의 역할을 역설하는 것은 이처럼 예술을 통한 종교적 역할의 필요성을 제기하는 것이며, 같은 맥락에서 소위 '예술 형이상학'의 필요성을 강조하는 것으로 간주할 수 있다.

우리는 여기서 한발 더 나아가서 니체가 내세우는 새로운 형이상학, 즉 '곡예사 형이상학(Artisten-Metaphysik)' 내지 '예술가 형이상학'의 의미에 대한 이해를 근거로 레만의 사유의 관계망을 더욱 포괄적으로 그려낼 수 있을 것이다.[40] 또한 레만이 말하는 '가상(Schein)의 무한한 결핍'이라는 개념 역시 니체의 '가상' 개념을 자연스럽게 연상시킨다. 왜냐하면 '통속적이지 않은 가상'이란 개념은 기실 일반적으로 매우 이해하기 어려운 것이며, 그 자체로서 이미 가상 개념의 특수한 의미망을 전제하고 있기 때문이다. 또한 그러한 의미망은 이미 레만의 사유 전개에서 폭넓게 확인된 생성 개념에서도 알 수 있듯이 니체의 철학 속에서 쉽게 발견되고 있다. 니체는 가상을 통해서 오히려 존재의 구원을 확인하고 있으며, 근본적으로 존재중심적 사유에 맞서서 '가상성의 단계들(Stufen der Scheinbarkeit)'에 근거한 생성중심주의를 표방하고 있다. 또한 그는 몸을

---

38) 심재민, 같은 논문, 241쪽.
39) 심재민, 같은 논문, 241쪽.
40) 니체의 곡예사 형이상학 내지 예술가 형이상학에 대해서는 심재민, 「생성과 가상에 근거한 니체의 미학」, 앞의 논문, 113~134쪽 참조.

'큰 이성(grosse Vernunft)'으로 보며, 그 반면에 전통형이상학이 말하는 이성을 '작은 이성(kleine Vernunft)'으로 간주한다. 다시 말해서 니체는 몸을 중심으로 한 사유를 내세우고 있는 것이다. 그리고 앞에서 말한 가상성의 단계들을 결정하는 것은, '힘에의 의지(Wille zur Macht)'의 정도 차이에서 오는 것, 그러니까 힘의 느낌의 차이에서 오는 '존재자의 정도(Grad des Seienden)'의 차이에 기인한다.[41] 여기서 니체는 전통형이상학에서 내세우는 절대적인 진리의 근거가 되는 '존재' 개념 내지 '존재자 일반'을 해체하고 그 대신에 존재자의 정도라는 개념을 내세우고 있다. 결국 니체가 내세우는 예술가 형이상학은 전통형이상학의 존재 개념을 부수는 가운데 몸을 중심으로 한 새로운 형이상학을 설립하는 것이다. 그런데 레만이 새로운 형이상학의 요청과 관련한 다양한 방증 자료를 제시한다는 것은 이미 그 자체가 전통형이상학의 역사와 정신 및 주체로부터의 단절을 의미하며, 그 결과 새로운 형이상학의 필요성에 대해서 공감하고 있다는 것을 의미한다. 그리고 그 증거물을 구체적으로 연극과 문학으로부터 가져오면서 자신의 주장을 변호하는 것 역시 새로운 형이상학의 동인을 예술을 통해서 확인하고자 하는 의도라고 볼 수 있다.

이런 맥락에서 레만의 사유의 문제점에 대한 하나의 해결 가능성을 니체에서 찾는다면, 레만이 강조하는 '몸의 정신화'가 가진 오해의 소지 역시 어느 정도 해결될 수 있다. 그렇지 않을 경우, 예를 들면 레만이 강조하는 '몸의 단련을 통해서 궁극적으로 정신화의 새로운 경험을 추구한다'는 표현에서는, '몸은 여전히 정신에 종속된 몸이 아닌가'라는 의문이 제기될 수 있기 때문이다. 그리고 몸에서부터 출발하여 일종의 '새로운 형이상학'의 장소로서 연극이 기능한다면 여기서 드러나는 몸은 과연 종

---

41) F. Nietzsche, KSA 12, 465, 10[19].

래의 '몸과 정신의 관계'를 탈피한 새로운 관계에 입각한 것인가에 대한 질문이 따를 수밖에 없는 것이다. 이 부분에 대한 레만의 설명은 보다 구체적인 모습을 띠었어야 할 것이다. 레만의 포스트드라마 연극이 본질적으로 메를로−퐁티의 몸의 현상학 및 포스트모더니즘 철학과 해체 이론에 의존하고 있다는 것은 주지의 사실이다. 이는 그가 인용하는 표현들 및 그의 미학적 사유 전개 과정에서도 쉽게 증명이 가능하다. 그런데 몸의 현상학 및 포스트모더니즘 철학에서 내세우는 출발점은 당연히 몸이 정신에 대한 종속을 벗어난다는 데에 있다. 이런 맥락에서 볼 때 몸을 종교적 수련의 대상으로 바라보는 레만의 입장은 경우에 따라서는 충분히 의문의 여지가 있는 것이다.

그러므로 위 단락에서 제기된 레만의 '몸의 정신화' 개념이 가진 문제를 해결하기 위해서는, 예를 들면 니체가 말하는 '힘에의 의지의 상승'이라는 맥락에 기대어서 '몸의 단련'을 생각해 볼 수 있다. 왜냐하면 몸을 중심으로 한 가운데, 힘에의 의지가 고양되면서 궁극적으로 힘의 느낌의 정도가 강화됨에 따라 보다 고상하고 섬세한 형이상학적 삶을 추구할 수 있는 가능성이 주어지기 때문이다. 그럼으로써 니체에서는 전통형이상학이 추구하는 무조건적 진리 추구, 총체성 지향의 '억압'으로부터 벗어날 수 있는 것이다. 이러한 니체식의 사유를 문제 해결을 위한 하나의 가능성으로 고려할 수 있다면, 레만이 강조하는 '몸의 정신화'의 문제는 몸의 현상학 및 포스트모더니즘 철학과의 접점을 계속 유지할 수 있을 것이다.

3. 결론

　이상에서 우리는 레만이 제기한 '포스트드라마 연극'에서 수행성의 맥락 및 몸이 현존하는 다양한 방식에 대해서 살펴보았다. 레만이 자신의 주장을 위한 증거물로 제시한 여러 가지 공연들은 나름대로 '드라마 연극'과는 다른 분명한 특징들을 드러내고 있다. 그와 동시에 레만이 끌어대는 포스트드라마의 양식적 특질들 역시 그 고유의 설득력을 간직하고 있다. 하지만 궁극적으로 레만이 의지하는 철학적 미학적 맥락에 대한 선행 지식을 갖지 못한다면 그의 담론을 제대로 이해하기는 쉽지 않다. 다시 말해서 니체에서 출발하는 새로운 형이상학에 대한 이해 및 몸의 현상학에 대한 선행 지식, 그리고 포스트모더니즘 철학과 해체 이론에 대한 사전 지식이 없다면 그의 미학적 철학적 담론은 쉽게 이해되지 않는다. 또한 그러한 지식을 전제한다고 해도 레만이 학문적으로 정립하고자 하는 '포스트드라마 연극' 개념에서는 몇 가지 의문점 및 철학적 세계관적 관점에서 상충이 의심되는 부분들 역시 발견된다. 그 대표적인 경우가 몸과 정신의 관계에 대한 그의 입장이다. 이 부분은 이미 본문에서 언급한 것처럼 그 개념폭 자체가 어느 정도 모호하며, 따라서 그 개념의 관계망을 제대로 이해하기 위해서는 니체의 철학에 대한 사전 지식이 도움이 될 수 있다. 또한 그가 때때로 전통형이상학적이고 선악 이분법적인 도덕관으로 회귀해서 세계를 바라보는 것이 아닌가하는 의구심 역시 제기될 수 있다. 물론 레만이 제시하는 포스트드라마 연극이 궁극적으로 전통적인 드라마 연극 형식의 그늘에서부터 탈피하고자 하는 새로운 시도에 대한 학문적 옹호의 역할을 충분히 수행하고 있다는 점은 의심할 여지가 없다. 그러므로 이러한 시도의 이면에서는 몸의 현상학이 전제되고 있는 것이 당연하다. 그러나 예를 들면 '신에게 버림받은 것 같은 현실' 등의 개념들에서 연상되는 '신의 부재' 상황과 새로운 형이상학을 연결시키려는 시도는, 레만이 때때로 상충될 수도 있는 사상적 바탕에 과도하게 빚지고 있는 것이 아닌가하는 우려를 낳게 한다. 결국 그로 인하여 개념의 관계망 내지 개념폭을 정확히 알기 어려운 표현들이 간혹 눈에 띄는 것도 부인할 수 없는 사실이다. 하지만 이상에서 간단히 지적한 몇 가지 우려에도 불구하고 레만의 이론이 가진 미덕은 결코 부정될 수 없다. 그것은 무엇보다도 '구체적인 미학적 문제제기'에 바탕하여 전통적인 드라마 연극 형식과의 차별성을 드러내는 포스트드라마 연극이라는 개념을 과감히 명명하고 정립해내었다는 점일 것이다. 그의 이론을 통해서 우리는 드라마 연극이 지배하던 시대와의 최종 결별을 확인할 수 있는 시점에 이르게 된 것이다. 또한 이제 전통적인 이성에 입각한 기호학적 연극 이해의 한계를 넘어서 몸의 현상학에 의지한 새로운 '연극 사건'의 수용을 위한 다양한 증거물들을 확인할 수 있게 되었다. 그 결과 이제 무대와 객석 사이에는 새로운 관계가 형성되었으며, 연극은 하나의 사건으로서 기능하게 되었다.

▍참고문헌

1차 문헌

Lehmann, Hans—Thies. Postdramatisches Theater. Frankfurt a. M.: Verlag der Autoren, 1999.

2차 문헌

모리스 메를로-퐁티, 『지각의 현상학』, 류의근 역, 문학과지성사, 2002.

리오타르, J. F., 『지식인의 종언』, 문예출판사, 1999.

심재민, 「생성과 가상에 근거한 니체의 미학」, 『뷔히너와 현대문학』 17, 한국뷔히너학회, 2001.

_____, 「몸의 현상학과 연극비평」, 『동시대 연극비평의 방법론과 실제』, 한국연극평론가협회 편, 연극과인간, 2009.

_____, 「니체의 '가면'과 '웃음'」, 『브레히트와 현대연극』 20, 한국브레히트학회, 2009.

_____, 『연극적 사유, 예술적 인식』, 연극과인간, 2009.

_____, 「문화적 퍼포먼스로서 스포츠 경기와 응원에서 나타나는 연극성」, 『연극평론』 38, 2010.

임정택·심재민, 「기술시대의 문학적 상상력-Nietzsche, Kaiser, Handke, Fried를 중심으로」, 『성곡논총』 32, 2001.

조광제, 『몸의 세계, 세계의 몸』, 이학사.

Deck, Jan/Sieburg Angelika(Hg.). Paradoxien des Zuschauens. Die Rolle des Publikums im zeitgenössischen Theater. Bielefeld: transcript, 2008.

Deleuze, Gilles. Nietzsche und die Philosophie. Aus d. Franz. von Bernd Schwibs. Frankfurt a.
 M.: Syndikat, 1985.

Drewes, Miriam. Theater als Ort der Utopie. Bielefeld: transcript, 2010.

Fischer—Lichte, Erika. "Die semiotische Differenz. Körper und Sprache auf dem Theater
 —Von der Avantgarde zur Postmoderne", Dramatische und theatralische
 Kommunikation. Beiträge zur Geschichte und Theorie des Dramas und Theaters
 im 20. Jahrhundert. Hrsg. von H. Schmid und J. Striedter. Tübingen: Gunter
 Narr Verlag, 1992.

_____. "Theater als Modell für eine Ästhetik des Performativen", Performativität und
 Praxis. Hrsg. von J. Kertscher u. D. Mersch. München: Wilhelm Fink Verlag, 2003.

_____. "Einleitung: Theatralität als kulturelles Modell", Theatralität als Modell
 in den Kulturwissenschaften. Hrsg. von Erika Fischer—Lichte u. a.. Tübingen
 Basel: A. Francke Verlag, 2004.

_____. Ästhetik des Performativen, Frankfurt a. M.: Suhrkamp, 2004.

Fleig, Anne. "Körper—Inszenierungen: Begriff, Geschichte, kulturelle Praxis", Körper—
 Inszenierungen: Präsenz und kulturelle Praxis. Hrsg. von Erika Fischer—Lichte u.
 Anne Fleig. Tübingen, 2000.

Nietzsche, Friedrich. Sämtliche Werke. Kritische Studienausgabe(KSA) in 15 Bdn. Hrsg.
 von Giorgio Colli und Mazzino Montinari. München, Berlin, New York: dtv/de
 Gruyter, 1988, 2. Auflage.

Zima, Peter. Die Dekonstruktion, Tübingen/Basel: Francke, 1994.

포스트모던 댄스, 탄츠테아터, 포스트드라마 연극

김기란

1. 탄츠테아터(Tanztheater), 인간 행위에 대한 총체적 보고서

흔히 그렇듯 탄츠테아터를 무용적인 요소와 연극적인 요소가 결합되어 무대 위에 표현된 새로운 독립적 무용 형식[1]으로 이해하는 경우 탄츠테아터는 무용의 하위 장르로 이해될 수 있지만, 다른 한편 탄츠테아터를 "격렬한 몸짓 표현과 극적(劇的) 요소의 상호작용을 바탕으로 기억된 일종의 코드(code)"[2]라고 정의하는 경우, 그것은 이미 무용과 연극의 경계에 서 있는 종합예술로 이해된다. 나아가 "탄츠테아터에 대한 연구는 없다. 오직 한 인간의 다른 인간에 대한 관심만이 있을 뿐이다"[3]라는 진술에서도 드러나듯이 탄츠테아터의 미학적 지향점은 21세기 포스트모던

1) Norbert Servos, "Tanztheater", *Tanz*, herausgegeben von Sibylle Dahms, Stuttgart: Mggprisma, 2001.
2) Sabine Huschka, "Tanz/Theater", *Modern Tanz*, Hamburg: Rowohlt Taschenbuch Verlag, 2002, p.278.
3) Claudia Jeschke, "Der bewegliche Blick", *Theaterwissenschaft heute: eine Einführung*, Berlin: Dietrich Reimer Verlag, 1990, p.149.

의 세계 상황 속에서 좁은 의미의 전통적 연극 개념을 해체하고 넓은 의미의 공연예술로서 자신의 표현영역을 확장하고 있는 현대 공연예술의 지향점과 많은 부분을 공유한다.[4] 2000년대에 들어와 탄츠테아터가 한국 공연예술계의 관심을 끌게 된 것은 현대 공연예술로서 탄츠테아터가 지니고 있는 동시대적 지향점과 전략에 대한 관심에서 비롯된 것이다. 결론적으로 말하자면, 탄츠테아터는 포스트드라마 연극이 그러하듯 몸의 체현을 전경화 시킨 예술 장르이자 구체적으로는 인간 동작에 대한 총체적 보고서이다. 따라서 탄츠테아터는 "언어의 해석학"이 아니라 "행동의 해석학"을 필요로 한다.

1.1. 탄츠테아터의 전통

탄츠테아터(Tanztheater)[5]는 'Tanz(무용)'와 'Theater(연극)'라는 두 단어를 합친 것이지만 동작을 통해 극적인 이야기를 전개시키는 특정 예술 형식을 지칭하는 용어라기보다는 독일 무용계의 요한 크레스닉(Johann Kresnik, 1939)과 피나 바우쉬(Pina Baush, 1940), 게르하르트 보너(Gerhard Bohner, 1940)가 창안한 고유한 무용 스타일을 지칭하는 용어로 사용되어 왔다.[6] 그러나 실제 독일 탄츠테아터의 전통은 이들보다 훨씬 더 이

---

4) 이와 같은 문제의식을 반영하여 탄츠테아터를 신체연극의 관점에서 고찰한 연구로는 김형기, 「다매체 시대 연극의 탈영토화: 연출가연극-춤연극-매체연극」, 『한국연극학』 제34호, 2008의 글을 참조할 수 있다.
5) Susanne Schlicher는 탄츠테아터를 다룬 자신의 책 제목을 TanzTheater라고 표기했는데, 이는 탄츠테아터를 무용과 연극의 종속적 결합 관계가 아닌 동등한 결합 관계로 이해하는 저자의 문제의식을 드러낸 것으로 이해된다(Susanne Schlicher, *TanzTheater*, Hamburg: Rowohlts Enzyklopädie, 1987).
6) 요헨 슈미트, 「1990년대의 독일 현대춤」, 편집부 옮김, 『공연과 리뷰』 제66호, 현대미학사, 2009, 21쪽.

전까지 거슬러 올라갈 수 있다. 독일의 탄츠테아터는 역사적으로 1910-1920년대 등장했던 표현무용(Ausdruckstanz)의 자장 안에서 시작되었다. '무용기보법(Labanotation)'[7]으로 잘 알려진 독일 표현무용의 개척자 루돌프 폰 라반(Rudolf von Laban, 1897)은 당시의 "오페라 발레(Opernballet)"와 구별되는 자신들의 새로운 무용 작품을 탄츠테아터(Tanztheater)라고 명명했다.

특히 라반은 기존 고전 발레의 전통과는 다른 새로운 동작 개념과 안무로 구성된 탄츠테아터를 "무용동작의 조화 속에서 관객이 어떤 생각을 할 수 있도록" 도와주는 종합공연예술 형식으로 구상했다. 라반은 인간 동작의 다양한 스펙트럼을 발견하고 그것의 변용가능성을 타진하는 과정에서 미세한 동작의 차이가 무용의 표현 가능성을 확장시켜 나갈 수 있음을 확신했다. 라반은 무용이란 오직 동작을 통해서 이야기하는 것이고 무대 위의 불필요한 환상은 무용에 몰입하는 것을 방해하는 요소라고 생각했다. 그가 관객석에서도 무대가 잘 보이는 원형 경기장이나 서커스 공연장 등을 탄츠테아터의 공연 장소로 추천한 것은 무용을 삼차원적 조형예술이자 공간예술로 이해한 때문이다.

그러나 라반이 구상한 탄츠테아터 개념에서 가장 핵심적인 내용은 탄츠테아터의 무용수는 무대 위에서 취해야 할 동작을 스스로 자유롭게 선택할 수 있다는 점이다. 이것은 정해진 동작과 그것의 결합을 통해 안무가 구성되는 전통적 무용 개념의 정형성을 탈피한 혁신적인 개념이었다. 당시 고전 발레의 동작이 수직선과 이에 따른 부수적인 동작 연결을 주로 강조했던 것과는 달리 라반은 대각선을 통한 신체의 삼차원적 조형성

---

7) 무용기보법(Labanotation)은 신체의 모든 움직임과 신체로부터 나올 수 있는 모든 방향을 꼼꼼히 기록한 것으로 동작과 공간의 상호 관계 속에서 무용을 개념화한 표기법이다(장은영, 「마리 뷔그만의 표현주의에 관한 연구」, 청주대학교 석사학위논문, 2007, 49쪽).

과 신체 중심에서 나오는 중심적 동작의 연결을 강조했고 전통적으로 고전 발레 안무에서 의지해 온 내러티브(이야기)를 과감히 폐기했다. 라반은 이야기를 전달하기 위한 도구로 무용을 이해하는 관습 곧 이야기에 종속된 무용의 전통적 관습에서 벗어나 동작 자체와 그것의 표현 가능성에 더욱 집중했다. 규정된 동작과 동화 속 이야기의 속박에서 풀려난 신체를 동작의 중심적 출발점으로 이해한 라반은 신체의 동작을 통해 자유롭고 독립적인 개인을 무대 위에서 발견하고자 했다.

라반이 구상한 탄츠테아터의 개념은 1930~1940년대 마리 뷔그만(Mary Wigman, 1886)과 1970년대 쿠르트 요스(Kurt Jooss, 1901)를 거쳐 피나 바우쉬에 이르러 본격화된다. 특히 "라반이 추방된 이론가였다면, 요스는 탄츠테아터의 실천가"였다고 평가되는 쿠르트 요스는 라반이 분석한 다양한 동작의 스펙트럼을 기반으로 탄츠테아터를 무대 위에서 구체적으로 실천했다. 요스는 탄츠테아터 고유의 내러티브 형식을 발전시켰는데 그것이 고전 발레의 그것과 다른 점은 궁정 동화 속 환상의 이야기가 아니라 현실 속 일상의 삶을 살아가는 인간들의 이야기라는 것이다. 현실 속 일상을 내러티브로 표현하기 위해 요스는 고전 무용에서 규정하고 있는 동작이나 그것을 안무로 결합한 일련의 동작 규칙 시스템과는 전혀 무관한 일상의 평범한 동작들을 무용의 동작으로 수용했다. 라반의 규정성에 얽매이지 않는 자유로운 무용 동작 개념이 요스에 이르러 일상적인 생활 속의 동작으로 구체화된 것이다.[8]

이들의 탄츠테아터는 그러나 1970년대까지만 해도 세계무용계에서는 잊혀진 단어에 불과했다. 당시 세계 무용의 흐름은 확실히 미국으로 그

---

8) 로버트 앳 우드 · 노베르트 제르보스, 「포스트모던 춤과 탄츠테아터의 비평적 정의」, 김기란 옮김, 『공연과 리뷰』 제52호, 현대미학사, 2006.

〈봄의 제전(Frühlingsopfer)〉 공연사진 (2010, ⓒLG아트센터)

주도권이 넘어가 있었기 때문이다. 탄츠테아터의 영향력이 독일의 국경을 넘어 세계무대로 확장될 수 있었던 것은 1984년 피나 바우쉬의 역사적인 미국 공연을 통해서이다. 물론 그 이전에도 독일의 무용계와 미국의 무용계는 서로 생산적인 소통을 나누고 있었다. 가령 1904년 독일 땅을 처음 밟은 미국의 무용가 이사도라 던컨은 1년 후인 1905년 베를린 외곽에 소녀들을 위한 무용학교를 열었다. 1930년대에는 마리 뷔그만이 최초의 미국 순회공연을 가졌고 그녀의 제자 중 하나인 한냐 홀름(Hanya Holm)은 미국에 남아 뷔그만 스쿨을 열었다. 이들의 노력이 긴 세월을 지나 구체적으로 가시화된 것이 바로 1984년 피나 바우쉬의 미국 공연이었다. 1984년 미국 뉴욕 무대에 데뷔한 피나 바우쉬의 공연은 1930~1940년대 마리 뷔그만을 거쳐 1970년대 쿠르트 요스가 주도한 독일 표현주의 무용의 전통과 변화를 집약적으로 보여주는 탄츠테아터의 존재를 소위 포스트모던 댄스[9]의 각축장이던 미국에 소개했다는 점 나아가 포스트모던 댄스의 자장 안에서 탄츠테아터의 가능성을 보여주었다는 점에서 무용사적 의미를 지닌 것으로 평가된다.

피나 바우쉬를 비롯하여 요한 크레스닉, 게르하르트 보너, 수잔네 링케(Susanne Linke, 1940), 라인힐트 호프만(Reinhild Hoffmann, 1940) 등 1970년대 독일에서 활동을 시작한 탄츠테아터의 안무가들은 대부분 에센 출신으로 요스의 무용학파에 속한다. 이들은 대부분 1940년대에 태어나 68운동의 영향 속에서 성장한 세대다. 라반에서 마리 뷔그너와 요스로 이어진 탄츠테아터의 전통은 이들 세대에 와서 무용 고유의 표현 수단인 인간의 신체를 새롭게 해석하여 그 안에 숨겨져 있던 강력한 정치,

---

[9] 여기서 말하는 포스트모던 댄스는 1960년대 이후 미국을 중심으로 진행된 일련의 무용 활동과 작품을 포함하는 개념이다. 한국 무용계에서는 1960년대 이후 진행된 미국 현대 무용을 지칭하는 표현으로 포스트모던 댄스(Postmodern Dance)와 컨템포러리 댄스(Contemporary Dance)라는 용어를 혼용하여 사용하고 있으며 일반적으로 컨템포러리 댄스의 범주 안에 포스트모던 댄스가 포섭되는 것으로 이해하고 있다. 포스트모던 개념은 문화와 예술 전반에 걸쳐 전방위적으로 사용되는 개념으로 하나의 예술 양식을 지칭하기 보다는 일련의 사회적이며 문화적인 흐름으로 이해되기 때문에 무용을 분류하는 범주로써 '포스트모던'이 정밀한 개념이라고는 할 수 없다. 따라서 포스트모던 댄스의 자장 안에 포섭되는 안무가들이라도 이들의 특징을 포스트모던 댄스의 일반적 특징으로 정리하는 것은 매우 어려운 일이다. 미국의 경우 1960년대 초반 뉴욕 그린위치 빌리지에 있는 저드슨 교회에서 마사 그레함(Martha Graham)이나 도리스 험프리(Doris Humphrey)로 대변되는 미국 모던 댄스의 전통에 저항하며 새로운 무용을 꿈꾸던 급진적 안무가들의 무용 콘서트를 포스트모던 댄스의 공식적인 시작으로 보고 있다. 그러므로 포스트모던 댄스는 그레함, 험프리, 한냐 홀름(Hanya Holm) 등의 모던 댄스 세대 이후에 등장한 모든 무용 생산물을 지칭하는 것으로 이해할 수 있다(Sibylle Dahms(Hs.), *Tanz*, Stuttgart: Mggprisma, 2001). 무용학자인 데이비드 미첼 레빈(David Michael Levin)은 포스트모던 댄스를 두 시기로 구분하여 설명한다. 첫 번째 시기는 1960년대 초반부터 1970년대까지의 미니멀리스트 시대이며 두 번째 시기는 1980년대 이후의 포스트모더니즘 시대이다. 그의 설명에 따르면 전자의 경우는 무용 움직임의 본질 즉 가장 순수하고 단순한 움직임을 추구하던 시기로 인물성격묘사, 스토리 묘사, 연극적인 설명, 과도한 표현주의를 철저히 배격한 시기였으며 이에 반해 후자는 무용에 표현적 요소와 드라마틱한 요소를 복원시켜 다양한 형태로 전개시킨 시기였다(송종건, 『무용학 원론』, 도서출판 금광, 1998, 196~198쪽). 레빈의 설명을 따르면 피나 바우쉬의 탄츠테아터는 후자에, 사샤 발츠의 경우는 전자에 가깝다고 할 수 있다.

〈봄의 제전(Frühlingsopfer)〉 공연사진 (2010, ⓒLG아트센터)

사회, 문화적 진술을 적극적으로 표현하는 방식으로 변용, 확장되었다. 이들은 공통적으로 일상의 동작을 안무에 응용, 자유롭게 연상된 이미지들과 동작 시퀀스를 결합시켜 정치적, 사회적, 문화적 문제를 주제화하는데 힘썼다. 이들이 표현하는 무대 위 인간의 신체는 한 개인의 지극히 일상적 신체로 이들의 동작은 아름답게 기술적으로 다듬어진 테크닉을 담아내는 도구가 아니라, 양가적 삶의 고통과 공포, 공격성과 욕망의 감정을 그대로 드러내는 일상의 삶 자체다. 이를 위해 이들은 기꺼이 레뷰(Revue)나 보드빌(Vaudeville)에서 사용되던 연극적 소재나 뮤직 홀(Muslk Hall)에서 불리던 대중가요 등 통속적 요소들을 콜라주하여 안무로 구성했다. 기본적으로 이들에게 춤을 춘다는 것은 피나 바우쉬의 말처럼 "어떻게 인간이 춤을 추는가의 문제가 아니라 무엇이 그들을 춤추게 하는가의 문제"와 더 깊은 관련을 맺고 있었다. 공연장을 찾은 "관객의 58프로를 자신의 파트너로 생각"[10]하는 이들은 탄츠테아터가 무대 위 낯선 이미지들을 통해 관객과 소통하고 그들을 자각시키는 '보는 학교'의 역할을 할 수 있어야 한다고 믿었다.

이들의 중심에는 1973년 부퍼탈 탄츠테아터를 만든 피나 바우쉬가 우뚝 서 있다. 전통적 독일 표현무용에 담긴 일상적인 무용 동작을 끈질기게 탐구하여 신체정치학이자 신체사회학인 탄츠테아터를 완성시킨 피나 바우쉬의 작업은 상이한 장면 모티프의 연상적 결합을 강조하여 무용과 연극이라는 공연예술의 관습적 경계를 해체하는 것으로 요약할 수 있다. 특히 피나 바우쉬의 〈봄의 제전(Frühlingsopfer)〉은 1975년 발표된 스트라빈스키의 음악을 바탕으로 강력한 정서적 환기와 신체적 현존의 힘을 보여준 작품이다. 피나 바우쉬 초기작의 특징이라 할 수 있는 선명한 주제의식을 바탕으로, 온 힘을 다해 한계에 다다를 때까지 춤을 추는 남성과 여성 무용수의 대조적인 군무, 생명이 약동하는 봄이라는 계절이 환기하는 강렬하고 원시적인 동작, 이를 바탕으로 자연의 한 피조물인 인간의 만남과 사랑, 새로운 탄생을 무용 속에 서사화했다. 여기에 일사분란하게 조직된 역동적 군무는 남/여 무용수들의 강력한 대조 속에서 속도감 있게 전개되며 "긴장감과 몸의 움직임을 극도로 사용하는 모더니즘 미학의 한 눈부신 결정체"를 만들어냈다고 평가된다.

1.2. 탄츠테아터의 한국 공연사

한국에서 탄츠테아터가 처음 소개, 공연된 것은 1979년 2월 서울의 세

---

10) Susanne Schlicher, *Tanz Theater*, Hamburg: Rowohlts Enzyklopädie, 1987, p.195.

〈카페 뮐러(Cáfe Müller)〉 공연사진 (2010, ©LG아트센터)

종문화회관에서 공연된 피나 바우쉬의 〈봄의 제전(Frühlingsopfer)〉을 통해
서다. 피나 바우쉬가 역사적인 뉴욕 데뷔 공연을 가진 것이 1984년이라는
점을 생각해 보면 현대 무용의 안무가로 국제적인 명성을 얻기 전 그녀는
이미 한국을 찾았던 것이다. 파격적이라고도 할 수 있었을 그녀의 춤을
당시 한국 관객들이 어떻게 받아들였는지는 알 수 없지만 이후 한동안 한
국에서는 낯선 동시대 공연예술에 대해 침묵을 지켰다. 한국 공연예술계
에 탄츠테아터를 소개한 최초의 글은 1985년 무용평론가 김태원이 『공간』
지에 발표[11]한 피나 바우쉬의 1984년 뉴욕 데뷔 공연 평론이다. 뉴욕에서
피나 바우쉬의 공연을 관람했던 김태원의 글을 통해 간접적이나마 피나
바우쉬의 초기 대표작이라 할 수 있는 〈봄의 제전(Frühlingsopfer)〉과 〈카페

11) 본고에서 인용한 글은 김태원, 「피나 바우쉬, 혹은 열린 사랑의 동력(動力)」, 『공연과 리뷰』
제50호, 현대미학사, 2005, 135쪽에 재수록된 글임.

〈육체(Körper)〉 공연사진 (2010, ⓒLG아트센터)

뮐러(Cáfe Müller)〉의 탄츠테아터를 가늠해 볼 수 있었다.

1990년대 이후 국제 공연예술제가 활성화되면서 세계의 다양한 공연 예술이 소개되었지만 정작 독일의 탄츠테아터가 다시 관심을 끌게 된 것은 피나 바우쉬가 60이 넘은 나이에 한국 관객들의 앞에 자신의 작품을 소개하기 시작한 2000년대의 일이다. 피나 바우쉬는 LG아트센터의 초청을 통해 2000년 〈카네이션(Carnations)〉을 시작으로 2003년 〈마주르카 포고〉, 20005년 한국을 소재로 한 〈러프 컷(Rough Cut)〉, 2008년 〈네페스: 숨(Nefés)〉 등 원숙한 역작들을 차례로 한국에 선보였다. 2010년에는 2009년 갑작스럽게 타계한 그녀를 추억할 수 있는 초기 공연 두 편이 LG 아트센터 무대에 올려져, 늦은 감은 있지만 우리는 그동안 소문으로만 들었던 그녀의 초기작 〈봄의 제전〉(1975)과 〈카페 뮐러〉(1978)(LG아트센터 2010.3.19~21)를 동시에 비교하며 감상할 수 있었다. 이와 함께 피나 바우쉬의 뒤를 잇는 유망주로 주목받고 있던 젊은 안무가 사샤 발츠 (Sasha Waltz, 1963)는 1997년 서울국제연극제에 초청받아 〈코스모나우텐 거리(Allee der Kosmonauten)〉라는 탄츠테아터를 선보인 바 있다. 피나 바우쉬가 일군 탄츠테아터의 전통으로부터 절대적인 영향을 받았다는 사실을 인정하면서도 그것을 넘어서고 싶었다고 고백하는 사샤 발츠는 이후 피나 바우쉬의 열풍과 함께 2004년 4월 LG아트센터에서 자신의 대표작이라 할 수 있는 〈육체(Körper)〉를 공연했다.

2. 포스트모던 댄스, 탄츠테아터, 포스트드라마 연극
2.1. 공통의 전사(前史)로서 새로운 '몸'의 인식사

무대 위 언어(대사)를 통한 재현의 방식은 재현의 위기에 직면하여 언어의 탈기호화(탈의미화)를 가져왔고, 이는 곧 20세기 초 역사적 아방가르드 운동(대략 1900~1935)에서 보여지듯이 몸의 기호화(의미화)를 동반했다. 역사적 아방가르드들이 선택한 전략은 각각 달랐지만 그들 모두 언어의 우위가 몸의 우위를 통해 대체될 때에만 연극의 재연극화가 달성될 수 있다는 점에는 동감했다. 이런 과정에서 도움이 되었던 것은 잘 알려져 있듯이 동양의 다양한 연극 양식의 관습적 기호체계였다. 그들이 동양 연극의 관습적 기호체계를 서양 연극이 직면한 재현의 위기를 극복할 답으로 이해했던 것은 동양 연극의 몸짓언어를 관습적으로 읽어낼 수 있도록 훈련된 관객에게 몸짓은 언어와 비교할 수 있는 의미체계로써의 토대를 획득하고 있다는 사실을 발견했기 때문이다.[12] 언어를 통해 전달

---

12) Erika Fischer-Lichte, 「기호학적 차이 – 연극에서의 몸과 언어」, 심재민 옮김, 『연극평론』 제17호, 연극과인간, 2004.

되는 정보는 구체적인 이야기나 사건을 진술하는 데에는 몸짓보다 유리한 것이 사실이지만, 몸짓은 그러한 이야기나 사건의 진술이 아닌 정서적인 효과를 유도하는 데 있어서는 언어를 통한 재현보다 불리하지 않고 오히려 유리할 수도 있다는 사실에서 더 나아가 몸짓 자체가 언어의 기호체계처럼 일정한 의미체계를 형성할 수 있다고 그들은 이해했던 것이다. 역사적 아방가르드들에게 몸의 움직임은 자체의 재료적 성질과 리듬을 통해 의미화 되고, 동시에 언어는 발화된 단어의 의미보다 오히려 그 음향과 리듬이 더 큰 의미를 갖게 됨으로써 결정적인 탈의미화 된다. 언어의 탈의미화 그리고 몸과 대상세계의 의미화, 그리고 철저히 변화된 언어가 연극의 재연극화를 위해 다시 무대에 등장하게 될 때까지 언어와 몸짓의 관계는 이분법적인 구도 속에서 대체된 것이 아니라 재현성의 극복이라는 공통의 목적을 위해 착종되거나 대체되면서 현대연극의 재연극화를 위한 모색을 거듭해 온 것이라고 그들은 이해했다.

언어와 몸짓의 근본적인 기호학적 차이는 상징 기호와 이미지 기호의 차이이다. 언어는 그것이 의미하는 내용과 일치하는가에 의해 관련을 맺는 반면에 몸짓은 그것이 표현하는 대상과 유사성의 관계를 맺는다. 의미를 생산하는 기호로써 몸짓은 자신이 표현하는 대상과의 일치에 근거해서 구성되는 것이 아니므로 표현의 가능성이 상대적으로 넓다. 몸짓에 이용되는 몸은 이런 경우 유연하고 임의적인 무한정의 기호를 생산해낼 수 있는 기호가 될 수 있다. 예를 들어 낙태의 표현으로 풍선을 터트린다거나 목을 자르는 표현으로 빨간 보자기를 떨어뜨리고 인물들이 입을 손으로 막고 눈을 동그랗게 뜨는 행위는 직접 무대 위에 선혈이 낭자한 장면을 실제로 보여주는 것과 같은 실재 행위를 재현하는 것과는 무관하지만 몸짓이 환기하는 유사성 때문에 내용의 전달에는 아무런 문제도 없다.

그런데 여기서 더 나아가 21세기에 등장한 소위 포스트드라마 연극은 언어를 대신하여 의미를 생산하고 재현하는 매개인 몸짓을 떠나 몸 자체를 문제 삼는 새로운 국면으로 접어들고 있다. 21세기 등장한 새로운 연극 형식을 드라마(drama)와의 길항 관계 속에서 "포스트드라마 연극(postdramatisches Theater)"이란 개념으로 규정한 한스－티스 레만(Hans－Thies Lehmann) 역시 포스트드라마 연극의 주요 특징으로 두드러진 신체성(Körperlichkeit)을 지적한다. "포스트드라마 연극은 정신적이고 지적인 구조로부터 격렬한 신체성의 노출로 방향을 선회했다[…] 몸은 자신 이외에는 아무 것도 보여주지 않기 때문에, 의미화된 몸을 인식하는 단계에서 의미 없는 몸동작 가령 무용, 리듬, 우아미, 힘, 풍부한 동작들을 체험하게 되는 단계로 전환되었다는 것은 몸에게 부과된 가장 극단적인 의무 곧 사회 현실을 비판하는 역할을 몸이 담당하게 되었다는 것을 의미한다. 그리하여 몸은 그 자체로 유일무이한 주제가 되었다. 이제부터 모든 사회적 이슈는 무엇보다도 몸이라는 바늘구멍을 통과해야만 한다. 신체적으로 이슈화된 형식을 채택해야만 하는 것이다. 즉 사랑은 성적 현존으로 나타나고, 죽음은 AIDS로, 아름다움은 신체의 완전성으로 드러나야 한다[…] 몸에만 초점을 맞춘 안일한 연극 작품이 관객들에게 성찰의 메아리가 없는 '아!' 혹은 '오! 저런' 같은 탄식만을 자아내게 할 뿐이라는 경고에도 불구하고 그러므로 몸은 (포스트드라마 연극의) 시작이자 끝이다."[13]

한스－티스 레만의 설명에서도 드러나듯이 포스트드라마 연극은 몸을 새로운 연극 언어로 선택하고, 나아가 몸을 "탈기호(의미)화"하여 의미 생산과는 상관없는 것으로 해체하여 몸의 물질성을 그대로 무대 위에 체

---

13) Hans－Thies Lehmann, *Das Postdramatisches Theater*, Frankfurt am Main: Verlag der Autoren, 1999, p.163.

현하려고 노력한다. 포스트드라마 연극에서 몸은 더 이상 재현의 매개, 담론이나 주제를 전달하는 매개가 아니라 그 자체 세계 내 존재(Being-in-the-World)로서의 독자적 의미를 부여받으며 몸 자체가 표현의 목적이 된 것이다. 이제 배우의 몸은 배우로부터 벗어나 독자적인 표현 매체로 인정받게 된다. 연극의 고유한 매체로서 인간의 몸 자체에 대한 이해가 이처럼 변화되면서 무대 위에 표현되는 배우의 몸은 의미 생산을 위한 '재현(Repräsentation)'이 아닌 '체현(Verkörperung/Embodiment)'에 헌신하게 된다. 몸을 통해 인물을 재현하는 데에서 나아가 독자적 존재감을 지니는 무대 위 몸을 통해 생생한 현존감을 제공할 수 있는 체현이 중요해진 것이다. 이것은 '~의 기호로써(als Zeichen)' 의도된 신체가 아니라 그러한 신체 표현을 통해 의도되지 않은 것이 나타는 '신체 자체(Zeichen sich)'의 표현에 주목한다는 것을 의미한다. 곰브리치가 "연극은 세계 자체가 아니라 세계에 대한 우리들의 반응에서 생겨난다"고 한 것은 바로 연극이 관객들에게 창출하는 효과를 강조한 말인데, 현대연극에서는 그러한 효과를 배우나 인물과 직접적으로 동일시 할 수 없는 체현된 몸 자체의 경험을 통해 이끌어내려고 하는 것이다.

이러한 사고의 전환을 뒷받침해주는 이론적 바탕을 독일의 연극학자들은 헬무트 플레스너(Helmuth Plessner)의 인간학적, 문화적 철학론에서 찾는다. 그의 설명에 따르면, 몸을 지닌 인간은 몸에 관한한 이중적 이해를 강요받는다. 인간은 몸 자체이며 동시에 몸을 소유하여 함께 있다. 전자는 몸-존재(Körper-Sein)를 의미하고 후자는 몸-소유(Körper-Haben)를 의미한다. 존재와 소유라는 이중적 역할을 통해 몸의 현존이 이루어지고 이 관계는 서로 착종되고 교차한다. 의지의 주체이며 또한 정신적 심리적 본성을 가진 인격적 인간은 한편으로 도구로서의 자신의 몸에 대립하기도 하고 혹은 몸과 일치하면서 몸 자체로서 존재한다.[14] 플레스너의 이러한 몸 이해는 데카르트 이후 서구 사회에서 견지되어온 몸과 정신의 이원론적 구분을 해체하는 흥미로운 내용이다. 인간은 몸을 소유하는 한편 몸 자체이기도 하며, 이런 전제에서 몸은 인간의 현존을 가능하게 하는 최소한의 전제가 된다는 생각은 20세기 초 동양 연극의 도움을 받아 몸짓을 새로운 의미전달 체계로 발견했던 역사적 아방가르드 연극 운동가들과는 변별되는 포스트드라마 연극의 주요 관심사이다.

메를로 퐁티는 여기서 더 나아간다. 그에게 인간의 몸은 피와 살덩어리로 이루어진 육체이다. 피와 살덩이를 통해 인간은 스스로의 존재를 세계 속에 체현한다는 것이다. 메를로 퐁티는 정신과 육체의 고전적 이원론을 극복하는데서 더 나아가 오히려 정신과 육체의 불균형적 배치 속에서 육체의 우위를 이야기한다.[15] 이런 태도 속에서 배우의 몸은 인물의 형상화나 의미전달의 매개가 아니라 배우의 몸 자체를 체현시키는 곧 배우의 몸을 경험하는 관객들에게 인지의 충격, 낯선 정서적 반응을 일으키는 '살'의 문제로 귀결되는 것이다. 바야흐로 이제 무대 위 몸은 재현의 몸에서 체현의 몸으로, 기호학적 몸에서 현상학적 몸으로, 그리고 소유되고 종속된 몸이 아닌 몸―존재 자체가 된 것이다. "보는 것은 눈이 아니며 영혼도 아니다. 그것은 바로 열려진 전체로서의 몸인 것이다"라는 메를로 퐁티의 말은 이런 맥락에서 이해될 수 있다.

이처럼 21세기 스스로의 고유한 매체적 속성에 대한 본질적인 자기성찰을 통해 공연예술 고유의 가치를 재연극화한 포스트드라마 연극의 지향점은 "인간 신체의 실체를 탐구하여 새로운 인간 신체의 의미를 규명하

---

14) Erika Fischer-Lichte, 「기호학적 차이―연극에서의 몸과 언어」, 심재민 옮김, 『연극평론』 제17호, 연극과인간, 2004, 241쪽.
15) 메를로 퐁티, 『보이는 것과 보이지 않는 것』, 남인수·최의영 옮김, 동문선, 2004.

고 신체의 해방을 가져온 것"으로 평가되는 탄츠테아터와 일정 정도 동시대의 감각과 문제의식을 공유하는 것으로 볼 수 있다. 이는 "신체와 정신의 밀접한 연합, 그 연합의 특별한 상징적 행위가 바로 총체적인 몸의 살아 있는 상징적 행위라는 차원으로 귀결"되는 21세기 공연학의 범주에 속하는 무용과 연극은 본질적으로 분리될 수 없는 일체감[16]을 지닌다는 점을 증명하는 것이기도 하다. 그러므로 탄츠테아터를 포스트드라마 연극의 개념으로 이해하는 경우,[17] 우리는 몸에 대한 공통적 전제를 바탕으로 21세기 공연학을 함께 구성하며 '포스트모던 –'의 세계 상황을 공유하는 두 예술 장르의 공통적인 지향점과 동시대적 감각에 대해 생각해볼 수 있다.[18]

2.2. 공통의 미학적 지향점과 전략

여기에서 피나 바우쉬의 공연에 대한 최초의 언급이라 할 수 있는 1985년 김태원의 평론 중 그가 지적한 피나 바우쉬 공연의 특징 곧 탄츠테아터의 특징이라고 할 수 있는 그것을 옮겨본다. "바우쉬는 바그너처럼 위압적 제스처로 모든 것을 은폐시키지 않으며, 그레이엄처럼 비현실적 신화에만 경도되지도 않는다. 그녀는 철저히 인간의 지상적 삶 속에서 생을 분열, 파괴시키는 모든 힘을 그녀의 주관적 예술형식 속에서 긍정, 통

---

16) 나진환, 「공연학 이론의 출발점 – '총체적인 몸'을 향하여」, 『공연과 리뷰』 제58호, 현대미학사, 2007.

17) Hans-Thies Lehmann, *Das Postdramatisches Theater*, Frankfurt am Main: Verlag der Autoren, 1999.

18) 무용학자인 샐리 배인즈는 미국 모던 댄스와의 길항관계 속에서 파생된 포스트모던 댄스에 속하는 구체적인 무용 형식으로 피나 바우쉬의 탄츠테아터와 일본의 암흑부토를 언급한다. 그러나 김태원은 이러한 입장으로부터 일정한 거리를 유지하며 피나 바우쉬의 탄츠테아터와 일본의 부토, 미국의 포스트모던 댄스를 "후기모던 상황 속의 춤"으로 지칭한다(김태원, 「후기현대 실험춤의 양상과 주역들」, 『공연과 리뷰』 제66호, 현대미학사, 2009, 229쪽).

합하려 든다. 그런 점에 있어서 바우쉬는 브레히트와 흡사하다…… 우리가 표현에 있어서 어떤 것을 극단화, 변형, 또는 간략화시킨다고 할 때에 바우쉬가 훌륭히 제시해주고 있는 것처럼 어떤 표현의 한 요소만을 그렇게 만드는 것이 아니고 대립관계에 있는 요소들 즉 빛과 소리, 남과 여, 질서와 무질서, 소란과 고요 등 그 대립되는 요소들의 '동시성' 속에서 변형 및 극단화를 이루는 것이라 하겠다. 나의 견해로는 이 점이 바우쉬가 무용과 연극이라는 전통적 의미에 있어서 구별되는 두 개의 장르를 '무용과 연극(Tanztheater)'으로 묶어서 마치 한 장르처럼 다루고 있는 이유로 생각된다. 이것은 바그너의 종합예술이란 개념과는 조금 다른데, 바그너가 드라마라는 하나의 용광로에다 무용, 연극, 음악 등을 한꺼번에 형태 없이 용해시키려 하였다면, 바우쉬는 무용과 연극의 두 요소를 화학적 관계가 아닌 일종의 반(反) 물리적 관계, 즉 흙과 돌맹이의 관계처럼 그 독립된 성질들을 서로 유지시켜가면서 때로는 한 요소의 교묘한 은폐를 통하여 콜라주적인 장면연출효과(mise-en-scene)를 얻거나 무용과 연극의 두 요소를 극장이란 공간에 있어서 표현형식상 없앨 수 없는 두 측면으로 생각하고 있는 것 같다. 다시 말하면 될 수 있으면 이야기를 배제하여 침묵의 형태로 지향해나가 무용과 이야기를 하고 싶어 하는 현대인다운 솔직성이나 산문성은 구태여 바우쉬의 주관적이며 극장적인 예술의 세계에 있어서 연극을 무용으로부터, 무용을 연극으로부터 분리시켜야 할 필요는 없다는 것이다."

피나 바우쉬의 작품이 지닌 동시대적 감각을 한 발 앞서 예리하게 간파함으로써 직감적으로 탄츠테아터의 특징을 잡아낸 이 글에서 우리는 한스-티스 레만이 지적한 포스트드라마 연극의 스타일상의 특징들과 오버랩되는 내용들 곧 '병렬(Parataxis), 동시성(Simultaneität), 기호가 지닌 밀도와의 유희(Spiel), 음악화(Musikalisierung), 시각적 드라마트루기, 신체성(Körperlichkeit), 현실의 난입, 상황/사건'을 찾아낼 수 있다. 특히 한스-티스 레만은 "탄츠테아터는 묻혀 있던 신체성의 흔적을 드러낸다. 탄츠테아터는 움직이려는 충동과 신체의 제스처를 상승시키고 대체시키고 만들어낸다. 그리하여 숨겨진 잊혀진 것들을 상기케 하여 '신체 언어(body language)'의 가능성을 유지한다"고 했다. 포스트드라마 연극이 "언어로부터 몸을 분리하는 것이 아니라 언어를 발화하는 목소리라는 영혼의 영역을 통해 고통에 찬 그러나 동시에 유쾌한 신체성(Körperlichkeit)-줄리아 크리스테바(Julia Kristeva)가 기호화의 과정 속에서 기호적이라고도 지적했던-을 재도입하기 위해 반복해서 고통의 문턱을 월경(越境)"[19]하는 것처럼, 탄츠테아터 역시 신체의 한계에까지 치닫는 격렬한 춤사위, 대체되면서 새로 구성되는 동작들을 통해 신체의 고통을 월경하는 과정의 에너지를 관객들에게 체험케 하여 망각된 것들을 기억 밖으로 끌어올리게 만든다.

한편, 한스-티스 레만은 탄츠테아터를 "리듬과 음악, 에로틱한 신체성에 의해 수행되지만 화술극(spoken theatre)이 제공하는 의미론도 드문드문 장식되어 있는 것"[20]으로 이해하면서도 탄츠테아터가 포스트모던 연극의 변형은 아니라고 지적했다. 그는 탄츠테아터의 전개와 비교할 때 다소 늦어진 감은 있지만, '모던 댄스(modern dance)'에서 서사적(narrative) 목표가 폐기되고 '포스트모던 댄스(postmodern dance)'에서 심리적 목표가 폐기된다면, 동일한 전개가 포스트드라마 연극에서도 목격될 수 있다고 하여 탄츠테아터를 모던 댄스와 포스트모던 댄스의 관계 속에 위치시키는 한편 그것

---

19) Hans-Thies Lehmann, *Das Postdramatisches Theater*, Frankfurt am Main: Verlag der Autoren, 1999. p.163.
20) *Ibid.*

과 포스트드라마 연극의 상관성을 설명했다. 한스-티스 레만의 충고에 따라 탄츠테아터의 미학적 지향점을 모던 댄스와 포스트모던 댄스와의 관계 속에서 구체화하고, 그것과 포스트드라마 연극의 미학적 지향점의 상관관계[21]를 살펴보자. 이를 위해 가브리엘레 브란트슈테터(Gabrielle Brandstetter)이 정리한 모던 댄스와 포스트모던 댄스(탄츠테아터)의 특징을 비교한 도표(1항)[22]와 한스-티스 레만이 정리한 포스트드라마 연극[23]의 특징(2항)을 비교해보자. 가브리엘레 브란트슈테터는 1)코드화된 동작 테크닉과 2)안무 구성 방법의 측면에서 모던댄스와 포스트모던 댄스를 비교했는데, 코드화된 동작 테크닉을 강조한 것이 모던댄스의 특징이라면 상대적으로 포스트모던 댄스에서는 구성의 개념으로 이해되는 안무를 강조한다고 했다.[24]

---

21) 포스트드라마 연극의 범주에 대해 파트리스 파비스는 다음과 같이 설명한다. "포스트드라마 연극의 대상은 의미상으로나 영역상으로나 끝이 없는 것처럼 보인다. 레만은 포스트드라마의 기준들을 규정하겠다고 약속했지만 계속해서 나타나는 새로운 형식들을 발견하는 데 취해 금방 그 약속을 잊어버리고 말았다. 레만은 포스트드라마를 설명하는 과정에서 포스트드라마 대상 선정의 지침이 된 기준들을 부분적으로 정당화해야 할 것이라고 말했지만, 확인컨대 레만이 선정한 작품들은 학문적이고 문학적인 문화의 경계를 넘어 대중적이거나 매체적인 문화까지, 시각예술 및 모든 장르의 공연예술까지 확장되고 있다. 무용, 서커스, 비디오아트, 조형예술과 설치미술, 음악극 등이 모두 거기 집합했다"(파트리스 파비스, 〈포스트드라마 연극에 대한 소고〉, 목정원 옮김, 2010년 한국연극평론가협회 콜리큐엄 발제문).
22) 일반적으로 무용학에서는 인간의 몸과 그것이 만들어내는 동작의 구조 즉 코레오그라피(Choreographie)를 가장 중요한 분석 대상으로 삼는다. 코레오그라피는 무대 위에 보이는 전체 몸동작과 분석자가 일정한 관점에 의해 선택한 동작들이 모여 구성된 동작의 '위치(Position)'를 분석하는 작업을 통해 구체화된다. 이러한 작업이 가능한 것은 무대 위 무용수들의 움직임과 동작은 안무가의 의도와 계획에 따라 확정되기 때문인데 이는 곧 무용수들의 개인적인 동작 표현의 가능성이 제한적이라는 것을 의미한다. 이에 반해 탄츠테아터(포스트모던 댄스)는 무용수에게 무대 위 동작을 선택할 자유를 주며 콜라주와 몽타주 방법을 통해 구성된 장면 속 동작들을 관통하는 문맥을 강조하기 때문에 동작과 동작의 연관성보다는 동작 전체를 관통하는 코레오그라피의 문맥이 주요한 분석의 대상이 된다. 본문의 도표는 이와 관련된 세부적인 내용을 모던 댄스와 포스트모던 댄스의 대비 속에서 표로 정리한 것이다.
23) Hans-Thies Lehmann, *Das Postdramatisches Theater*, Frankfurt am Main: Verlag der Autoren, 1999, p.179.
24) Gabrielle Brandstetter, *Bild-Sprung/TanztheaterBewegung im Wechsel der Medien*, Berlin: Theater der Zeit, 2005, pp.60~63.

1) 모던 댄스와 포스트모던 댄스

모던 댄스(modern dance)	포스트모던 댄스(postmodern dance)
1) 동작/코드	
생산	과정
새로운 동작 코드의 '발견'	다양한 동작코드의 새로운 체계화
예술가의 의도	유희
의식을 통한 형상화(조합으로서)	우연(조합이 가능한)
동작코드의 통일(모든 무용수들에게 적용되는 스타일의 구성)	개별적 동작코드
2) 안무/구성	
프레이징(phrasing)[25]의 강조	동작들을 이행단계가 없이 혹은 느슨하게 정렬
극적 발전	에너지의 동일한 분배
성격(Charakter)	인물(Figure)
자성(自省)	각각의 주제 설정에 따른 전개
동작을 이루는 재료가 복잡 복잡성 조합	동작을 이루는 재료가 단순(일상적 동작) 축척된 효과의 다양성
완벽한 기교	임의적인 동작을 취함
서사성	신체적 현존/반응

---

25) 프레이징(phrasing)은 '구절법'이라고 번역되기도 한다. 프레이징은 음악의 흐름을 유기적인 의미 내용을 갖는 자연스러운 악구로 구분하는 작업을 의미한다.

2) 드라마 연극과 포스트드라마 연극

드라마 연극(dramatic theatre)	포스트드라마 연극(postdramatic theatre)
결과가 있는 드라마	무엇인가 일어나는 사건
결말	행위
재현	현존
가공된 허구의 모방	실제로 무언가를 한다
완성된 결말	과정
생산된 작품	창조적 활동
작품/배우	효과/연행자

위의 표에서 보면, 드라마 연극에서 포스트드라마로 이행하는 과정에서 발견되는 변화의 내용은 모던 댄스에서 탄츠테아터 혹은 포스트모던 댄스로 이행하는 과정에서 발견되는 변화의 내용과 유사하다고 할 수 있으며 포스트드라마 연극의 예술적 특징과 미학적 전략은 탄츠테아터의 그것과 상응하는 점이 많다. 이 점은 포스트모던 댄스와 탄츠테아터를 컨템포러리 댄스(Contemporary Dance)라는 범주로 묶어 함께 고찰한 수잔네 트라웁(Susanne Traub)의 글을 통해서도 확인해 볼 수 있다. 수잔네 트라웁의 텍스트에서 임의적으로 선택된 컨템포러리 댄스(포스트모던 댄스와 탄츠테아터를 포함하는)의 특징을 적어 보면 다음과 같다. "무용이란 동작으로부터 그 어떤 것도 참조하지 못한다." "무용의 어떤 찰라적 순간, 신체는 본능적이며 직관적인 현현(顯現)과 조우하고 이때 동작어휘가 생성되

는데 그것은 도약, 하강, 구르기, 굽히기를 기초로 한다." "영상과 비디오의 융합을 통해 다양한 의식 층위의 네트워크가 생산되는데, 그것은 결과적으로 이성이 통제되는 것을 방해하고 패러독스로부터 긴장을 끌어낸다(Wim Vandekeybus의 경우)." "동작을 영적인 것과 물질적인 것을 결합시키기 위한 존재론적 요청으로 이해한다(Anne Teresa de Keersmaeker의 경우)." "객체로써 신체는 더 이상 탐구 대상이 아니며, 표현 과정이 아닌 합체(合體) 과정을 의미하는 형상화가 바로 탐구의 대상이다. 이때의 형상화란 확정된 일련의 시스템을 통해 신체의 포지션을 수용한다는 것을 의미하는 것이 아니며 오히려 지속적인 수정 작업과 전환 작업의 과정을 의미한다. 이런 과정을 통해 신체는 다양한 전이(轉移)의 경과를 보여줄 수 있다." "이원적(二元的) 생산물인 신체는 전체적(全體的) 신체 속에서 용해되고, 전체적 신체는 '프로세서(Prozessor)'로 지각된다." "일상의 파편들을 조합물로 배치하는데, 이들 조합물은 삶의 본질적인 순간을 포착한다. 무용과 존재는 어떤 동일한 행위가 되고 체험과 행동의 지속적인 교환으로 드러난다(Alain Platel의 경우)." "안무는 동작과 그 외 다른 매체에 대한 그리고 생산 과정 그 자체에 대한 특별한 집중을 보여준다. 공연은 생산 과정과 진행을 주제로 만든다. 변형, 전환, 위치 전이, 결합, 의미의 문맥화 같은 원칙 속에서 구조는 조합된다."[26] 이러한 내용은 놀랍게도 한스-티스 레만이 설명한 포스트드라마 연극의 특징과 매우 유사하다. 그렇다면 이제 포스트드라마 연극과 탄츠테아터가 공유하는 예술적 특징과 미학적 전략의 맥락 안에서 탄츠테아터의 구체적 특징을 살펴보자.

---

26) Sibylle Dahms(Hs.), *Tanz*, Stuttgart: Mggprisma, 2001.

3. 탄츠테아터의 구체적인 미학적 특징과 전략
　― 공감에서 각성으로

　1) 탄츠테아터는 무용수의 행위나 동작의 구성에서 의미화가 가능한 동작의 연관성을 의도적으로 파괴하고 대신 이종적(異種的)이거나 낯선 우연적 요소가 개입하도록 한다. 무용수는 일상적이거나 혹은 움직임마저 거세된 멈춤 동작 혹은 반복되는 동작을 보여주는데, 이러한 동작 표현은 특정한 의미로 규정되기보다 결국 우리의 삶이 그렇듯 돌발적이고 우연적으로 끼어드는 시공간의 물리적 차이를 건너뛰는 이질적이고 낯선 요소들을 통해 그 연속성이 느슨해지거나 거세되게 된다. 특히 음악적 변주를 이루는 대조의 기법은 대담할 정도로 완벽하게 구사되면서 작품 전체에 극적인 균형감을 부여한다. 가령 "열광적인 것과 평화로움, 부산스러움과 고적함, 쾌활함과 비판, 소란함과 침묵, 밝음과 어두움, 농담과 좌절, 삶과 죽음, 솔로와 앙상블, 그리고 고요한 침묵과 강력한 무용을 조화시키고 있다. 탄츠테아터의 안무가들은 신랄할 정도로 풍자적이며 동시에 꿈을 꾸는 것처럼 부드럽고 또 달콤한가 하면 씁쓸하고 노골적으로 비판하면서 이채로운 작품"을 만들어 낸다. 관객들은 연쇄가 노골적으로 파괴된 이해되지 않는 공연 과정을 낯설고도 불친절하게 받아들일 것이다. 이와 같은 탄츠테아터의 특징은 탄츠테아터를 "시각예술에서의 '콜라주', 영화예술에서의 '몽타주'라고 일컫는 예술형식과 연관성을 갖는 무용 형식"[27]으로 이해하게 한다. 특히 피나 바우쉬는 선명한 주제 의식에 따른 폐쇄적인 서사 구성 대신 음악의 바리에이션(variation) 법칙과 유사한 몽타주 기법(장면의 연

---

27)　요헨 슈미트, 「1990년대의 독일 현대춤」, 편집부 옮김, 『공연과 리뷰』 제66호, 현대미학사, 2009, 214쪽.

〈카네이션(Carnations)〉 공연사진 (ⓒLG아트센터)

결을 통해 연결된 장면 이상의 새로운 의미를 창조하는 방식)을 활용했고 F. 제임슨이 지목한 포스트모던 예술 기법의 하나인 일종의 '혼성모방(모던댄스의 테크닉, 재즈, 마임, 페데리코 펠리니적 혹은 채플린적 몸동작의 패러디 등등)'도 즐겨 사용했다.[28] 몽타주 장면 구성은 그녀만의 독자적인 탄츠테아터 형식으로 평가되기도 하는데 이를 통한 피나 바우쉬의 전략은 일상 속 상반되는 이미지들을 낯설게 만들어 관객들의 익숙한 태도와 사고방식에 의문을 제기하려는 것이다. 또한 몽타주 장면들이 결합된 짜임은 "벽돌로 만들어진 벽 같은 것이 아니라 실로 짠 옷감 같은 것"이다. 이런 짜임에서는 개별적 요소들의 중요성은 개별적 요소들이 종합될 때 생기는 전체적인 효과를 구성하는 것에 달려있지 않다. 오히려 전체가 관찰되는 방법에 의해서 개별적 요소들의 중요성이 궁극적으로 결정된다. 마찬가지로 피나 바우쉬의 몽타주 장면은 낯선 차이가 이중화되고 전체를 조망하는 방법을 부각시키

---

28) 김태원, 「피나 바우쉬, 혹은 열린 사랑의 동력(動力)」, 『공연과 리뷰』 제50호, 현대미학사, 2005, 224쪽.

면서 곧 구체적 개별 요소에 주목하며 동시에 전체를 지각하는 "이중-묶음새(Double-Bind)"을 통해 주제의식을 효과적으로 가시화할 수 있다. 피나 바우쉬의 작품을 "브레히트를 추종하는 연극(Nachbrechtsches Theater)"[29]으로 이해하는 것은 이런 특징 때문이다.

여기서 한스-티스 레만이 포스트드라마 연극을 연극 기호의 의미화가 불가능한 것으로 이해하고 이런 특징을 카오스 이론과 관련짓는 방식을 떠올릴 수 있다. 한스-티스 레만에 따르면 카오스 이론에서는 현실을 폐쇄적인 회로가 아닌 불안정한 시스템의 구성으로 가정한다. 예술이란 이런 현실에서 기인하는 애매모

〈카네이션(Carnations)〉 공연사진 (ⓒLG아트센터)

호함과 다중균형(polybalance)에 반응하는 것인 바, 이 중 연극에 한정하여 그 대응방식을 이야기하자면, 불안정한 시스템으로 구성된 현실의 특성 상 연극은 전체적인 패턴보다는 부분적인 구조에 주목하는 드라마트루기를 통해 대응할 수밖에 없다는 것이다. 이런 경우 전체의 종합이란

---

29) Hans-Thies Lehmann, *Das Postdramatisches Theater*, Frankfurt am Main: Verlag der Autoren, 1999, p.244.

의미 없거나 불가능한 것이고, 오히려 부분적 구조가 구성하는 파편화된 응축된 순간에 집중하게 된다는 것이다.

2) "일상의 모든 동작은 무용 동작이 될 수 있다"는 라반의 신념을 바탕으로 탄츠테아터는 앉거나 무릎을 꿇는 것과 같은 일상 속 간단명료한 동작을 통해 무용에 대한 관습적인 관념을 해체하고, 동작의 경직된 코드화 대신 내적 감각의 표현을 무대 위에 표현하려 했으며 이런 과정에서 미적으로 규정되지 않은 평범한 일상적 동작 각각에 커다란 미적 가치를 부여했다. 옷을 입거나 먹는 행위, 전화로 수다를 떠는 것과 같은 일상의 활동과 가다 혹은 달리다와 같은 자연스런 일상의 동작들은 화려하고 뛰어난 무용 테크닉과 똑같은 가치를 지니며 탄츠테아터의 무대 구성 요소로 활용되었다. 나아가 피나 바우쉬는 탄츠테아터의 가장 주된 테크닉이자 기본적 스타일 원칙으로 동일한 무용 동작을 계속적으로 반복한다. 여기에 첨가되는 패러디된 제스처는 작품 분위기에 혹은 관객과의 소통에서 유쾌한 유머러스함을 제공하기도 한다. 반복과 패러디 양자 모두 무용에 대한 자기성찰적(self-reflexive) 구조를 반영한다. 반복과 패러디를 통해 재발견된 동작은 그 안에 기입되어 있는 원의미를 탈락시키고 재구조화하기 때문이다.

3) 탄츠테아터는 무대 위 무용수의 신체 위에 새로운 의미를 쓰고 관객에게 읽어 내도록 유도한다. 이는 2004년 한국에서 공연된 사샤 발츠의 〈육체(Körper)〉에서 구체적으로 확인할 수 있었는데 "말이 설명할 수 있는 것보다 더 많은 것을 몸은 설명할 수 있다."[30]고 말하는 사샤 발츠는

---

30) Sasha Waltz und Sybille Roster, "Wieviel kostet ein Körper?", *Tanz*, Berlin: Theater Heute, 2000. 사

태생적 신체가 구성할 수 있는 자연스런 동작을 안무하는 작업보다는 신체 자체에 표지를 기입하고 읽어내는 작업을 적극적으로 보여주었다. 사샤 발츠의 〈육체(Körper)〉에서 무대 위 무용수들의 신체 위에 인위적으로 기입된 사회적, 정치적, 문화적 표지를 통해 자연적이고 생물학적 신체의 변형과 왜곡을 동시에 드러냈다. 이 장면은 자연적인 남성과 여성의 신체를 다양하게 변형시켜(쓰기) 신체 속에 각인된 남성/여성에 대한 사회적 무의식을 관객들에게 문제제기하는(읽기) 방식으로 이해할 수 있다. 배우의 자연적 신체 밖에 남성과 여성의 신체적 조건을 기입(써서)하여 교환이 가능하게 변형하는 방식은 80년대 이후 탄츠테아터의 안무가들이 지속적으로 관심을 가지는 '쓰기와 읽기(Writing/Reading)'의 테크닉과 유사하다. '쓰기와 읽기(Writing/Reading)'를 통한 안무는 무용수의 신체는 개인적인 육체인 동시에 사회공동체의 신체로 반응한다는 전제 하에 안무자의 안무 개념에 의해 무용수들의 신체에 어떤 문제의식을 기입하거나 혹은 신체 안에 무의식적으로 기록된 사회공동체의 기억들을 밖으로 표출(reading)시키려는 전략으로 이해되며 이것을 실현하는 가장 자연스럽고 정직한 방법으로 남성과 여성의 자연스런 태생적 신체의 규정을 해체하려는 시도[31]를 들 수 있다.

4) 탄츠테아터에서 연극적인 요소로 부각되는 것은 무용수들의 연기스타일이다. 피나 바우쉬는 "어떤 특정한 시점에서 나는 한 가지 것을 다른

샤 발츠는 관객에게 자신의 경험을 이야기하는 것은 매우 쉽게 성취될 수 있는 것지만, 진정한 소통은 그 이상의 노력이 필요하다고 말한다. 때문에 사샤 발츠는 피나 바우쉬처럼 이미 쓰인 텍스트를 가지고 안무 작업을 하기 보다는 열린 분위기 속에서 무용수들과 대화를 통해 공동 작업으로 작품을 완성한다고 했다.

31) Sabine Huschka, "Tanz/Theater", *Moderner Tanz*, Hamburg: Rowohlt Taschenbuch Verlag, 2002, pp.279~281.

〈육체(Körper)〉 공연사진 (2010, ©LG아트센터)

것과 연결시킨다. 나의 작품은 시작해서 결말까지 발전, 진행되는 것이 아니라 내면에서 외면으로 진행된다"고 했다. 이때 "내면에서 외면으로 진행"되는 과정을 가시화한 것이 무용수들 개개인의 감정에 충실한 연기 (작품 속 인물의 감정에 무용수 개인의 감정을 동일하게 몰입시키는 것이 아닌)이다. 이를 위해 "무용수들은 자신들의 기억으로부터 무엇인가 즉 재미있는 무엇과 슬픈 무엇, 광적인 무엇 그리고 무척이나 평범한 무엇 등을 보여주게 되었다. 어떤 특정한 상황에서 누군가의 아버지가 말하는 것 혹은 어머니가 자신의 어린 시절에 했던 것, 남자 혹은 여자 형제의 행동, 기묘한 행동 등도 그들이 보여주는 내용이 될 수 있다. 그들은 자신들을 보여주고 또 자신들의 내면의 느낌을 표출한다. 누군가는 은폐한다. 이 모든 것이 짜여진 강제력에 의해 강제로 추동되지 않고 매우 자연스럽게 진행된다."[32] 탄츠테아터의 무용수들은 과도하고 인위적

---

32) 요헨 슈미트, 「1990년대의 독일 현대춤」, 편집부 옮김, 『공연과 리뷰』 제66호, 현대미학사,

인 감정이 아닌 각자 맡은 역할에 몰입하되, 자신들 내면에서 찾아낸 은폐되어 있던 감정을 끄집어낸다. 탄츠테아터의 무용수들의 연기가 관객들에게 꾸며낸 가공의 상황이라기보다 실제 세계의 연장이라는 인상을 주는 것은 이 때문이다.

이런 경우 탄츠테아터의 무용수들은 파트리스 파비스(Patrice Pavis)가 설명한 포스트드라마 연극의 행연자(performer)와 많은 내용을 공유하게 된다. 파비스에 따르면, "포스트드라마의 배우는 다름 아닌 행연자(performer)다. 행연자는 어떤 인물을 구성하거나 모방하려 하지 않는다. 그들은 교차되는 힘, 코러스, 자신들의 행위 및 육체적 퍼포먼스의 앙상블을 재편성하는 어떤 장치 속에 스스로를 위치시킨다. 그들은 인물로부터 분리된 한 사람의 현존 혹은 음성과 육체의 끈질긴 지구력 경쟁을 보여준다. 그들은 자신들의 고유한 감정을 모방하거나 암시함으로써 관객들의 감정 속으로 들어가지 않는다. 그들은 동일시로부터 빠져나와야 하며 자기들의 고유한 감정을 되찾기 위해 위장된 감정의 구렁텅이를 벗어나야 한다. 행연자는 운동가이자 음악가이며 코러스 단원이고 모방이나 극적 환영이 아닌 발화 행위의 집합에 종사하는 기술자이다.[33]

퍼포먼스의 행연자로서 탄츠테아터의 무용수들을 이해한다면 그들에게는 자신들의 내적 충동이나 정서를 기초로 역할을 해석하는 능동적 자세가 요구된다. 피나 바우쉬가 수동적인 전통적 개념의 무용수 역할에서 탈피하여 자신만의 의식을 가지고 능동적으로 협조하는 새로운 개념의 무용수 역할을 강조한 것도 그녀가 무용수의 역할을 "안무가에게 종속된

2009, 219쪽.

33) 파트리스 파비스, 〈포스트드라마 연극에 대한 소고〉, 목정원 옮김, 2010년 한국연극평론가 협회 콜리큐엄 발제문.

개념이 아니라 협력하는 동위 개념"[34]으로 받아들였기 때문이다.

5) 나아가 탄츠테아터에서 무용수에게 요구하는 능동적 태도, 안무가의 동등한 협조자로서의 위치는 탄츠테아터를 관람하는 관객들에게도 동일하게 적용된다. 그러므로 만약 피나 바우쉬의 탄츠테아터 〈카페 뮐러(Cáfe Müller)〉를 관람한 당신이 참을 수 없는 지루함을 느끼는 동시에 편안하고 안락하게 당신의 눈을 매혹시킬 우아한 무용 동작들을 박탈당했다고 느낀다면 당신은 탄츠테아터를 매우 적절하게 감상한 것이라고 할 수 있다. 당신은 무용에서 기대함직한 익숙한 것을 박탈당함으로써 단순한 몰입과 공감에서 벗어나 이해할 수 없는 혼란스러움을 체험했으며, 그것은 탄츠테아터가 지향하는 낯선 지각 방식을 통한 각성일 가능성이 높기 때문이다. 동일한 맥락에서 새로운 경험을 위한 필수 조건으로 박탈감을 제안했던 존 케이지(John Cage)는 "만약 어떤 것이 2분 후에 지루해진다면 우리는 그것을 4분 동안 시도해야 하고, 만약 그래도 여전히 지루하다면 우리는 그것을 8분 동안 그것을 시도해야 한다…… 결국 우리는 그것이 전혀 지루하지 않다는 것을 발견하게 될 것이다."라고 조언했고, 회화의 전형성을 파괴한 피카소(Picasso)는 "당신이 세 가지 색깔의 물감으로 그림을 그릴 수 있다면, 당신은 두 가지 색깔의 물감으로도 그림을 그릴 수 있다."고 말을 보탰다.

---

34) 심정민, 「피나 바우쉬의 〈비탄의 황후〉 비디오 작업」, 『공연과 리뷰』 제49호, 현대미학사, 2005, 45쪽.

┃참고문헌

김태원, 「피나 바우쉬, 혹은 열린 사랑의 동력(動力)」, 『공연과 리뷰』 제50호, 현대
　　　미학사, 2005.

_____, 「후기현대 실험춤의 양상과 주역들」, 『공연과 리뷰』 제66호, 현대미학사,
　　　2009.

김형기, 「다매체 시대 연극의 탈영토화: 연출가연극－춤연극－매체연극」, 『한국연
　　　극학』 제34호, 2008.

나진환, 「공연학 이론의 출발점 － '총체적인 몸'을 향하여」, 『공연과 리뷰』 제58호,
　　　현대미학사, 2007.

송종건, 『무용학 원론』, 도서출판 금광, 1998.

슈미트, 요헨, 「1990년대의 독일 현대춤」, 편집부 옮김, 『공연과 리뷰』 제66호, 현대
　　　미학사, 2009.

심정민, 「피나 바우쉬의 〈비탄의 황후〉 비디오 작업」, 『공연과 리뷰』 제49호, 현대
　　　미학사, 2005.

앳 우드, 로버트/제르보스, 노베르트, 「포스트모던 춤과 탄츠테아터의 비평적 정
　　　의」, 김기란 옮김, 『공연과 리뷰』 제52호, 현대미학사, 2006.

장은영, 「마리 뷔그만의 표현주의에 관한 연구」, 청주대학교 석사학위논문, 2007.

파비스, 파트리스, 〈포스트드라마 연극에 대한 소고〉, 목정원 옮김, 2010년 한국연
　　　극평론가협회 콜리큐엄 발제문.

퐁티, 메를로, 『보이는 것과 보이지 않는 것』, 남인수·최의영 옮김, 동문선, 2004.

피셔－리히테, 에리카, 「기호학적 차이－연극에서의 몸과 언어」, 심재민 옮김, 『연
　　　극평론』 제17호, 연극과인간, 2004.

Claudia Jeschke. "Der bewegliche Blick". *Theaterwissenschaft heute: eine Einführung*, Berlin:
　　　Dietrich Reimer Verlag, 1990.

Gabrielle Brandstetter. *Bild–Sprung/TanztheaterBewegung im Wechsel der Medien*, Berlin: Theater der Zeit, 2005.

Hans–Thies Lehmann. *Das Postdramatisches Theater*, Frankfurt am Main: Verlag der Autoren, 1999.

Norbert Servos. "Tanztheater". *Tanz*, herausgegeben von Sibylle Dahms, Stuttgart: Mggprisma, 2001.

Sabine Huschka. "Tanz/Theater". *Modern Tanz*, Hamburg: Rowohlt Taschenbuch Verlag, 2002.

Sasha Waltz und Sybille Roster. "Wieviel kostet ein Körper?". *Tanz*, Berlin: Theater Heute, 2000.

Sibylle Dahms(Hs.). *Tanz*, Stuttgart: Mggprisma, 2001.

Susanne Schlicher. *TanzTheater*, Hamburg: Rowohlts Enzyklopädie, 1987.

기술이 진화시킨 연극: 포스트드라마 연극과 미디어

최영주

1. 미디어와 퍼포먼스의 만남

20세기 초 역사적 아방가르드들이 기존의 드라마 위주의 연극 형태를 배격하고 연극의 '재연극화'를 추구한 배경에는 문학 중심의 연극이 억압해온 연극 본유의 속성뿐 아니라 언어가 담아낼 수 없는 당대 현실, 리얼리티에 대한 반성적 성찰이 자리하고 있었다. 20세기 초 배우, 디자이너, 연출가 등의 실천가들은 스스로를 창작의 주체로 내세우며 언어에 종속되지 않고 현실을 포착할 수 있는 표현 가능성에 대한 탐색에 몰두했다. 그리고 현실의 리얼리티를 탐색하는 이들의 접근 방식에 따라 우리는 연극 본유의 속성을 배우의 현존을 통해 추구하는 그로토우스키나 아르또가 대변하는 본질주의적 접근 방식과 다양한 매체의 혼성을 통해 전래의 연극 형태를 개선하려는 미래주의, 다다이즘, 초현실주의의 개량주의적 접근 방식의 두 갈래 길을 발견한다. 그로토우스키나 아르또가 배우의 신체를 통해 그 안에 내재한 '눈에 보이지 않는 본질적인 심연'을 탐색한 것과 달리, 미래주의, 다다이즘, 초현실주의는 기계 문명, 예술의 사회적 기능, 무의식에 대한 확신을 보이며 다양한 장르의 혼성을 통해 시대적 현상에 조응하였다. 세기 초 역사적 아방가르드 실천가들의 다양한 시도들이 주류 연극에 편입되지 못하고 개별적인 움직임으로 그치고 말았음에도 불구하고, 연극을 통해 리얼리티를 포착하기 위한 두 가지 접근 방식은 분명한 차이를 보이며 실천가들을 위한 지침을 마련하는 듯하다. 20세기 초 아방가르드 운동이 문학 중심의 재현주의 연극에 반기를 들며 공간, 표현 양식, 관객과의 소통 방식 등의 문제에 대해 새로운 대안을 제시하였다면, 5, 60년대의 네오아방가르드 운동은 '예술의 종말'을 주장하며 주류 문화를 거부하고 다양한 형태의 퍼포먼스를 실천하는 특징을 보인다.

1960년대 이후 네오아방가르드 운동이 활성화된 배경에는 2차 대전과 더불어 급격하게 변화된 시대 상황이 자리하고 있었다. 2차 대전은 전화, 라디오, 영화, 텔레비전과 같은 혁신적인 기술 매체에 기초한 사회를 탄생시켰으며, 그 같은 기술 매체에 대해 개인의 삶은 불가분의 밀접한 관련을 맺게 된다. 개인은 양차대전을 체험하면서 기존 가치관이 전복되는 혼돈을 체험했으며, 기술 문명의 혁명적 발전으로 인해 더 이상 과거의 신념 체계를 유지하지 못하게 되었다. 전통적인 구조가 붕괴되고 이성의 합리성에 대해 의심을 품게 되면서 개인은 메타 서사에 대한 불신을 키우며 형이상학적 철학 및 보편적 제도에 대해 회의한다. 동시에 개인은 그 어느 때보다도 더욱 복합적이고 유동적인 관계망 속에 놓이게 된다. 즉, 리오타르가 설파한 것처럼 "이야기적 기능은 위대한 영웅, 큰 위험, 대 여행 및 위대한 목적을 상실한다. 이 기능은 언어뿐 아니라 지시적·규범적·기술적 언어의 요소로 형성된 구름 속으로 분산되며, 각각은 고유한 화용론적 원자가를 수행 할 뿐이다. 우리 각자는 이것들의 교차점에 살고 있다."[1] 개인은 "남녀, 노소, 빈부를 막론하고 의사소통 회로의 교차점에 위치하게 된다. 더 적절히 말하자면 개인은 다양한 종류의 메시지들이 통과하는 장소에 위치하게 된다."[2] 언어의 기능은 다양한 매체를 통해 실현되며, 메시지의 교차점으로서의 개인은 보다 능동적으로 정보를 수용하고 제공하게 된 것이다. 이 같은 시대 상황에 대해 예술가들 역시 예민하게 반응하였으며, 그들은 과학 기술을 적극적으로 수용하거나 저항하는 두 가지 태도를 취하게 한다. 기술 문명에 적극적으로 동참하는 경우, 실천가들은 예술과 일상의 경계를 지워버리는 데서 나아가 자신의 상상력을 노골적으로 기술 정보 매체와 결합하여 자신의 미학을 계발하려고 노력한다. 이는 일찍이 맥루언이 미디어학의 포문을 열며 '새로운 기술이 인간의 인식에 영향을 미치고, 사회 조직을 형성하며, 인간 상호 작용에 변화를 초래한다'[3]고 주장하며 '미디어가 메시지'임을 설파한 것에 대한 예술적 실천에 해당한다고 할 수 있다. 미디어는 "우리 자신의 신체와 감각의 확장으로, 하나의 감각에서 다른 감각으로 바뀌며, 한 형태에서 다른 형태로 바뀌고 동화되는 과정을 되풀이 하는"[4] 과정 속에서 표현의 지평을 무한히 넓히며 공연예술의 영역 안으로 수용된다. 60년대 이후 전개된 네오아방가르드 운동의 특성 중 하나는 테크놀로지를 예술적 요소와 결합하여 하나의 메커니즘 안으로 통합해내는 것

---

1) 장-프랑수아 리오타르, 『포스트모던적 조건』, 이현복 역, 서광사, 1992, 14쪽.
2) 같은 책, 45쪽.
3) Mashall McLuhan, *The Gutenberg Galaxy: The Making of Typographic Man*, New York: Routledge, 1962, p.154.
4) 마샬 맥루언, 『미디어의 이해』, 김성기·이한우 역, 민음사, 2002, 177쪽.

에서 발견된다. 일상의 삶이 예술이 될 수 있다는 생각에서 나아가 테크놀로지와 그 산물 역시 예술의 재료일 수 있다는 생각은 60년대 이후 네오아방가르드들이 열어놓은 새로운 지평인 셈이다.

60년대 이후 네오아방가르드 운동의 경향은 행위 예술, 해프닝, '플럭서스(Fluxus)' 운동 등을 통해 극명하게 드러나는 바, 실천가들은 다다이즘의 영향 속에 예술과 현실의 경계를 무너뜨리고 다양한 매체의 혼성을 통해 생겨나는 새로운 결과물을 실험하는 데에 탐닉한다. 언어적 측면에서 네오아방가르드들이 시도한 새로운 표현 양식을 요약하자면,

- 개념적 언어의 장벽을 와해시켰다.
- 개인의 무의식의 직접적인 분출을 정당한 예술 형태로 주장하였다.
- 지각의 새로운 형태에 도달하기 위해 다중매체의 감각의 포화를 통해 과도하게 충전된 지각을 실험하였다.
- 예술의 개념적 원리로서 맥락의 중요성을 강조하였다.
- 극장 공간에서 이루어지는 행위에 관객이 참여하도록 삼차원의 환경적 사건에 관객을 포함시켰다.
- 선형적 서사의 거부, 즉흥적 흐름, 공간, 움직임, 소리, 추상화에 관심을 지닌 일련의 연극 실천가들의 세대를 이끌었다.[5]

네오아방가르드 실천가들의 공연 예술에 대한 공헌은 기존의 언어 중심의 공연에서 벗어나 다양한 미디어를 혼종함으로써 멀티미디어 공연으로의 영역을 개척한 것에서 찾아볼 수 있다. 해프닝, 보디 아트, 플럭서스, 개념 예술, 팝 아트 등 고급 예술에서 대중 예술로 이동하면서 그에 상응하여 공연 미학도 변화한다. 보이스(Josehp Beuys), 백남준, 포스텔(Wolf Vostell) 등은 텔레비전과 비디오와 같은 미디어들을 활용해 행위 예

---

5) John Freeman, *New Performance/New Writing*, London: Macmillan, 2007, p.50.

술과 설치 미술의 형태를 실험하였다. 한편, 케이지(John Cage), 라우센버그(Robert Rauschenberg), 커닝햄(Merce Cunningham)과 저드슨 교회(Judson Church)의 무용수들의 공연은 장르의 혼종, 환경연극, 관객 참여, 즉흥성 등 새로운 미학적 요소를 통해 공연의 판도를 변모시켰다. 그리고 이들의 유산은 80년대 확산되기 시작한 포스트모더니즘의 영향 하에 윌슨(Robert Wilson), 르콤트(Elizabeth Lecompt), 그레이(Spalding Gray) 등에 의해 본격적으로 공연 예술(performing art)에 접목되기 시작한다.

미디어가 공연 예술에 수용되면서 그에 대한 본격적인 미학적, 철학적 담론이 전개되기 시작한 것은 1990년대에 이르러서이다. 90년대에 접어들자 퍼포먼스에 대한 담론이 공연 예술학의 주요 이슈로 거론되면서 퍼포먼스의 '생동감과 현장성'(liveness)이 텔레비전과 인터넷의 '생동감과 현장성'과 경쟁을 벌이는 현상이 목격되기 시작한다. 그리고 2000년대에 들어 새로운 전자 미디어가 전통적인 장르를 포용하고 동시에 경합을 하면서 공연 예술의 풍경도 바뀌게 된다. 인터미디어의 특성과 기능에 대한 다양한 담론이 공연 예술의 화두로 떠오르기 시작한 것도 같은 시기이다. 이상과 같이 미디어가 공연 예술의 풍경 안으로 들어오기 시작한 것은 1960년대 이후이고, 이는 새롭게 등장한 미디어에 대한 일반 관심을 반영하는 것으로 이해할 수 있다. 한편, 맥루언을 시작으로 7, 80년대 전개된 미디어에 대한 논의는 독자적인 학문의 영역으로 발전되면서 문화 이론과 결합하는 경향을 보여 준다. 그리고 최근 미디어학은 컴퓨터의 소프트웨어 이론으로 넘어가는 중이다. 미디어학의 영역에서 전유해 오던 미디어에 대한 담론이 본격적으로 연극학에 접목되기 시작한 것은 21세기에 들어서이다. 연극학이 공연 예술학으로 확장되고, 디지털 테크놀로지와 함께 각기 다른 미디어의 상호 결합과 혼종을 통해 등장한 인터미디어 퍼포먼스 연극이 확산됨에 따라 연극학은 미디어학과 관심사를 공유하기 시작한 것이다. 지난 세기에 등장한 라디오, 영화, 텔레비전, 비디오 등의 기존 미디어에 지난 10년간 급성장한 컴퓨터 디지털 테크놀로지와 같은 새로운 미디어가 공연 예술과 접목되면서 공연 양식이 혁신적으로 변모하고 있는 것도 논의의 필요성을 증폭시키는 배경이 된다. 이와 같이 인터미디어 퍼포먼스 연극에 대해 비평적, 학문적 담론이 조성되기 시작한 계기는 일견 테크놀로지의 발전이 초래한 공연 예술의 변화에 따른 것으로 보이지만, 그것은 또한 미디어의 발전이 개인의 삶에 깊이 침투하여 리얼리티에 대한 인식을 바꿔놓은 것에 힘입은 바 크다고 하겠다. 그것은 또한 역사적 아방가르드들이 연극의 전통적 관례를 전복시켜 현대연극의 물꼬를 틔운 것에 버금가는 또 하나의 혁명이랄 수 있다.

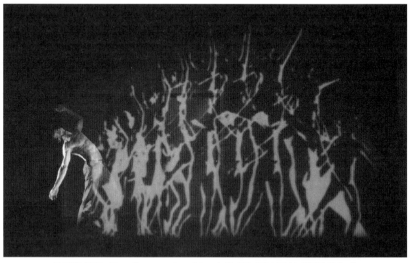

르미유.필론 4D art(lemieux.pilon 4D art) 〈노만〉 (ⓒ서울국제공연예술제)

2. 인터미디어 퍼포먼스 연극의 쟁점들
2.1. 주요 쟁점들

인터미디어 퍼포먼스 연극에 관한 논의는 80년대와 90년대 꾸준히 증가된 다양한 퍼포먼스 연극 형태와 그에 대한 산발적인 논의를 거쳐 2000년대에 들어 연극학의 다양한 부분에서 본격적으로 진행되고 있다. 학자들은 계보를 형성하고, 뉴미디어의 특성을 정의하며, 범주와 경계를 세우면서, 공연 사례를 분석하고 있다. 공연 예술에 의한 미디어의 수용과 그 전개 과정 등에 대한 역사적 고찰에 대한 함의는 학자들 간에 공유되고 있으나, 인터미디어의 개념에 대한 논의와 범주는 학자들 간의 관점과 접근 방식에 따라 저마다 다소간 차이를 보이면서 쟁점화되고 있는 상황이다. 2006년 세계연극학회(IFRT)에 속한 '연극과 인터미디어 연구' 그룹이 수년의 연구 끝에 출간한 『연극과 퍼포먼스에 있어서 인터미디어성(*Intermediality in Theatre and Performance*)』이 서론 부분에서 주요 쟁점을 소개하는 데에 많은 지면을 할애한 배경에는 상호 매체성에 대한 정의가 아직도 매끄러운 합의에 도달하지 못하고 있다는 정황을 반증하는 예이다. 쟁점을 소개하는 것 자체가 인터미디어 연극에 관한 담론의 지형도를 보여주기에 채플(Freda Chapple)과 카텐벨트(Chiel Kattenbelt)가 요약하는 쟁점 이슈 중 밤(Christopher Balme)과 슈뢰터(Jens Schröter), 볼터(David Bolter)와 그루신(Richard Grusin), 아우스랜더((Philip Auslander)와 마노비치(Lev. Manovich)의 주장을 간략하게 살펴보기로 하자.

· 밤과 슈뢰터는 기존의 논의를 바탕으로 1980년대 독일에서 전개된 인터미디어에 대한 정의를 내리고 있다. 즉, 밤은 인터미디어의 특성을 하나의 매체에서 다른 매체로 텍스트의 부분이나 주제가 바뀌는 것, 상호 텍

스트성의 특정한 형태, 다른 하나의 매체 안에서 특정한 매체의 미적 관습이 재창조되는 세 가지 유형으로 이해한다. 한편, 슈뢰터는 네 가지 방식에 따라 인터미디어의 특성을 구분한다. 즉, 여러 예술과 매체를 통합하여 새로운 형태를 만들어내는 통합적인(synthetic) 상호 매체성, 몇 가지의 매체를 통해 재현 행위를 구성하는 정태적이고 매체 통섭적인(formal and trans-medial) 상호 매체성, 다른 매체 안에서 하나의 매체의 재현을 지시하는 변형적인(transformational) 상호 매체성, 변형적인 상호 매체성의 반대 유형으로서의 존재론적(ontological) 상호 매체성이 그것이다.[6]

· 볼터와 그루신의 '재매개론'은 최근 미디어학에서 가장 광범위한 영향력을 행사한다. 그들은 새로운 미디어란 이전의 미디어가 비매개성, 하이퍼미디어성, 투명성의 방식에 따라 재매개된 것으로 본다.[7]

· 아우스랜더는 볼터와 그루신을 받아들이되 라이브 미디어인 텔레비전과 연극의 관계에 집중하며, 라이브의 '생동감과 현장성(liveness)'과 미디어의 매개적 속성의 이분법을 해체한다. 그는 미디어가 생동감과 현장성을 결핍하고 있다는 기존의 논의를 반박하며 오히려 생동감과 현장성을 더욱 강화할 수 있다고 주장한다.[8]

· 마노비치는 디지털 미디어의 언어에 초점을 맞춘다. 그에 따르면 디지털 미디어의 두 가지 원리는 숫자로 데이터화한 재현과 조립 가능한 구조이다. 이 두 가지 원리에서 자동화, 가변성, 트랜스코딩이 생겨난다. 디지털 코딩을 통해 이루어지는 재현은 수학적으로 이루어지며 연산적 통제가 가능해진다. 즉, 디지털 코딩은 프로그램화할 수 있다.[9]

채플과 카텐벨트가 일별하고 있는 인터미디어 특성에 관한 네 가지의 견해 중 밤과 슈뢰터는 인터미디어의 다양한 형태를 일별하고 있고, 볼터

---

6) Freda Chapple, Chiel Kattenbelt, "Key Issues in Intermediality in Theatre and Performance," *Intermediality in Theatre and Performance*, Eds. Freda Chapple, Chiel Kattenbelt. Amsterdam & New York: Rodopi, 2007, p.13.

7) Freda Chapple, Chiel Kattenbelt, 같은 글, p.14.

8) Freda Chapple, Chiel Kattenbelt, 같은 글, pp.15~16.

9) Freda Chapple, Chiel Kattenbelt, 같은 글, pp.17~19.

와 그루신은 인터미디어에 대한 일반적 논의를 '재매개'라는 용어를 통해 기존의 미디어와 새로운 미디어 간의 상호 작용으로 파악하고 있다. 아우스랜더는 퍼포먼스의 '생동감과 현장성'과 이미지가 만들어낸 가상현실 간의 이분법적 구분을 해체함으로써 실제 공연 예술에서의 디지털 미디어 사용의 정당함을 논리적으로 주장하고 있다. 마노비치는 상호 매체성이 어떻게 이루어지는지에 대해 실질적인 정보를 제공하고 있다.

이상의 논의를 통해 인터미디어의 특성을 살펴보면, 인터미디어의 특성은 미디어와 미디어를 상호 결합하여 공연 형식, 미적 관습, 의미 등을 새롭게 만들거나 수정하는 행위이자 기능으로, 이전 미디어의 흔적을 지우거나 콜라주처럼 가시화하는 두 가지의 상반된 방식으로 활용되고 있다. 미디어와 미디어의 조합, 분열, 삭제는 디지털 기술로 프로그래밍 되어 분석, 저장, 복사, 재생산이 가능해진다. 인터미디어의 특성에 대한 논의에서 제기되는 쟁점의 하나는 디지털 기술이 공연의 과정에 개입하면서 공연 예술만의 고유한 본질로 간주되어 온 '지금·이곳'의 현장성에 근본적인 수정이 제기된다는 점이다. 뿐만 아니라 공연 예술에 활용되는 디지털 테크놀로지는 맥루언의 주장처럼, "우리의 모든 감각을 깊은 상호 작용 속에 참여시키는 촉각적, 청각적 미디어"[10]를 강조하기에 관객의 감각적 몰입을 촉발시키나 이에 반해 지각적 성찰을 소홀히 하고 만다. 관객에게 감각적 몰입을 강조하는 공연의 효과는 당연히 관객의 관심을 살 수밖에 없고, 이로 인해 투입과 생산의 시장 경제 논리에 의한 상업화가 개입할 수밖에 없다.

인터미디어 퍼포먼스 연극에 대한 담론화에 참여하여 미학적 논의를 대중화시키고 있는 사람은 독일 연극 학자 레만(Hans-Thies Lehmann)이

---

[10] 마샬 맥루언, 앞의 책, 466쪽.

다. 레만은 90년대 일련의 공연 예술의 특성을 '포스트드라마 연극'으로
갈파한다. 테크놀로지의 발전과 대중 매체의 확산, 그로 인한 지각 방식
의 변화에 따라 공연 형태가 변모하게 되자, 레만은 희곡을 토대로 하지
않는 공연들을 '포스트드라마 연극'으로 범주화한다. 그에 따르면 '포스
트드라마 연극'은 '텍스트 문화'에서 '미디어 문화'로 이동하는 전이적 시
점에 나타난 현상으로, 다양한 스펙트럼을 지니지만 특히 퍼포먼스를 주
요 양식으로 포함한다.[11] 레만이 1999년 『포스트드라마 연극』이라는 책
을 통해 포착한 연극의 형태는 후기 산업사회와 밀접한 관련을 맺는다.
즉, 보들리야르가 진단하듯이 현대 사회의 자본주의는 시뮬라크르의 제
작자로서 모든 실재를 증발시키고, 실재와 지시물의 인위적인 생산, 시
뮬라시옹의 세계로 탈영토화한다.[12] 포스트드라마 연극이 드라마를 배재
한 채 무대를 통해 관객과 조우하는 세계는 시뮬라크르로 이루어진 제 3
의 공간이다. "연극은 텍스트를, 무대 밖의 세계, 즉 낯선 몸으로서 필요
로 할 뿐이다. 바로 그 때문에 연극은 다른 시각적인 수단을 빌려 오고,
비디오, 프로젝트, 현존을 조합하여 경계를 확장하게 하는 것이다[…]."[13]
레만의 포스트드라마 연극에 대한 논의는 동시대 연극이 드라마에 의존
하지 않고 실재를 만들어내기 위해 가상현실과 조우하는 또 하나의 길목
으로 안내한다.

---

11) Hans-Thies Lehmann, *Postdramatic Theatre*, Trans. Karen Jürs-Munby, London: Routledge, 2006,
    pp.134~137.
12) 장 보들리야르, 『시뮬라시옹』, 하태환 역, 민음사, 1992, 28쪽.
13) Hans-Thies Lehmann, 앞의 책, p.146.

2.2. 인터미디어 퍼포먼스 연극의 실천 전략

옥스퍼드 사전에 수록된 미디어라는 단어는 '중간'이라는 의미의 라틴어 미디엄(medium)을 어원으로 하고 있으며, 라디오, 영화, 텔레비전, 신문, 인터넷과 같이 많은 사람들에게 정보와 오락을 제공하는 대중 매체를 의미한다. 인터미디어의 의미는 미디어와 미디어의 매개 행위 혹은 매개체를 의미하지만, 통용되는 의미는 디지털 테크놀로지와 다른 미디어를 연극에 도입하는 동시대 공연 예술의 특징으로, 미디어와 미디어의 통섭에서 발생하는 장르의 해체, 탈경계와 혼종, 상호 텍스트성, 하이퍼미디어, 퍼포먼스 안에서 퍼포먼스의 장치를 드러내는 자기 반영성과 관련된다. 그러므로 채플과 카텐벨트가 주장하듯이, 인터미디어가 공연 예술에서 어떻게 활용될 수 있는 지에 관한 실천적인 문제는 "디지털 테크놀로지와 다른 미디어가 어떻게 연극 안에서 통합되는지, 퍼포먼스 공간이 새로운 재현의 양식, 드라마투르기 전략, 말과 이미지 그리고 소리를 어떻게 구조화하고 무대화하는지, 시간과 공간 속에서 어떻게 몸을 새롭게 위치시키는지, 시간과 공간의 새로운 관계를 어떻게 만들어내는지"[14]에 초점을 맞추어야 한다. 동시에 인터미디어 퍼포먼스 연극에서 연극 본유의 생동감과 현장성을 어떻게 조합하는지의 문제 역시 간과할 수 없는 부분이다. 이를 위해 인터미디어 퍼포먼스 연극을 위한 퍼포먼스 텍스트의 구성은 영화의 서사 전략과 현대 음악 비디오의 미학, 그리고 이를 실현하기 위한 드라마투르기, 현장성과 생동감을 추구하는 경향을 드러낸다.

버링거(Johanes Birringer)가 감지한 것처럼, 90년대 등장한 디지털 테크

---

14) Freda Chapple, Chiel Kattenbelt, 앞의 글, p.11.

놀로지는 퍼포먼스 연극의 지각 변동을 일으키며 새로운 미래주의로 '상호작용성(interactivity)'을 선전문구로 내세운다.[15] 기존 공연의 전형성으로부터 벗어나 자유롭게 표현 영역을 확장하고 새로운 양식을 계발하는 것이 공연 예술의 미래와 직결되기에 실천가들은 그 어느 때보다도 뉴미디어를 활용하여 변화와 혁신을 추구한다.

르미유.필론 4D art(lemieux.pilon 4D art) 〈노만〉 (ⓒ서울국제공연예술제)

인터미디어 퍼포먼스 연극을 계발하기 위해 실천가들은 먼저 미디어의 특성과 기능, 사용 방법뿐 아니라 미디어를 활용함으로 얻는 표현 가능성, 미학적 성취와 의미 등에 대해 숙달하여야 한다. 이는 마노비치가 뉴미디어가 컴퓨터 층위와 문화적 층위로 구성되었다고 갈파한 것과 상

15) Johanes Birringer, "Contemporary Performance/Technology", *Theatre Journal* 51, December 1999, p.368.

통한다, 마노비치는 뉴미디어에서 컴퓨터 층위와 문화적 층위는 서로 영향을 미치면서 함께 합성된다고 주장한다. 합성의 결과, 인간과 컴퓨터는 혼합된다. 인간 문화가 세계의 모습을 만들어내는 전통적 방식과 이를 재현하는 컴퓨터 자체의 수단이 혼합된 문화라고 보는 것이다.[16] 문화적 층위와 함께 실천가들이 계발하고자 하는 또 하나의 층위는 미학적 층위이다. 먼저 컴퓨터 층위를 살펴보고 나서 문화적 층위와 미학적 층위를 살펴보자.

· 무작위적 접근: 디지털 테크놀로지(CD와 DVD와 같은 간단한 기술이라도)는 비연속적 부분 사이의 거의 동시적인 움직임을 가능하게 한다.
· 작동(trigger)과 출력(output) 사이의 자의적인 연결: 컴퓨터가 이원적 코드로서 동일한 형태로 소리, 이미지 및 그 밖의 것들을 저장하고 조정함에 따라서, 미디어 내용물과 그것을 작동시킨 입력물 사이에는 본유적이고 자동적인 관계는 없게 된다. [⋯]컴퓨터는 입력 장치를 사용하여 어떠한 내용물이라도 만들어 낼 수 있게 된다. 한 가지의 입력물이 다중의 미디어 요소를 고도로 조합된 조정물을 통해 무한한 출력물로 만들어낼 수 있는 것이다.
· 미디어의 조정: 인터미디어의 가장 큰 특징은 입력을 하는 것만으로 디지털 정보를 조정하는 프로그램을 만들 수 있다는 데에 있다. 우리는 공연자들이 얼마나 정교하게 움직이는지, 얼마나 크게 말하는지, 어떤 음으로 노래하는지에 의거해 다른 소리와 이미지를 투사하도록 프로그램을 만들며, 시간이 지나 변화를 주고 이전의 이벤트에 반응하도록 조정할 수 있다. 또한 컴퓨터는 복잡한 알고리즘에 따라 미리 기록된 미디어 부분들을 선택할 수 있을 뿐 아니라, 완전히 새로운 소리와 이미지를 만들어 자체의 미디어를 발생시킬 수도 있다.[17]

---

16) 레프 마노비치, 『뉴미디어의 언어』, 생각의 나무, 2004, 91~92쪽.
17) David. Z. Saltz, "Live Media: Interactive Technology and Theatre", *Theatre Topics* 11, September 2001, pp.107~108.

사진이나 조각과 같은 옛 미디어는 시각적이고 시간의 지배를 받는 인식 매체이다. 디지털화란 시각적 인식 대상을 숫자 함수나 샘플로 데이터화하는 것을 말한다. 디지털화는 인식 매체를 연속적인 부호화와 분절적인 부호화의 혼합으로 전환한다. 이와 같은 원리에 의해 뉴미디어는 '무작위적 접근', '작동과 출력 사이의 자의적 연결', '미디어의 조정' 기능을 통해 임의대로 접근하고, 만들고, 부호를 변화시킴으로써 조작하는 오퍼레이션을 실행한다. 이러한 기능은 장르의 해체를 촉발하며, 기승전결식의 연속적인 텍스트의 구성을 비연속적이고 분절적인 네러티브로, 나아가 몰핑을 통해 파편적인 이미지의 연속과 비연속으로 자유롭게 구성할 수 있게 된다.

기존 미디어와 달리 뉴미디어에서 컴퓨터 층위와 함께 합성되는 문화적 층위에 대해 뵈니쉬(Peter Boenisch)의 글을 빌어 간략하게 살펴보자.

· 다른 모든 인식을 흡수하며 시공에 대해 인식을 구성하던 시각적 인지는 모든 감각에 전달하는 멀티미디어와 멀티 센서의 기능으로 대체된다.
· 인쇄물의 유형으로 자기규정의 정체성, 통일성, 위계적 원리, 연속에 의거해 부분적 구역화에 의존하는 대신 뉴미디어가 만들어내는 새로운 '가상현실'은 다양성, 소수자, 다중의 정체성에 공간을 내어 준다.
· 분절되고, 연속되며, 우연한 선조성 대신에 하이퍼텍스트들의 비연속성이 자리한다.
· 수동적으로 소비하는 독자 대신에 '전자' 미학의 '사용자들'이 상호작용을 하며 참여한다.[18]

책이나 그림, 연극과 같은 전통적 미디어의 궁극적인 인지 형태는 시

---

18) Peter Boenisch, "coMEDIA electrONica: Performing Intermedialilty in Contemporary Theatre", *Theatre International* 28, 2003, pp.35~37.

각적 이미지였다. 컴퓨터 테크놀로지는 시각적 정보를 숫자 데이터로 저장해 다중의 미디어 센서를 통해 방출하고, 사용자는 다중의 감각적 체험을 하게 된다. 동시에 언어가 구성하던 개인의 정체성과 지배 이데올로기, 가치관, 성향 등은 분절되고 해체됨으로써 탈영토화된다. 기승전결을 따르는 선조적인 구조나 병렬식의 전개는 분열하는 이미지와 지각체험으로 전환된다. 디지털 테크놀로지의 접근 가능성으로 인해 과거 전통적인 미디어를 수동적으로 수용하던 소비자는 적극적인 사용자로 변모된다. 이와 같이 새로운 테크놀로지가 초래한 미디어의 기능은 기술의 차원에만 머무르지 않는다. '다중화', '비연속성', '비결정성', '가상현실', '다중의 정체성', '소수자의 등장' 등의 효과는 동시대 문화의 단면을 내포하며 개인의 삶의 스타일과 환경의 구성 요소로 작용하게 된다. 문화적 층위는 동시대 사회 및 문화의 전반적인 모습과 동행하며 개인들의 인식을 변모시키며 또한 반영해낸다고 하겠다. 궁극적으로 미디어와 사용자의 상호작용이 생산하는 것은 문화적 층위에 가담하고 있는 다중의 현실들이다. 선조적인 미디어가 의미나 리얼리티를 일방적으로 재현하였다면, 미디어와 사용자의 상호작용을 통해 문화적 층위에는 개인 각기의 다양한 리얼리티가 개입하게 된다. 그리고 그것은 '무작위적 접근', '작동과 출력 사이의 자의적 연결', '미디어의 조정'이 허용하는 완결되지 않는 과정에 노출되어 있다고 할 수 있다.

'멀티센서', '가상현실', '다양성' '다중성', '비연속성', '상호작용' 등이 합성해내는 또 하나의 층위는 미학적 층위이다. 그것은 다양한 미디어 테크놀로지가 상호 결합할 때 미디어와 미디어 사이에서 발생하는 효과이며, 그로 인해 생기는 다양한 관점이고, 그것을 체험하는 과정이다. 이러한 과정은 다양하고 비연속적이며 동시적으로, 사용자의 감각적 체험을 동반한다. 그러므로 거칠게 표현하자면, 인터미디어 퍼포먼스 연극에서 디지털 테크놀로지가 만들어내는 미학적 층위는 전통적 미학으로 구성되는 것이 아닌 감각학이라고 할 수 있다. 관객은 보는 자가 아니라 미디어를 느끼는 감각하는 신체가 된다. '신체의 확장'으로서의 미디어의 의미가 적확하게 적용되는 예이기도 하다. 그런데 뵈니쉬는 그와 같은 감각적 체험은 "미디어의 매체성과 연극성의 교차로에 위치한다"고 주장한다.[19] 미디어를 단순히 결합하는 것이 아니라 연극적으로 매개하여야만 관객의 감각적 체험을 일으킬 수 있다는 그의 주장은 인터미디어 운용 기법이 미디어를 단순히 결합하는 것이 아니라 정교하게 의도되고 계산되어야 한다는 것을 내포한다. 뵈니쉬가 특기하는 바는 연극이라는 매체 자체의 구상 방식으로 '확장된 신체'로서의 정신 영역이다. '확장된 신체'로서의 연극이라는 정신은 "생물학적으로 주어진 것이 아닌 사회문화적 환경에 의해 만들어진 이행된 특질이자, 인식과 인지를 전달하고 형성하며 조종하는 담론이다.[20] 연극이 정신이자 담론의 기능을 성취하기 위해서 인터미디어를 효율적으로 운용하는 방식은 다음과 같다.

(인터미디어가 효율적으로 연극에 활용되려면) 하나의 고정된 목적에 이르는 수단으로서의 드라마 텍스트나 그 밖의 단일 미디어가 아닌, 다중의 미디어와 다중의 기호학적 층위를 개입시킴으로써 독특하고도 생산적인 잠재력을 제공해야 한다. 그리하여 인터미디어 퍼포먼스 연극은 기존의 익숙한 형식을 다시 정의하기 위해 인터미디어 요소들을 유희적으로 활용해야 한다. 또한 잘 연습된 배우와 그들의 연기 너머의 대안적 공간과 다른 세계

---

19) Peter Boenisch, "Aesthetic Art to Aisthetic Act: Theatre, Media, Intermedial Performance", *Intermediality in Theatre and Performance*, Eds. Freda Chapple, Chiel Kattenbelt. Amsterdam & New York: Rodopi, 2007, p.104.

20) Peter Boenisch, 앞의 글, p.113.

로 공연을 이끌어가야 한다. 인터미디어 퍼포먼스 연극은 관객이 단일의 통일된 의미에 갇히지 않고, 다양한 기호들, 세계들, 메시지들, 복합적인 초점의 의미망을 뚫고 자신의 길을 찾아내도록 활성화시켜야만 한다.[21]

이상의 뵈니쉬의 주장은 연극 자체가 기호 텍스트임을 전제한다. 연극은 다양한 기호들이 구성하는 의미망으로 구성된다. 뵈니쉬의 주장에 힘이 실리는 것은 그 의미망이 고정되고 단일한 의미를 지향해서는 안 되며, 보다 생산적인 잠재성으로 제시되어야 한다는 확신에 의해서이다. 이를 위해서 그는 다중의 기호학 층위에 다중의 미디어를 유희적으로 개입시켜야 한다고 주장하는 것이다. 그리하여 배우들이 보여 주는 연기 너머 또 다른 세계의 지평으로 관객을 인도하여야 한다는 것이다. 그러므로 인터미디어 퍼포먼스 연극이 지향하는 바는 궁극적으로 관객이 다양한 의미와 표현에 대해 감각의 문을

Teatro Linea de Sombra 극단 〈아마릴로〉
(ⓒ2010서울연극올림픽 집행위원회)

활짝 열어 스스로 길을 찾도록 진작시키는 데에 있게 된다. 뵈니쉬의 주장은 미디어의 다양한 전략들을 기능적으로 적용해야 한다는 레너(Rolf G. Renner)의 주장과도 상통한다.

---

21) Peter Boenisch, 앞의 글, p.115.

공간을 심미적으로 재현하는 것은 미학적 인식뿐 아니라, 다양한 시뮬레이션 테크닉과 함께 우리의 일상적 인식과 동일하며 상상력의 미학적 공간의 자율성을 반영하기도 하는 재현의 매개된 시스템들을 해방하는 것이다. 그러나 이러한 변동은 선조적인 것은 아니다. 오히려 그것은 도치된 특징을 지닌다. 그러므로 기술적이고 미학적인 가능성은 재구성되고, 재평가되거나 혹은 미디어의 다양한 전략들은 기능적으로 적용된다.[22)]

뵈니쉬와 레너의 주장은 멀티미디어의 상호작용을 진작시키되 그것이 한편으로는 유희적으로 활용되어야 하며, 동시에 다양한 전략을 통해 적용되어야 한다는 데 초점을 모은다.

3. 레만의 포스트드라마 연극과 미디어
3.1. 포스트드라마 연극의 파노라마

헝가리 출신으로 독일의 비교 문학자이자 문학사가인 스촌디(Peter Szondi)는 입센과 스트린드베리로부터 오닐과 밀러에 이르는 서구 현대 극작가들의 작품 세계를 조망하며 '드라마의 위기'를 공통의 파노라마 현상으로 지적한다. 그리고 그는 주인공의 삶에 초점을 맞춘 전래의 드라마 양식이 사회적 주제를 제기하는 현대의 '서사극'과 긴장을 일으키며 내용과 형식의 변증법적 관계를 전개하는 것이 현대극의 핵심이라고 갈파한다. 1999년 출판된 『포스트드라마 연극』은 1956년 출판된 스촌디의 『현대극 이론』의 계보를 잇는 레만의 야심찬 저작물로, 저서를 통해 작가는 1970년대 이후 등장한 일련의 퍼포먼스 형태의 공연들을 포스트

---

22) Rolf G. Renner, "Intermediality and the Simulation", *Seminar: A Journal of Germanic Studies*, 43: 4, November 2007, p.389.

드라마 연극으로 범주화하면서 연극과 드라마가 서로 찢겨져 표류하는 현장을 증언한다. '드라마의 위기'에서 드라마의 해체로 나아가는 기로에서 그 간극을 메우는 것은 "70년대 개인의 일상의 삶에까지 파고든 미디어와 그것이 만들어낸 새로운 형태의 다중 담론들이다. 역사적 아방가르드 이후 발전된 양식적 언어들은 제스처의 표현들을 폭발시켜 확산된 정보매체 속에서 연극이 변화된 사회적 커뮤니케이션에 반응하도록 이용된다"[23]. 이와 같이 레만의 관심은 드라마를 배제한 공연 형태만을 문제 삼는 것이 아니다. 그는 미디어 문화가 배태한 언어의 변화를 통해 새롭게 구성된 공연 미학에 관심을 집중시킨다.

또한 같은 시기에 공통의 특성들을 공유하는 공연들이 포스트모던 연극으로 호명되어 온 사실에 반응하며 레만은 '포스트드라마 연극'의 특징을 '다양한 미적 층위가 과밀하게 섞여 있는 공간'[24]이라고 특성화한다. 포스트모던 연극은 담론을 동반하지 않고, 미디어, 제스처, 리듬, 톤이 주도하며, 허무적이고, 그로테스크한 형태에, 빈 공간과 침묵으로 채워져 있다. 한편, 포스트드라마 연극은 역동적으로 구성된 시노그라피를 특징으로 한다.[25] 이러한 그의 관점은 '포스트드라마 연극'을 논하면서 미학적 논의에 집중하도록 유도한다. 즉, 그는 포스트드라마 연극의 특성을 극적 행위를 대신한 제의로 포착한다. 여기서 제의란 공연 과정과 움직임의 총체적인 스펙트럼으로 독특하게 양식화된 연대감, 음악적 리듬 혹은 건축물과 같은 시각적 이미지의 구성물, 모든 사회적 제의 형태들, 몸과 전시의 의식, 전시의 과도하게 혹은 기념비적으로 과장

---

23) Hans-Thies Lehmann, 앞의 책, pp.22~23.
24) Hans-Thies Lehmann, 같은 책, p.25.
25) Hans-Thies Lehmann, 같은 책, p.68.

된 외양을 포함한다.[26] 레만은 포스트드라마 연극의 파노라마를 칸토르 (Tadeusz Cantor), 그뤼버(Klaus Michael Grüber), 윌슨의 공연을 통해 '의식 (ceremony)', '공간에서의 목소리(voice in space)', '풍경(landscape)'으로 접근한다. 그리고 나서 그는 포스트드라마 연극에서의 보편적 특징을 기호적인 관점에서 면밀히 들여다본다. '총체성의 철수(Retreat of Synthesis)', '몽환적 이미지(Dream Image)', '공감각(Synaesthesia)', '퍼포먼스 텍스트 (performance Text)'가 레만이 제기하고 있는 '포스트드라마 연극'의 기호적 특성이다.

〈그녀의 삶에 대한 시도들〉(촬영=Stephen Cummiskey)

'포스트드라마 연극'에 대해 레만이 전개하는 주장은 퍼포먼스 연극에 관한 기존의 논의가 간과하고 있는 미학적 측면을 일관된 관점으로 체계

---

26) Hans-Thies Lehmann, 같은 책, p.69.

적이며 세밀하게 밝혀냈다는 점에서 유효하다.

　첫째, 총체적 구조는 포기된다. 연극은 모종의 기호 현상으로 지각에 관한 논제가 담론 형태로 내재된다. 포스트드라마 연극은 그러한 논제를 총체적이고 밀폐된 지각 대신에 개방되고 파편화된 지각으로 요구한다. 즉, 일상의 경험의 혼돈을 흉내 내듯이 많은 기호들이 동시적으로 현실의 이중화처럼 제시된다. 그리고 이러한 변형 속에 드러나지 않은 유아론적 성향이 숨어 있게 된다. 모호함, 다원성, 동시성에 반응하며 총체성이 포기되는 순간 포스트드라마 연극은 강렬한 순간의 밀도를 성취한다. 새로운 연극은 다중적이고 복합적으로 순간적인 사건의 예술적 실행을 해체한다. 여기서 지각의 분해의 예술적 잠재성에 주의를 환기시키는 것은 바로 기술과 미디어의 분리와 분할 기능이다.[27]

　둘째, 무대의 담론은 꿈의 구조와 닮아 있으며, 창조자의 몽환의 세계를 말하는 것처럼 보인다. 꿈의 특징은 이미지들, 움직임, 말들이 위계를 이루지 않은 채 구성된 것이다. 몽상적 이미지는 논리적으로 구축된 사건의 구조보다 콜라주, 몽타주, 파편들을 닮은 질감에서 온다. 꿈은 반위계적인 연극 미학의 최상의 모델을 제공한다. 아르또나 프로이드가 말한 것처럼 무대의 기호들은 문자와 이미지 사이의 상형문자처럼 형태를 띤다.[28]

　셋째, 새로운 연극에서 공감각은 의사소통의 과정에 내재된다. 새로운 연극은 유기적 마무리에 대한 혐오와 극단, 왜곡, 불안정한 불확실과 역설을 선호하는 성향과 등가성과 같은 전통적인 매너리즘의 속성이 있다. 즉, 연상 대신에 전혀 다른 이질성이 발견되며, 이러한 상황에서 개별적 현상에 대한 강렬한 인식과 동시에 놀라운 발견으로 이끈다. 인간의 지각 기관은 불연속을 견디지 못하고 상상력을 활성화시켜 유사한 것, 관련된 것, 상응하는 것을 찾아 나선다. 관계된 것의 흔적을 탐색하면서 주어진 대상의 인

---

27)　Hans-Thies Lehmann, 같은 책, pp.82~83.
28)　Hans-Thies Lehmann, 같은 책, pp.83~84.

식에 대한 주체할 수 없는 집중이 동반되면서 관객은 보들리야르식의 유사성을 찾는다. 장면의 행위에 내재된 공감각은 의사소통의 과정을 위해 명료하게 표기된 명제가 되는 것이다.[29]

넷째, 퍼포먼스 텍스트는 재현보다는 현존을, 경험의 소통보다는 공유를, 결과보다는 과정을, 의미화보다는 표명을, 정보보다는 에너지의 충동을 추구한다. 언어적 텍스트, 무대화와 미장센의 텍스트, 퍼포먼스 텍스트 간의 차이는 확립되어 있다. 퍼포먼스 텍스트는 공연과 관객이 관계 맺는 방식, 시간과 공간적 상황, 사회적 차원에서의 공연이 이루어지는 장소와 공연의 진행 과정으로 구성된다. 또한 퍼포먼스의 밀도를 의미화의 차원으로 방법적으로 분류하지만, 그것은 벽돌을 쌓는 식이 아니라 실로 옷감을 짜듯이 구성된다. 즉 퍼포먼스 텍스트는 새로운 종류의 텍스트가 아니라, 단지 기호를 새롭게 사용하여 생긴 텍스트라고 할 수 있다. 새로운 기호의 사용은 다음의 열한 가지의 특성을 통해 살펴볼 수 있다: 반위계적인 병렬 구성(Parataxis/non-hierarchy), 동시 발생(Simultaneity), 기호의 밀도와의 유희(Play with the density of signs), 과잉(Plethora), 음악화(musicalization), 시노그라피-시각적 드라마투르기(Scenography, visual dramaturgy) 온기와 냉기(Warmth and coldness), 육체성(Physicality), 실재의 난입(Irruption of the real), 사건과 상황(Event and situation).[30]

레만이 거론하는 포스트드라마 연극의 특징은 기실 그가 포스트드라마 연극의 예로 거론해온 윌슨, 칸토르, 그뤼버, 케이지(John Cage), 커닝햄(Merce Cunningham), 파브르(Jan fabre), 리빙 씨어터(Living Theatre), 퍼포먼스 그룹(Performance Group), 우스터 그룹(Wooster Group), 컴플리시티(Complicité) 등의 세계적인 연출가와 극단, 그리고 최근 한국에서 공연을 했던 리 브루어(Lee Bruer), 므누슈킨(Ariane Mnouchkine), 브룩(Peter

---

29) Hans-Thies Lehmann, 같은 책, pp.84~85.
30) Hans-Thies Lehmann, 같은 책, pp.85~86.

Brook), 바를리코프스키(Krzysztof Warlikowski), 호벳(Sebastijan Horvat) 등의 공연의 풍경을 이루는 면모들이다. 이들 공연들은 '의식', '공간에서의 목소리의 반향', '풍경'으로 이루어진 포스트드라마 전경을 노골적으로 드러내며, 이와 함께 '총체성의 철수', '몽환적 이미지', '공감각', '퍼포먼스 텍스트'를 통해 미학적 특성을 공유하며 화려한 미장센을 전경화시킨다. 공연은 드라마의 요소를 거부하거나 축소시키는 대신 빛, 색, 음악, 동작, 에너지, 신체성, 몽환적 이미지 등으로 구성된 시청각적 드라마투르기로 미장센을 구성하며 관객의 감각을 활성화시킴으로써 소통한다. 여기서 우리는 이상의 미학적 특징들을 통해 레만 스스로가 포스트드라마를 '텍스트 문화에서 미디어 문화로 넘어가는 전이적 시점의 현상'으로 간파한 근거를 확인할 수 있다. 미디어 테크놀로지는 이상의 연출가와 극단의 공연 미학을 실현시키는 수단으로 그 형태를 감추거나 공연에 참여하고 있다. 포스트드라마 연극미학과 미디어 테크놀로지의 관계는 미디어가 인간 의식에서 시간과 공간을 제거하여 지구적 규모로 확장하였다는 맥루언의 주장을 극장이라는 공간에서 실현한 사례로 간주할 수 있다. 테크놀로지가 가져온 공연미학의 변화는 맥루언의 주장처럼, "우리의 모든 감각을 깊은 상호 작용 속에 참여시키는 촉각적, 청각적 미디어"[31]를 통해 관객의 신체적 참여를 독려하는 데서 발견된다.

3.2. 포스트드라마 연극과 미디어

텍스트, 공간, 시간, 몸과 함께 미디어는 포스트드라마 연극의 구성 요소이다. 레만은 미디어에 의해서 연극은 '모사적인 모방'이 아니라 의미

---

31) 마샬 맥루언, 앞의 책, p.466.

화의 예술적 형태로, 장소, 시간, 사람들을 모방하는 것이 아니라, 그러한 것들의 견고한 현실이 된다고 본다.[32] 레만이 관망하는 포스트드라마 연극에서의 미디어 사용법은 네 가지로 분류된다. 첫째, 미디어가 연극의 구상에 연관되지 않고 경우에 따라 단순히 사용된 경우, 둘째 미디어 기술이 연극 제작에 중요한 역할을 하지 않은 채 영감의 원천으로 사용된 경우, 셋째 연극의 특정한 형태를 구성하는 경우, 넷째 비디오 설치의 형태로 연극과 미디어가 만나는 경우이다.[33] 연출가들은 이상의 네 가지 형태를 상황에 따라 선택하지만, 레만이 포스트드라마 연극 양식에서 함축하고 있는 사용법은 두 번째와 세 번째 경우에 해당하며 미디어와 테크놀로지를 미학적 층위에서 결합한 경우로 간주할 수 있다. 레만이 거론하지 않은 네 번째 형태는 최근 공연 무대에 등장하는 하이퍼미디어 퍼포먼스에 해당한다.

위에서 언급한 것처럼, 포스트드라마 연극에서 미디어가 영감의 자원으로 활용된 예는 미디어가 미장센에 드러나지 않은 채 사용된 경우이다. 이 경우 미디어의 흔적은 "이미지의 빠른 연속, 전보문과 같은 대화의 속도, 텔레비전 코미디의 개그식의 정서, 텔레비전의 대중오락이나 영화 스타, 오락 산업, 대중문화에 대한 언급과 인용 등에서 발견된다."[34] 미디어와 테크놀로지가 특정한 형태를 구성하는 경우란 테크놀로지를 통해 앞서 언급한 기호학적 측면과 미학적 특성을 구성하는 포스트드라마 연극 전반에 해당한다. 미디어와 테크놀로지가 가능하게 한 것은 문자나 언어를 대신하여 시청각적 이미지가 관객의 관극 체험에 적극적으로 개입하며 지각의 소통을 성취하는 데서 발견된다. 기존의 드라마

---

32) Hans-Thies Lehmann, 앞의 책, p.167.
33) Hans-Thies Lehmann, 같은 책, pp.167~168.
34) Hans-Thies Lehmann, 같은 책, p.168.

말렌키 극단(Malenki Theatre) 〈지하철의 오리페우스〉 (ⓒ2010서울연극올림픽 집행위원회)

중심의 연극에서 시청각적 이미지가 드라마에 대해 보조적인 요소로 그친 것과 달리, 포스트드라마 연극에서 시청각적 이미지는 관객과의 소통을 주도하고 관객의 지각을 활성화시키는 매개체로 변모한다. 이러한 맥락에서 레만은 다음과 같은 질문을 던지고 이에 답하는 방식으로 미디어와 테크놀로지의 효용성을 역설한다. 즉, "왜 이미지가 우리를 더욱 매료시키는가?" "실재의 것과 상상의 것 사이에 선택을 하게 될 때 이미지를 쫓도록 시선을 유혹하는 마술적 매력은 어디에서 오는가?" 질문에 대한 답은 이렇다. "이미지는 실제 삶에서 떨어져 있고, 거기에는 바라봄으로써 즐거움을 얻게 하는 자유로운 무엇인가가 있다."[35] 레만의 질문은 계속된다. "그러한 위안을 거부하는 실천은 어디서 발판을 발견할 수 있는가?" "규모가 축소된 연극적 상황의 모델은 본다는 것의 속성 자체를 의

---

35) Hans-Thies Lehmann, 같은 책, p.170.

식적인 지각의 대상으로 어떻게 변모시킬 수 있는가?" 레만은 "또 다른 가상의 형태 안에서"라고 대답한다.[36]

　무대 위의 몸이 충족되지 않고 충족될 수도 없는 실재인데 비해, 레만이 주목하는 미디어 이미지는 재현에 머물러 있는 공허함이다. 그러나 '이미지는 관객에게 잃어버린 보물을 찾는 듯한 느낌을 갖게 하며, 공허함으로 관객을 유혹한다. 전자 이미지는 우상이다. 비디오에 나오는 얼굴이나 몸은 그 자체로 충분하다. 연극에 등장하는 실재하는 몸이 욕망의 기호인데 반해, 이미지는 결핍을 결여하지 않은 순수한 전경(foreground)이다'[37]. 이와 같이 레만은 철저하게 가상 실재의 시노그라피에 탐닉하고 있으며 그 점에서 그는 절대적인 탐미주의자이고, 보들리야르식의 시뮬라시옹의 예찬자이기도 하다. 그리고 그로 인해 레만은 정치적 현실, 혹은 사회적 현실을 외면한다는 혐의를 자초하게 된다. 레만의 관점은 연극 모두가 가상현실이라고 주장하는 것에서 더욱 명료해진다. 연극에서 실재를 배제해 버리는 대신 그는 재현이라든가 '번역 가능성(translatability)'을 연극의 본질적 속성으로 간주한다. 즉, 그는 삶이라는 것은 본질적으로 재현되는 대상이 아니다. 다만, 연극적으로 표현됨으로써 재현이 가능해질 수 있다고 주장한다.[38] 때문에 재현 가능성은 찰나적이며, 사라져야 하는 숙명에 처해있다. 그 맥락에서 레만은 재현 가능성(representability)을 '숙명'이라고 호칭한다. 그에 따르면 아리스토텔레스의 플롯은 하나의 만들어진 틀에 불과하다. 숙명은 이러한 틀을 초월한다. 같은 맥락에서 인간의 삶은 삶의 이미지를 강화하고 다양화시킴으로써

---

36)　Hans-Thies Lehmann, 같은 책, p.170.
37)　Hans-Thies Lehmann, 같은 책, p.171.
38)　Hans-Thies Lehmann, 같은 책, p.174.

만 숙명을 초월할 수 있다.[39] 미디어는 삶의 이미지를 강화시킬 수 있는 수단이며 삶을 연극으로 만들어냄으로써 숙명을 초월하게 한다. 연극적 상황을 이미지, 가상현실로 간주함으로써 레만은 배우들의 존재가 재현을 방해한다고까지 주장하고 만다. 이러한 레만의 주장은 윌슨의 공연을 위시한 포스트드라마 연극에서 배우들이 제스처로 축소되는 것에 대한 근거를 제시하는 듯하지만, 최근 공연 예술에서는 배우의 몸의 물질성을 이미지와 충돌시켜 연극성을 강화하기도 한다.

4. 미디어와 포스트드라마 연극 담론의 미래

기술과 미디어는 연극에 내재된 속성이다. 기실 연극이 시작된 시점에서부터 연극은 새로운 미디어에 대한 무한한 열정을 보여 주었다. 그리스 사람들은 공중에서 배우들을 이동시키는 디에스 엑스 매키나(deus ex machina), 숨겨진 장면을 관객에게 노출시키기 위해 사용된 수레인 엑시클레마(ekkyklema), 배경 전환을 위해 사용된 페리악토이(periaktoi)를 사용했다. 이후 연극이 실내로 들어오면서 무대 공간의 전환과 조명 장치의 발전은 당대 사회가 등장시킨 미디어 기술과 동행하여 왔다. 가스에서 전기로, 그리고 전자 매체로 변화된 당대의 기술들은 연극 미학과 밀접하게 관련을 맺으며 연극의 발전을 도모하였던 것이다. 최근 연극에서 테크놀로지와 미디어의 범람은 이들이 우리의 일상의 삶에 깊숙이 들어와 있다는 반증이기도 하다. 스크린이나 텔레비전, 비디오, 다양한 디지털 장치 등은 무대의 외적인 시공간을 무한하게 확장한다. 반대로 시공을 초월하여 인간의 내면으로 탐색하여 들어감으로써 심리적 공간을 창

---

39) Hans-Thies Lehmann, 같은 책, p.174.

출하기도 한다. '우스터 그룹'이나 미첼(Katie Mitchell)이 만든 무대처럼, 혹은 지난 해 서울에서 열린 '씨어터 올림픽'에서 공연된 샤우비네의 〈햄릿〉이나 〈아마릴로〉처럼, 인터미디어 프로덕션 과정을 고스란히 노출시키기도 한다. 이들은 비디오를 사용하여 무대에 등장하지 않는 인물을 불러오거나 극장 밖의 시공간을 무대에 끌어 들이기도 한다. 그리하여 가상의 인물과 가상의 공간을 무대 위에 실재하는 인물과 공간과 함께 공존시키기도 한다. 혹은 무대에 영상이나 그 밖의 테크놀로지를 이용하여 가상공간을 만듦으로써 무대 위의 배우와 가상공간의 이미지를 통합하고 분리하면서 관객의 시선을 현혹시키기도 한다. 그 과정에서 관객은 자신이 보는 것이 실재이든 가상현실이든 그것을 궁극적으로 구성하는 것은 응시를 통한 욕망이라는 것을 깨닫게 된다. 관객의 응시에 따라 가상의 몸 역시 실재하기도 하고 부재하기도 하게 된다. 결국, 이미지가 실재, 가상, 상상의 차원을 동질화시킨다고 할 수 있다.

레만의 『포스트드라마 연극』이 출판된 지도 10년의 세월이 지났다. 여전히 독자들은 본 저서가 포괄해 놓은 동시대 연극의 미학적 파노라마에 매료되기도 하고 비판적 시선을 보내기도 한다. 비판적 관점은 이 책이 미학적 논의에만 머무르고 있다는 점과 역사적 상황을 외면하고 있다는 데에 집중해 있는 듯하다. 포스트드라마 연극이 과연 기술이 진화시킨 연극인지에 대한 회의가 가장 핵심적인 논제라고 할 수 있다. 이에 대해 블리커(Maaike Bleeker)는 전래의 드라마 중심의 연극이 더 이상 시대의 현실을 재현할 수 없다는 한계에 부딪치면서 '포스트드라마 연극'이 출현하게 되었다는 레만의 의견에 동의한다. 그러나 그는 레만의 '포스트드라마 연극'에 대한 주장을 무조건 지지하기 보다는 그 한계 역시 지적하는 데서 신중함을 보여 준다. 즉, 블리커는 '포스트드라마 연극'이 관객으로 하여금 연극의 의미를 이해하게 하기보다는 시청각적인 이미지를 지각하게 함으로써 무대와의 직접적인 소통을 진작시키지만, 그러한 소통은 대체로 모호하거나 혼돈을 야기시킨다고 지적한다.[40] 때문에 그는 시청각적 이미지를 전체적인 관점을 통해 매우 특별한 방식의 틀로 구성하여 '어떻게 그러한지'를 보여주는 데 초점을 맞추어야 한다고 주장한다.[41] 그러한 주장을 통해 블리크는 미학적 혹은 양식적 측면에만 경도된 포스트드라마 연극의 특성을 의미론적 차원에서 보완하여 관객과의 소통을 효율적으로 탐색하여야 한다는 제안을 하고 있는 것이다. 한편 버링거는 연극이 더 이상 아방가르드의 임무를 완성할 수 없다면, 그리하여 역사적 과업을 변경해야만 한다면, 적어도 '라 마마(La Mama)'가 몸의 에너지와 건축물의 연극성 사이의 상징적 관계를 탐색하듯이 시뮬레이션과 인식 사이의 한계를 탐구해야 한다고 주장한다. 이는 본고의 2.2에서 인용한 뵈니쉬와 레너의 주장과 상통하는 관점이기도 하다. 버링거는 인터미디어 퍼포먼스 연극 자체에 대해 혹은 배우의 존재가 왜곡된 데에 대해 포스트모던 사회의 물신화 현상의 맥락을 들추어내야 한다고 주장한다. 멀티미디어 매체가 스스로를 재현하지 않도록 주의하면서, 그러한 자기 반영에 저항하면서 우리 사회가 오늘날 겪고 있는 사회적 주체의 재현에 대한 변화하는 상황을 보여주어야 한다고 주장하는 데서 버링거는 신랄한 공격성마저 띤다.[42] 뵈니쉬, 레너, 블리커, 버링거의 주장은 레만의 진술에 대한 제안뿐 아니라 포스트모던 연극 일반에 적용되는 것이기도 하다. 블리커와 버링거의 주장은 포스트드라마 연극이 실

---

40) Maaike Bleeker, "Look Who's Looking!: Perspective and the Paradox of Postdramatic Subjectivity", *The Research International*, 29:1 (2004), p.29.

41) Maaike Bleeker, 앞의 글, p.33.

42) Johannes Birringer, *Theatre, Theory, Postmodernism*, Indianapolis: Indiana Up., 1992, p.180.

재를 배제하고 지나치게 이미지에 집착하고 있다는 것에 대한 비판으로 해석될 수 있다. 이에 대해 아우스랜더의 관점은 또 다른 관점을 제기한다. 즉, 미디어에 의해 매개된 공연이나 퍼포먼스와 같이 실재 혹은 현장성이 강조된 공연은 따로 구분될 수 없다는 것이다.[43] 결국, 포스트드라마 연극의 형태를 취하더라도 공연이 궁극적으로 의도하는 것에 대한 문제의식과 그것에 대한 효율적인 양식 구축이 포스트드라마 연극 혹은 포스트모던 퍼포먼스가 지닌 함정을 피해갈 수 있는 방법임을 잊어서는 안된다.

43) Philip Auslander, "Live and Technologically Mediated Performance", *Performance Studies*, Ed. Tracy C. Davis, Cambridge: Cambridge Up., p.112, 117.

▎참고문헌

리오타르, 장-프랑수아, 『포스트모던적 조건』, 이현복 역, 서광사, 1992

마노비치, 레프, 『뉴미디어의 언어』, 서정신 역, 생각의 나무, 2004

맥루언, 마샬, 『미디어의 이해』, 김성기·이한우 역, 민음사, 2002.

보들리야르, 장, 『시뮬라시옹』, 하태환 역, 민음사, 1992

볼터, 제이 데이비드/그루신, 리처드, 『재매개: 뉴미디어의 계보학』, 이재현 역, 커
 뮤니케이션북스, 2006.

Auslander, Philip, *Liveness: Performance in a Mediatized Culture*, 2nd Ed. (First ed. 1999).
 London and New York: Routledge, 2008.

_____, "Live and Technologically Mediated Performance", *Performance Studies*, Ed. Tracy
 C. Davis, Cambridge: Cambridge Up. 2008. pp.107~119.

Birringer, Johanes, "Contemporary Performance/Technology", *Theatre Journal* 51, December
 1999, pp.361~381.

Bleeker, Maaike, "Look Who's Looking!: Perspective and the Paradox of Postdrmatic
 Subjectivity", *Theatre Research International* 29:1, 2004, pp.29~41.

Boenisch, Peter M., "CoMedia electrONica: Performaing Intermediality in Contemporary
 Theatre", Theatre Research 28:1, 2003, pp.34~45.

_____, "Aesthetic Art to Aisthetic Act: Theatre, Media, Intermedial Performance",
 Intermediality in Theatre and Performance, Eds. Freda Chapple, Cheil Kattenbelt.
 Amsterdem & New York: Rodopi, 2007, pp.103~116.

Chapple, Freda, Chiel Kattenbelt. "Key Issues in Intermediality in Theatre and Performance",
 Intermediality in Theatre and Performance. Eds. Freda Chapple, Cheil Kattenbelt.
 Amsterdem & New York: Rodopi, 2007. pp.11~25.

Freeman, John, *New Performance/New Writing*, London: Macmillan, 2007

Lehmann, Hans-Thies, *Postdramatic Theatre*, Trans. Karen Jürs-Munby, London:

Routledge, 2006.

McLuhan, Hebert Mashall, *The Gutenberg Galaxy: The Making of Typographic Man*, New York: Routledge, 1962.

Renner, Rolf, G., "Intermediality and the Simulation of Space", *Seminar: A Journal of Germanic Studies* Vol. 43: 4, November 2007, pp.385~397.

Saltz, David. Z., "Live Media: Interactive Technology and Theatre", *Theatre Topics* Vol. 11, September 2001, pp.107~130.

Waltz, Gwendolyn. "Filmed Scenery on the Live Stage", *Theatre Journal* Volume 58: 4, December 2006, pp.547~573.

포스트드라마 연극의 서사적 특징
- '이야기'할 수 없는 것을 이야기'하기'

최성희

1. 포스트드라마 연극과 서사의 양면성

인간은 과거를 현재에 구현하는 서사방식을 통해 미래를 만들어 가는 존재이다. 실재 또는 상상적 과거의 사건들이 시간적 흐름을 지닌 하나의 연속체로 구성된 서사적 통합을 통해 주체의 기억 속에서 재구성됨으로써 개인은 자아의 정체성을, 집단은 집합적 정체성을 구성한다. 요컨대 서사는 우리의 과거, 현재, 미래를 연결하는 '관통선(through-line)'이다. 문화(context) 자체가 하나의 거대한 서사(text)라는 인식이 확장되면서 서사에 대한 연구가 문학의 범주를 넘어 철학, 역사, 인류학, 심리학, 법학, 의학 등의 다양한 학문분야로 확장되고 있다. 인간의 사고와 행동에서 서사/스토리가 차지하는 전방위적 비중과 무소부재함(narrative ubiquity)은 서사가 오늘날 강조되고 있는 학제 간 연구의 교차점이자 핵심적 영역이 될 수 있음을 말해준다.

민족, 인종, 젠더 등 전통적인 가치와 규범이 해체된 초민족적인 글로벌 시대의 도래는 그 동안 우리 자신을 규정해왔던 개인적 혹은 집단적 정체성을 자기반영적으로 성찰하게 만들었다. '정체성의 위기'는 그러나 동시에 새로운 개념의 정체성, 그 정체성 형성을 위한 문화적 예술적 형태를 모색하게 하는 기회를 제공하였으며 새로운 정체성을 구성하고 담을 수 있는 새로운 서사에 대한 다양한 실험을 추동하였다. 서사란 사실/진실의 있는 그대로의 재현이 아닌 주체의 의식적 또는 무의식적 의지와 욕망에 따라 사실과 경험을 허구적으로 구성해내는 서술 행위이다. 선택과 배제의 과정을 통해 형성된 서사/정체성은 그러므로 고정불변의 것이 아니라 유동적이고 가변적이며 하나의 단일한 통합의 형태라기보다는 다양한 기억/목소리들이 갈등하고 대립하는 장이다. 정체성은 이런 다양한 서사들이 통합과 갈등을 일으키며 구축해가는 역동적인 과정으로 이해해야 한다.

객관적 진실과 역사의 연속성에 대한 믿음의 상실은 서사의 내용보다는 과거와 기억을 재현하는 서사의 방법에 더욱 주목하게 하였으며 특히 집단 서사와 개인 서사를 이어주는 다양한 매체에 대한 연구가 활발해졌다. 정체성이란 거창한 이념이라기보다는 특정한 물질적 매체를 통해 반복되어지는 재현의 과정이기 때문이다. "미디어가 메시지다"라는 맥루한의 선언은 여기에도 적용된다. 따라서 서사가 전달하려는 내용보다는 내용을 전달하는 매체의 물질성이 더욱 중요해지고, '무엇을 기억하느냐'에서 '어떻게 기억하는가'로 문제의 초점이 옮겨지게 되었다.

문화/예술의 역할은 사회 구성원들에게 정체성을 구성할 의미를 부단히 공급하는 것인 동시에 그 정체성이 닫힌 의미체계로 고정되지 않도록 정체성의 경계를 끊임없이 개방하는 것이다. 그러므로 정체성의 형성과 와해는 배타적 대립관계가 아니라 서로가 서로에게 열어놓는 변화와 생성의 '과정'으로 이해되어야 한다. 이와 같은 맥락에서 문화/예술은 저장 메커니즘과 변형 메커니즘에 의해 동시에 작동된다. 문화적 서사는 의미의 안정성을 보증할 뿐 아니라 변형을 알리는 생성 가능성도 제시한다. 이처럼 보존과 변형이라는 서사의 이중적 속성 속에서 문화의 충돌과 협상 그리고 변용이 이루어진다. 연극의 역사 역시 의미의 분산을 막고 문화의 동일성을 보존하려는 저장 기능(구심력)의 텍스트와, 변형의 새로운 메커니즘(원심력)을 제시하는 창조적 텍스트 간의 대결과 협상의 역사로 요약될 수 있으며 포스트드라마 연극은 바로 이러한 텍스트의 '원심력'이 극대화된 가장 최근의 사례라고 말할 수 있다. 그러므로 포스트드라마 연극은 연극사에 작용했던 그 이전의 원심력(브레히트의 서사극, 베케트의 부조리극, 이오네스코의 반연극)의 자기장 안에 놓여 있음과 동시에 포스트모더니즘과 후기자본주의 그리고 기술문화의 도래라는 새로운 환경이 초래한 추가적 원심력이 보태어져 텍스트/희곡의 중심성으로부터 더욱 멀어진 형태의 연극으로 볼 수 있다.

포스트드라마 연극미학은 유럽대륙을 중심으로 형성, 진행되어 온 담론으로 1999년 독일의 연극학자인 레만의 저서 『포스트드라마 연극』이 여러 나라에서 출판되면서 그 용어가 널리 알려지게 되었다(영어판 번역은 2006년). 1950년대 이후 '부조리극'을 논하려면 이 용어를 처음으로 주조하고 정의했던 마틴 에슬린의 저서 『부조리극(*Theatre of the Absurd*)』에서 출발해야 했던 것처럼 1990년대 이후 동시대 연극의 화두이자 중심지형으로 자리 잡고 있는 포스트드라마 연극을 논하기 위해서는 '포스트드라마 연극'을 처음으로 정의하고 개념화한 레만의 저서에서 출발할 수밖에 없다. 레만의 저서는–에슬린의 저서와 마찬가지로–'포스트드라마란 이런 것이다'라는 규범적/지시적(prescriptive) 설명이라기 보다는 다양한 형태로 광범위하게 퍼져 행해지고 있는 동시대 연극(들)에서 발견되는 공통적 특성을 조심스럽게 '발견'하고 이를 설명, 정리, 해석하는 기술적/묘사적(descriptive) 서술을 수행한다. 따라서 그의 저서에서 출발하여 포스트드라마 연극 담론을 발전시키려는 우리의 노력 역시 "이것이다" 혹은 "이것이어야 한다"라는 단정과 선언보다는 보다 신중한 탐구적, 시험적, 한시적 입장을 견지해야 할 것이다(사실 연역적이 아닌 귀납적인 연극비평의 근원은 아리스토텔레스의 『시학』으로까지 거슬러 올라간다).

레만은 포스트드라마 연극을 성급히 정의하지도, 서두에 하나의 통합적 패러다임을 구축한 뒤 현존하는 공연들을 그 틀에 끼워 맞추지도 않는다. 그는 (1950년대 부조리극이 그러했듯이) 광범위하게 흩어져 있는 포스트드라마적 연극 현상을 규명하고 정리하기 위해 우선 아방가르드 연극의 역사화/맥락화 작업을 수행한다. "선사(Prehistory)"라는 제목의 장은 현대 연극의 근원으로 되돌아가 헤겔의 미학을 비판적으로 검토하고 초현실주의에서 슈타인에 이르는 역사적 아방가르드와 네오아방가르드의 역사를 망라하고 있다. 레만이 사용하고 있는 용어 '포스트드라마 연극'은 두 가지 범주를 아우른다. 첫 번째 광의의 범주는 이전까지 '퍼포먼스' '퍼포먼스 아트' 등의 다양한 이름으로 불리우던 것의 새로운 별칭으로 역사적 아방가르드, 네오아방가르드의 연장선상에 위치하는 연극적 흐름을 의미한다. 그러므로 이 광의의 범주로서의 포스트드라마는 20세기 초에 이미 시작되었다고 해야 할 것이다. 두 번째 범주는 1980년대 이후에 출현한 현상으로 이전의 아방가르드의 전통을 이어가면서도 분명한 단절과 차이를 보이는 협의의 포스트드라마 연극이다. 레만의 논의는 이 두 가지 범주를 모두 아우르면서 진행되기도 하고 동시대 연극의 형식적 특징을 선명하게 하기 위해 두 범주 간의 차이를 강조하기도 하면서 진행된다. 포스트드라마 연극의 서사적 특징을 논하는 이 글에서도 역사적 아방가르드의 연장으로서의 포스트드라마의 성격과 이와 단절하여 새로운 방향으로 진입한 동시대 연극의 특징을 구별하여 논할 것이다.

이 글의 또 하나의 키워드인 '서사' 역시 두 가지 범주를 포함한다. 하나는 서사/이야기의 내용이요 다른 하나는 서사/이야기의 방식 또는 이야기 '하기'의 행위 자체이다. 이 글의 부제가 말해주듯 포스트드라마는 '이야기'(첫째 범주)할 수 없는 것을 이야기 '하기'(둘째 범주)로 요약될 수 있다. 첫째 범주의 중요성이 전통적 연극에 비해 현격하게 축소된 반면 둘째 범주가 그 어느 때보다 전경화된 연극이라면 (일반적인 예상과 다르게) 포스트드라마 연극에서 서사가 차지하는 비중과 중요성은 (여전히) 결정적이고 핵심적이라는 역설이 가능해진다. 사실 이렇게 범주를 나누면서까지 변치 않는 '서사'의 중요성을 강조하려는 까닭은 제 아무리 서사의 내용과 형식, 서사의 상부구조와 하부구조가 변천한다고 해도 인간 존재와 인식의 핵심에 서사가 자리 잡고 있다는 필자 개인의 믿음 때문인지도 모른다. 논문도 비평도 결국은 내러티브 구조를 벗어날 수 없다. 그래서 '내레이터'의 주체로부터도 자유로울 수 없다. 그 주체가 (후기구조주의자들의 주장처럼) 개인이 아닌 언어와 무의식, 그리고 이데올로기의 구조에 의해 구성되고 조작되었다고 해도 그렇다. 더 근본적인 아이러니는 연극과 예술이 안정적인 내러티브로부터 멀어지면 멀어질수록 이에 대한 해석(이는 또다시 처음, 중간, 끝이라는 서사의 구조, 의미라는 서사의 소실점으로 귀환한다)의 책임과 집착은 더욱 커지게 된다는 것이다. 연극무대가 '의미'의 억압으로부터 우리를 해방시킨다 해도 결국 우리는 (더더욱 비평가는) 결코 '의미'의 짐으로부터 자유로울 수 없으며 모든 의미와 의미의 소통은–의미의 궁극적인 무의미함을 주장하는 경우에도–서사의 첫째 범주와 둘째 범주 모두를 동반할 수밖에 없다.

서사의 내용과 서사의 행위이라는 두 가지 범주를 좀 더 세분화하면 다음의 네 가지로 나누어진다. 1)스토리(what to tell): 처음, 중간, 끝으로 정리될 수 있는 이야기의 내용 2)플롯(how to tell): 이야기의 구조, 배치, 형식 3)스토리텔링(telling): 말하기 행위, 공연/배우의 수행성, 현상학적 몸 4)의미(meaning): 위 스토리, 플롯, 텔링(공연)의 결과물, 즉 참여자의 기억에 정리되고 구성되는 의미. 서사가 이 네 가지 범주를 모두 포함할 때 1번의 실종은 오히려 2번, 3번, 4번을 더욱 치열하고 집중적으로 천착하게 만들고 결과적으로 포스트드라마 연극에서 서사의 '총합'은 (1번의 약화 또는 실종에도 불구하고) 오히려 더욱 증대되었다고 말할 수 있다. 연출도 연기도 결국 그 자체로 하나의 내러티브다. 이 글은 이러한 관점에서 포스트드라마 연극과 서사의 상관관계를 조명해 보고자 한다.

2. 포스트드라마 연극의 서사적 특징
2.1. 포스트드라마 연극의 개념과 범주

레만은 "포스트드라마 연극의 파노라마"라는 제목의 장에 이르러서야 동시대 유럽과 미국 각지에 퍼져있는 공연의 사례들을 조심스럽게 분석하면서 이들 사이에서 발견되는 공통적 특징들을 열거한다. 칸토르, 그뤼버, 윌슨의 작업을 통해 그는 동시대 연극이 지나온 경로(path)를 추적하고 이를 다시 보다 최근의 현상들—Forced Entertainment나 Complicite 같은 젊은 극단들의 작업—과 비교하여 교집합을 도출해 냄으로써 전 세대와 현 세대의 포스트드라마 연극이 보여주는 보편적 특징을 서술한다. 레만이 강조하는 포스트드라아 연극의 대표적인 특징은 다음과 같다.

1)탈위계(non-hierarchy)-공연미학의 제반 요소들이 동등한 중요성/비중을 갖는다. 텍스트는 여러 요소 중 하나일 뿐 결코 중심적인 비중을 차지하지 않는다. 2)감각의 과잉(plethora)-텍스트가 내어준 자리에 다양한 감각들이 과잉적으로 흘러넘침으로서 관객을 혼돈과 선택의 순간으로 몰아간다. 3)현실의 난입(irruption of the real)-텍스트의 허구성/인위성/결정성 대신 연극은 공연의 현존과 현실의 난입에 개방되어 있다.

지난 수십 년간 유럽과 미국에서 등장한 실험적 연극이 그 다양성과 차이점에도 불구하고 공유하고 있는 뚜렷한 특징들을 범박하게 요약하면 드라마 텍스트 중심에서 이벤트 중심의 공연으로의 전환, 재현을 넘어 현존/경험 자체로의 이동, 몸, 이미지, 소리가 연극의 중심으로서의 텍스트를 대체하는 연극으로 설명될 수 있다. 공연의 제반 요소 간에 존재하던 위계질서가 사라지고 저마다 동등한 중요성과 독자성을 가지고 전경화되면서 질서정연한 서사가 아닌 의도적인 과잉과 혼돈이 무대를 메우고 관객은 주어진 의미가 아닌 자신의 선택과 해석을 통한 최종 의미를 스스로 구성해 낼 것을 요청받는다. 레만은 특히 이 새로운 연극이 '재현' 이후의 연극이라는 점을 강조한다. 배우는 캐릭터를 재현하지 않고 텍스트는 상황을 재현하지 않고 무대는 장소를 재현하지 않는다. 무엇보다 포스트드라마 연극은 이야기의 기본구조라 할 수 있는 시간의 흐름을 구성하지 않는다. 그래서 레만은 포스트드라마의 시간은 현실의 시간이 아닌 꿈의 시간에 가깝다고 말한다. 그러나 다른 한편으로는 배우가 허구의 인물이 아닌 이야기의 '전달자(text-deliverer)'인 내레이터가 되고 텍스트가 허구적 다이아로그가 아닌 생중계 내레이션(text-to-be-spoken)이 된다는 점에서 포스트드라마 연극은 더욱 '서사적'이 된다. 연극을 "이야기하기의 과정 그 자체(the very process of telling)"로 바꾸는 포스트드라마는 레만이 서술하듯 "장면의 재현이 아닌 텍스트의 내레이션(not a scenic representation but a narration of the play presented)"이기 때문이다(109).

레만의 연구는 현대연극의 위기를 전통적 아리스토텔리스적 연극(dramatic theatre)과 현대의 서사적 연극(epic theatre) 간의 긴장의 증가에서 찾았던 피터 스촌디의 연구에 대한 비판적 계승이라고 할 수 있다. 스촌디는 전통적 드라마의 형식주의를 비판하면서 드라마의 역사를 형식과 내용 사이의 변증법으로 이론화하였다. 그는 드라마를 특정 시대(영국의 엘리자베스 시대, 프랑스와 독일의 17세기)의 개념적 산물로 보고 드라마적 연극의 미학은 "중세의 몰락 이후 극중 인물과의 'interpersonal' 관계를 통해 구성된 자아정체성을 기반으로 미학적 리얼리티를 구축하려는 새로운 종류의 자의식적 수요에 따른 것"이었다고 주장하였다. 그는 이러한 시대적 요구가 탄생시킨 "절대적 드라마(absolute drama)"의 특징을 interpersonal 소통인 대화(dialogue)의 지배적 위치, (관객과 작가를 포함한) 외부세계(external world)의 배제, 선형적 시간의 흐름, 삼일치에 대한 집착으로 규정한다. 스촌디에 의하면 19세기 말(입센, 체홉, 스트린베리히, 메테를링크, 하우프트만)에 오면 이러한 "절대적 드라마"의 이상이 심각한 압력을 받게되고 interpersonal에 중심을 둔 "절대적 드라마의 자족적 형식(self-contained absolute form of drama)"과 새로운 사회적, 정치경제적, 철학적 주체들 사이에서 심각한 균열이 생기게 된다. 그 이후 20세기의 드라마들은 근본적으로 이러한 "드라마의 위기"에 대한 응답이자 도전이었다. 자연주의, 표현주의, 실존주의 작품들은 모두 (여전히 드라마 형식에 의존하고 있었지만) 변화된 주체를 담을 수 있는 새로운 형식을 찾고자하는 시도였다. 스촌디는 피스카토르, 브레히트, 피란델로, 오닐, 와일더, 밀러의 작품을 "서사적 주체(Epic I)"의 개념을 드라마에 도입한 "시험적 해결책(tentative solutions)"으로 설명한다.

레만의 연구는 스촌디의 이론적 계승인 동시에 헤겔주의에 입각한 스촌디의 연구에 대한 비판적 수정이라고 할 수 있다. 그는 스촌디의 헤겔주의적 설명(정: 아리스토텔레스, 반: 서사극)이 20세기 연극 발전의 복합성을 담아내기에는 지나치게 단순하고 제한적이라고 말한다. 연극사의 발전을 두 세력의 대결구도로 접근하는 이같은 방식은 브레히트의 서사극을 결정적인 역사적 변환으로 특권화하는 오류를 범할 뿐 아니라 연극을 여전히 드라마의 변화양상에 따른 종속적 현상으로 제한함으로써 "드라마 없는 연극(theatre without drama)"의 가능성을 애초에 배제하고 있다는 것이다. 레만은 또한 헤겔의 드라마 개념 자체를 해체적으로 읽어내면서 미와 윤리의 결합체로서의 드라마라는 그의 개념이 그 출발부터 모순과 갈등을 배태하고 있었음을 지적하고 따라서 드라마의 위기는 그 탄생부터 예견된 것이었다고 주장한다. 미와 윤리 등 '물질성'을 배제한 형이상학적 요소를 본질적 구성요건으로 삼은 드라마와 실제 인간의 몸을 입고 구현되는 공연 사이에는 처음부터 내부적 폭발과 소멸을 지시하는 모순과 갈등이 내재해 있었다는 것이다.

레만에 의하면 서사극과 포스트드라마 연극 사이에는 "범주적(categorical) 차이"가 존재한다. 브레히트의 서사극이 여전히 허구적 인물의 재현으로부터 비판적 거리를 둠으로써 그것이 표상하는 사회문제에 대한 비판의식을 고취하고자 했다면 포스트드라마에서는 무언가에 대한 의식적이고 체계적인 '거부'나 '저항'을 발견하기 어렵다. 포스트드라마 연극에는 기존의 아방가르드와 반사실주의극이 전통을 거부하고 재현을 거부하고 극장이라는 제도를 거부하면서 보여줬던 비장한 사명감이나 확고한 저항이 부재한다. 포스트드라마 연극엔 전달할 의미도, 설득해야 할 명분도, 이해시켜야 할 진실도 없다. 단지 배우와 관객의 '현존' 자체에 대한 의문과 성찰을 유도할 뿐이다. 레만이 포스트드라마 연극으로 분류하는 공연들은 일상에서 간과되거나 감추어진 불안, 압력, 쾌락, 패러독스, 변태의 극단적 형태를 1)무대 위에 몸으로 쓰거나 2)감정이 배제된 언어/기호의 물질성만으로 전달한다. 배우와 관객이 상호교류하는 것은 의미도, 명분도, 진리도 아닌 감각과 에너지로 충만한 현존이다.

전통적 드라마(dramatic) 연극이 무대 위에 재현하는 "실제 삶"이란 실은 이미지를 도구삼아 특정한 신념과 메시지를 전달하는 것이라고 보는 이 새로운 연극은 전통적인 재현의 방식을 자극과 에너지로 충만한 즉각적 경험으로 대체한다. 극중 인물 속에서 자아를 발견하기보다는 관객 스스로가 인식 행위의 주체가 되도록 하고, 처음, 중간, 끝으로 이루어지는 서사적 재현의 '완결판'을 제공하기보다 인식에 이르는 과정 자체를 촉발하고자 한다. 희곡은 완성된 '작품'이라기보다 연극성을 촉발하는 하나의 출발점/시나리오이며 이때의 연극성은 독립적 예술행위 또는 삶의 메타포로 접근되기보다는 관객을 인식의 대상을 스스로 구성하는 '주체'로 포섭하기 위한 방식으로 이해된다. 연극의 미메시스적 기능보다는 디에게시스적 기능이 더 강조된다. 그러나 미메시스적 기능이 극단적으로 부정된다기보다는 연극적 미메시스의 대상 자체가 변화했다고 할 수 있다. 이제 연극은 무엇보다 인간의 의식적 또는 무의식적 인지의 (결과가 아닌) 과정, 또는 그 과정에 대한 미메시스가 되고 있다.

2.2. 서사의 무게중심: 스토리–스토리텔러–스토리텔링으로의 전환

포스트드라마의 출현은 연극과 희곡의 관계뿐 아니라 보다 근본적으로 연기 자체(연기자와 희곡의 관계)에 대한 도전을 제기하였다. 포스트드라마 연극은 희곡작품 속의 인물을 무대 위에 '구현'함으로써 현실의 일루전을 창조하는 스타니슬라브스키의 메소드 연기법의 대척점에 위치한다. 이는 브레히트의 서사적 연기에서 출발한 것으로 이해될 수 있지만 브레히트의 연기가 여전히 일관된 이야기의 소통이라는 큰 틀에 머물면서 관객의 성찰을 위해 인물(이야기의 세계)을 '제시'하는 데 중점을 두었다면 포스트드라마 연극는 관객의 성찰의 대상으로 배우의 '현존'을 제시한다. 요컨대 스토리-스토리텔러-스토리텔링의 스펙트럼에서 스토리 자체의 성격이나 내용보다는 스토리와 스토리텔러(배우)의 관계가 더욱 중요하고, 더 나아가 그로토우스키, 오픈 씨어터, 리빙 씨어터 등의 아방가르드 작업이 스토리텔러인 배우에게 집중한 것과 달리 포스트드라마 연극은 배우 개인보다는 스토리텔링이라는 행위 자체가 강조되는 연극이다.

중요한 것은 스토리보다 텔러와 텔링이 강조된다고 해서 텍스트 자체를 배제하는 것은 아니라는 것이다. 레만 역시 포스트(post)드라마 연극과 "반연극(anti-play)"을 혼동하지 말것을 당부한다. 드라마/텍스트의 범위를 공연 이전 또는 이후 기록된(written) 형태로 남겨진 결과물(artifact)로 확장시킬 때 포스트드라마 연극에서 텍스트는 의식적 배척 또는 정치적 해체의 대상이라기보다는 연극적 사건/경험을 구성하는 다른 많은 요소들과 '동등한' 위치를 차지하고 있는 중요한 요소이다. 이는 레만이 "요소들(Aspects)"이라는 제목의 장에서 포스트드라마를 구성하는 5개의 핵심요소를 다루면서 텍스트를 가장 먼저 다루고 있는 사실에서도 확인할 수 있다. 실제로 그는 포스트드라마 연극의 예로 로버트 윌슨과 같은 이미지 연극, 리허설의 과정을 통해 공동의 텍스트를 창안하는 Complicité

와 같은 그룹뿐만 아니라 리처드 맥스웰, 리처드 포먼, 하이너 뮐러 같이 극작가로서의 정체성을 스스로에게 부여하는 예술가들의 작업을 함께 소개하고 있다. 이들은 자신의 무대작업을 출판물의 형태로 기록하거나 무대적 상상력의 출발점(도약대)으로 희곡 텍스트를 사용한다.

2.3. 포스트드라마 텍스트: 두 개의 사례

포스트드라마라는 용어는 비단 즉흥성, 현장성의 연극, 연출가의 연극으로 한정되지 않는다. 많은 동시대의 희곡들이 그 자체로 기존의 드라마의 형식을 파격적으로 탈피하고 있기 때문이다. 한트케의 〈관객모독〉, 뮐러의 〈햄릿머신〉, 사라 케인의 〈4:48 싸이코시스〉 등의 작품들은 희곡 자체로 이야기'하기'의 방식에 근본적인 변화를 노정한다. 이들 작품들은 배우가 인물이 되는 사실주의적인 연기 자체를 불가능하게 만들고 자주 화자(teller)가 누구인지조차 분간하기 어렵게 만든다. 이들 텍스트의 의도적 '불확정성'은 연출가/배우의 적극적인 해석과 창조뿐 아니라 새로운 미디어/기술과의 접목에 활짝 열려있다.[1] 짜여진 드라마를 넘어서는(post) 이들 포스트드라마는 연기를 사유하고 공연 자체를 성찰하는 메타연극이기도 하다.

---

[1] 레만이 기술정보화시대의 도래를 포스트드라마 연극의 핵심적 문화적 환경으로 지목할만큼 미디어 기술과의 접목은 포스트드라마의 중요한 특징 중 하나이다. 많은 작품들이 기술력이 창조한 버추얼 리얼리티의 공간에서 이루어지고 이미지와 텍스트가 스크린에 투사되거나 배우는 상대 배우가 아닌 기계화된 사운드와 소통하거나 대화한다. 공연자의 몸에 투사된 이미지는 시각적 가면(페르소나)을, 기계로 처리되거나 왜곡된 배우의 육성은 청각적 가면의 역할을 한다. 미디어타이즈드(being seen/spoken through media rather than as actively speaking themselves) 공연이 제기하고자 하는 질문, 성취하고자 하는 효과는 몸의 현존과 기술로 매개된 버추얼 간의 긴장과 갈등을 통한 자아정체성에 대한 성찰과 재정의이다.

웰컴 스트레인저 극단 〈그녀의 삶에 대한 시도들〉 공연포스터

대표적인 포스트드라마 극작가로는 독일어권에서는 뮐러와 엘리넥이 자주 거론되고 영미권에서는 사라 케인, 마틴 크림프, 수잔 로리 팍스 등을 꼽을 수 있는데 (여기에 폴라 보걸과 성노의 작품 몇 개를 추가할 수 있을 것이다) 데이비드 바넷은 논문 「언제 희곡은 드라마가 아닌가?: 포스트드라마 연극 텍스트의 두 사례」에서 마틴 크림프의 〈그녀의 삶에 대한 시도들(*Attempts on Her Life*)〉과 사라 케인의 〈4:48 싸이코시스〉를 영미권의 대표적인 포스트드라마 연극 텍스트로 제시한다. 바넷은 포스트드라마의 '포스트'란 시대적 범주도, 시간을 나타내는 '이후'의 뜻도, 드라마의 '과거'를 잊는다는 의미도 아니며 오히려 드라마와의 "지속적 관계"를 위한 적극적인 충돌과 극복의 의미이자 드라마에 대한 분석과 성찰의 의

미로 이해되어야 한다고 주장한다(2). '포스트'는 완전한 단절이 아닌 드라마의 고정된 범주를 '넘어선다'는 것을 의미한다. 그러나 단지 또 하나의 메타드라마의 출현으로 보기에는 포스트드라마가 보여주는 단절과 극복의 범위와 파장이 크다는 것이 바넷의 입장이다. 바넷은 포스트드라마를 그 이전과는 전혀 다른 새로운 패러다임으로 규정하면서 기존의 서사적 구조, 극적 재현, 시간의 구조 모두를 무너뜨리고 있는 크림프와 케인의 작품에서 그 구체적 특징을 찾고 있다. 그는 이들 텍스트에 내재한 재현에 대한 제한과 통제가 기존의 드라마(dramatic) 연극에서 허용하는 텍스트에 대한 해석의 자유와 근본적으로 차별화됨을 강조한다.

전통적인 드라마 연극은 시간의 구성과 사건의 재현이라는 두 개의 심층구조로 이루어진다. 이 때 사건의 재현은 아리스토텔레스의 미메시스(행위의 모방)에 상응하는 개념으로 미메시스의 문제점은 현실은 선택적으로 배열하고 주관적으로 구성한다는 것, 그래서 현실의 복합성을 단순화된 형태로 축소시킨다는 것이다. 재현의 이러한 근본적 문제점을 해결하기 위해 많은 극작가들의 다양한 노력을 기울여 왔다. 피란델로는 〈작가를 찾는 여섯 명의 인물들〉에서 극적 연극의 재현의 전략에 의해 축소되고 왜곡되는 그들의 '리얼리티'가 늘 억압받을 수밖에 없음을 폭로하였고, 브레히트는 재현의 과정에 이데올로기의 구조가 개입되고 조종하는 방식을 드러내고자 했다. 두 극작가 모두 극적 연극의 방식을 차용하여 드라마 연극과 그 재현방식에 의문을 제기한 것이다. 재현을 이용해 그 자체의 허점을 지적함으로써 동시에 자신의 작품 역시 재현의 한계에 갇혀있음을 암시한 것이다.

반면 포스트드라마 연극은 심층적 의미의 부담으로부터 해방된 얇고 넓은 의미의 "표피(surface)"에 머물고 있다. 바넷은 이전의 집중적이고 깊은 정서를 대체하고 있는 이러한 새로운 감수성이 시간과 공간의 압축을 가능하게 한 현대 기술의 발달과 관련이 있다고 말한다. 제트기, 인터넷, 아이폰 등의 기술정보혁명과 매스미디어는 거리와 시간에 대한 전통적 개념을 근본적으로 바꾸어 놓았고 이제 예술가들은 계속적으로 줄어드는(shrinking) 세상을 어떻게 재현할 것인가를 고민하게 되었다. 동시적이고 다시점적인 인식의 양식이 선형적이고 순차적인 기존의 모델을 대체하였으며 이것은 에피소드식의 비선형적 구조와 의미가 파편적으로 산재해 있는 꿈의 상태를 특징으로 하는 포스트드라마 텍스트에 잘 반영되어 있다. 또한 기술과 미디어의 발달이 탄생시킨 버추얼 리얼리티의 범람으로 현실의 재현이 더욱 복잡해지면서 포스트드라마 연극은 미디어를 적극적으로 이용, 재현의 내용보다 재현을 구성하는 물질성(언어, 이미지, 테크놀로지) 자체에 주목하고 있다.

이러한 포스트드라마의 특징은 크림프의 〈그녀의 삶에 대한 시도들〉에 잘 나타나 있다. 이 작품은 인물도, 화자의 이름도(단지 dash(-)로 표시), 공간에 대한 설명도, 시간의 구성도 없다. 이 같은 특징은 예를 들어 베케트 같은 작가의 작품에서도 보여지지만 차이가 있다면 부조리/아방가르드 작가들이 의식의 경관(의식의 상태, 존재의 상황)을 무대화하고 불확정적 대사를 통해 기억과 경험의 집단적 무의식/원형을 드러내고자 한 반면 크림프는 매우 자연스러운 일상적 대사를 사용함으로써 인물/시간/공간의 불확정성과 익숙한 일상적 대사 간의 부조화를 통해 말하는 주체(speaking subject)의 위상을 문제화하는 극적 전략을 취하고 있다는 것이다. 이러한 '아이러니'는 단순히 대조적 의미의 동시적 공존의 의미를 넘어서 의미/존재 자체의 불확정성과 비고정성을 강조한다.

17개의 시나리오 사이의 공통점은 오로지 '부재하는 인물(absent figure)'

〈그녀의 삶에 대한 시도들〉 (2007 National Theatre 공연 스크린이미지 모음)

앤에 대한 언급뿐이다. '부재하는' 앤의 정체성은 오로지 타자의 언어로만 구성되어 텍스트 밖의 맥락도 텍스트 내의 서사적 갈등도 없이 오직 텍스트의 질료/물질로서의 언어만이 주체를 압도, 구성, 리드한다. 그러므로 이 극의 진정한 프로타고니스트는 앤(스토리)도 배우(스토리텔러)도 아닌 언어의 수행성(스토리텔링)이라고 할 수 있다. 〈그녀의 삶에 대한 시도들〉은 '그녀'의 삶을 이해(apprehend), 중단(kill), 기록(biography), 재현(represent)하기 위한 일련의 시도들이다. 그러나 17번의 시도(시나리오) 끝에 남겨진 것은 오로지 언어에 의해서만 매개되는 생명없는 실체이며 앤의 정체성 역시 단 한치의 깊이도 진전하지 못한 채 단지 얇고 넓게 퍼져있는 표피에 머물 뿐이다. 정보를 선택하고 배열하여 지식을 생산하는 재현의 메커니즘과 단절된 크림프의 포스트드라마 텍스트는 '그녀'의 의미와 정체성을 하나로 규정하지 않고 무수한 의미들로 남겨두고 있을 뿐만 아니라 현대 사회의 존재방식에 대한 성찰과 사유를 불러일으킨다.

바넷이 이어서 소개하고 있는 사라 케인의 작품 〈4:48 싸이코시스〉는 깊은 우울증, 잠재울 수 없는 고통, 이로부터의 해방의 (불)가능성에 관한 희곡이다. 새벽 4시 48분은 작가/화자/인물이 가장 명료한 정신을 유지할 수 있는 시간이다. 〈4:48〉은 〈시도들〉과 마찬가지로 선형적 시간 프레임이 없다. 진료보고서가 진료 경과를 나타내기도 하고 마지막 장면의 "커튼을 닫아주세요(Please close the curtains)"는 이제 밤이 지나갔다는 의미 또는 연극이 끝났다는 뜻으로 해석할 수 있지만 대부분의 경우 시간에 대한 지시대상이 없다. 반복, 에코, 카덴자의 점진적 상승 등 장면들을 세심하게 배열하고 구성하고 있으나 서사적 인과관계도 시간에 따른 플롯의 전개나 발전도 없다. 〈시도들〉과 마찬가지로 이 작품 역시 인물을 명명하지도 배정하지도 않는다. 24개의 장면 중 6개는 크림프 식의 대시(dash, –)를 사용하여 화자의 변환을 나타내고 있고, 나머지 장면들은 매우 다양하고 파격적인 형식으로 구성되어 있다. 때로는 리스트의 나열, 숫자의 배열로 이루어진 페이지의 시각적 레이아웃을 통해 일련의 연상과 사유를 불러일으킬 뿐이다. 포스트드라마 텍스트를 "발화 텍스트(text to be spoken)"와 "부가적 텍스트(additional text)"로 나눈 바넷의 구분에 따르면 이는 부가적 텍스트에 해당된다(18). 발화를 목적으로 하지 않는 이들 부가적 텍스트는 비단 지문만을 의미하지 않으며 대사에 종속되거나 단지 부록의 위치에 머물지도 않는다. 이 부가적 텍스트는 오로지 연출가에 의해서 무대의 시로 구현될 수 있는 '밑재료'라고 할 수 있다.

〈4:48〉의 다층위적 스피치는 오히려 모노로그적 심층구조를 강화함으로써 분열된 자아의 풍경을 무대 위에 그려낸다. "화자(I)"는 살고 싶기도, 죽고 싶기도 하고, 죽음을 두려워하다가 열망하기도 한다. "화자"와 배

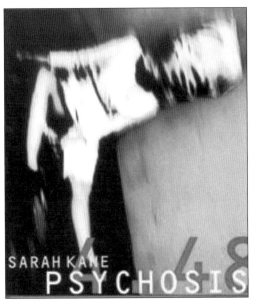

〈4:48 싸이코시스〉 공연포스터

우 사이의 대응관계도 모호하여 대화의 순간에조차 화자가 환자 자신인지, 치료자인지, 또 다른 누구인지 명확하게 구분되지 않는다. 어느 순간엔 화자와 의사 사이의 대화라는 것이 비교적 명확하게 드러나기도 하지만 이는 한 개인의 분열된 목소리로 해석될 수도 있다. 발화의 주체가 이면으로 사라진 텍스트는 정신병에 대한 담론이자 언어의 콜라주로 거듭난다. 이 때 배우는 단지 텍스트를 '인용'하고 '전달'할 뿐 인물은 물론 화자를 자청하지도 않고 따라서 관객의 감정이입을 구걸하지도 않는다. 케인의 포스트드라마 텍스트는 극단적인 감정이 강렬하게 집약되어 있는 '열정'과 감정이입이 배제된 '냉정' 사이를 오고간다. 그러나 바넷은 포스트드라마의 감정이 배제된 차가운 연기가 전혀 다른 종류의 감정적 경험을 가능하게 한다고 주장한다. 마치 뉴스 앵커가 감정을 배제하고 전쟁의 참혹함을 전달할 때 오히려 앵커/전달자/배우와의 감정적 매개를 거치지 않고 전쟁의 참혹성 자체, 공포의 실체와 더욱 직접적으로 대면하게 되는 것처럼 말이다(21).

바넷이 결론적으로 정리하고 있는 포스트드라마 연극 텍스트의 서사적 특징은 1)극적 인물과의 동화/이입의 부재 2)시간의 선형적 구조의 부재 3)사고/주제의 발전의 부재로 요약된다. 크림프의 경우 매우 일상적인 언어를 추상적 인물과 맥락에 던져놓음으로써 '낯설게' 만든다. 그러나 이 낯섦은 극장 밖에서 제3의 종합을 만들어내고자 했던 브레히트의 '변증법적' 소외효과와 구별된다. 〈시도들〉은 그 어떤 특정한 모순이나 갈등을 명시하지 않고 대신 클리쉐, 반복되는 모티프 등을 통해 언어를 탈구되고 낯선 것으로 만들어 언어와 언어가 담고 있는 내용 사이에 균열을 보여줌으로써, 내용에서 분리된 언어의 물질성과 언어의 물질성에 의해 구성되는 (본질로부터 소외된) 주체의 형성과정에 주목한다. 〈4:48〉 역시 인물 개인에서 언어로 그 중심을 옮김으로써 드라마 연극과 전혀 다른 반응을 이끌어낸다. 공연으로부터의 개인(의 감정)의 축출은 극적 연극의 맹점인 개인주의와 심리학을 극복하고 상황의 보편성을 강조하는 것이기도 하다. 그러므로 우울증에 걸린 한 개인의 고통에 관한 극이 아니라 헤어나기 힘든 우울의 상태 자체(현존)를 제시함으로써 '인물/배우의 경험이나 해석'을 거치지 않고 관객 각자가 그 상태와 직접(visceral) 만나게 한다. 크림프와 케인의 포스트 드라마 텍스트는 (브레히트와 피란델로가 연극적 재현을 비판하기 위해 재현의 방식을 차용한 것처럼) 논리적 언어(의미)의 폭력성을 극복하기 위해 언어를 전경화하는 전략을 채택한다. 그들의 언어는 그러나 마치 엑스레이를 통과한 것처럼, 군더더기 살(감정/의미)이 모두 제거된 앙상한 뼈(물질

〈4:48 싸이코시스〉
(극단 풍경, 연출 박정희)

성)만 남은 언어이다.

　서론에서 제시한 서사의 네 영역으로 이들의 포스트드라마 텍스트를 재조명하면 전통적인 스토리(1번)는 부재하지만 오히려 부재하는 스토리, 즉 "이야기할 수 없는 것"을 이야기'하기' 위해 더욱 절실해진 구조, 배치, 형식에 대한 작가의 고민이 녹아있는 일종의 플롯(2번)은 분명히 존재한다는 것이다. 이러한 포스트드라마 텍스트의 특징적 구조, 배치, 형식이 가장 전경화하는 것은 바로 스토리텔링(3번)―단지 언어의 발화만이 아닌 다양한 시청각적 기호를 동원하는―이라는 행위 자체이며 그 행위가 촉발한 감각적, 감정적, 성찰적 경험은 참여자의 기억 속에 일정한 형태의 '의미'(4번)로 침전되어 남게 된다. 1번의 실종은 오히려 2번, 3번, 4번을 더욱 치열하고 집중적으로 천착하게 만들고 결과적으로 포스트드라마 연극에서 서사의 '총합'은 오히려 더욱 증대되었다는 필자의 역설은 여기서도 유효하다.

3. 무엇을, 어떻게 '포스트'하는가?
3.1. 무대―간극, 전이, 변환의 장소

　포스트드라마 연극의 출현과 서사적 특징을 살펴봄으로써 다시금 재확인할 수 있는 것은 연극이란 본질적으로 전이와 변환의 장소이고 때문에 완료형인 희곡, 고정적인 텍스트가 억압할 수 있는 현존의 에너지를 분출하는 장소라는 것이다. 또한 우리는 '포스트'를 단절이나 해체가 아니라 지속과 확장으로 읽을 수 있다. 포스트드라마 연극은 정반합의 변증법에 의해 움직이는 연극이 아니다. 이것은 기존의 드라마적 연극이 의식적인 '반'의 대상이 되거나 기본적인 '정'이 되지도 않는다는 것을 포함한다. 그 어떤 지속성, 확고한 신념에도 복무하지 않는 포스트드라마 연극은 해방이나 혁명을 의식적이고 정치적으로 추구함으로써 일정한 목표/방향성/이데올로기를 상정하지도 않고 고유의 원형이나 원시적 순수를 갈망하는 노스탤지어도 지향하지 않는다. 포스트모더니즘과 그대로 겹쳐지는 부분이다.

레만이 포스트모던 대신 포스트드라마라는 용어를 채택함으로써 미학적 범주 안에 포스트드라마 담론을 집중하고자 했으나 그의 이론 역시 포스트모더니즘, 후기구조주의라는 더 큰 맥락 안에서 형성되고 진행된 것이며 따라서 포스트드라마라는 개념 자체가 포스트모더니즘 이론을 연극학에 적용한 예라고 할 수 있다. 그렇다면 포스트모더니즘의 '포스트'와 마찬가지로 포스트드라마의 '포스트'의 의미야말로 그 개념과 담론의 성격을 규명하는 열쇠가 될 수 있을 것이다. 재현을 거부하고 드라마를 '넘어서'길 원하는 '포스트'드라마는 왜 여전히 드라마의 '앞' 혹은 '뒤'에 붙어있는 것일까? 이에 대한 해답은, 아마도 1)드라마의 서사적 심층구조가 여전히 우리의 의식과 무의식을 지배하고 있기 때문이며 2)마치 재현의 불가능성이야말로 재현의 원동력이자 전제조건이듯, 포스트의 대상과 기준인 드라마 없이 포스트드라마는 성립될 수 없기 때문일 것이다. 그러므로 포스트드라마는 드라마 이후, 즉 드라마의 '포스트'가 아닌 '포스트'의 드라마라 할 수 있다. 오로지 스스로를 '포스트'하기 위해 자신을 소환하는 아이러니는 모든 포스트적 존재와 인식의 공통된 운명이다.

포스트드라마 연극의 특징을 재현의 거부로 요약하는 일반론에도 불구하고 나는 그것이 거부라기보다는 오히려 '재현'이라는 현상에 대한 매혹이자 천착으로 이해할 수 있다고 생각한다. 캐시 터너는 "드라마의 허구적 세계(imaginary dramatic world)"에서 "실제 연극적 상황(real theatrical situation)"으로 이동하는 포스트드라마 연극을 "과정의 드라마투르기(dramaturgies of process)"로 명명하면서 이미 완성된, 그러므로 과거형인 "written" 텍스트에 현재형인 현존을 기입할 수 있는 방법이 무엇인가를 반문한다. 말(orality)과 글(written)의 존재론적 차이에서 비롯된 이 같은 고민은 주체와 역사 사이의 긴장과 갈등이기도 하다. 그러나 터너는 공연의 현재형과 텍스트의 과거완료형 사이의 간극/거리는 역설적으로 텍스트가 공연의 '현존'에 개입하고 문제화(problematize)할 수 있는 근거가 될 수 있음을 암시한다. 레만이 정의한 드라마 연극(dramatic theatre)은 "환상의 주조(formulation of illusion)"로 허구적 우주를 창조한다. 포스트드라마는 허구적 무대와 현실의 관객이라는 전통적 연극의 이중성에서 첫 번째 층위를 약화 또는 배제시키고 두 번째 영역을 전면에 내세움으로써 연극성을 강화한다. 그러나 과연 무엇이 진정한 연극성일까? 나는 오히려 이러한 연극의 '이중성' 사이에 존재하는 거리와 차이, 갈등과 긴장 자체가 '연극성'의 핵심이라고 생각한다. 그렇다면 그 이중성을 제거하고 실제상황의 '현존'만 남은 공연의 '연극성'은 현격히 축소될 수밖에 없다.

레만 자신도 책의 말미에 다음과 같이 서술하고 있다. "아마도 종국에는 포스트드라마 연극이 재현 너머의 세계에 대한 다각도의 탐색을 위한 일시적 시도였음이 드러나게 될지도 모른다. 아마도 포스트드라마 연극은 '드라마'와 '연극'이 오랜 별거를 청산하고 재결합하는 새로운 형태의 연극적 형태에게 자리를 내어주게 될 것이다"(123). 포스트드라마는 드라마의 대척점이 아닌 연장선에 위치하며, 드라마는 포스트드라마를 끌어안고 계속 진화하고 있는 것이다. 이 진화의 과정에서 포스트드라마 연극이 서사극이나 부조리극 정도의 몫을 해내기 위해서는 문자적 텍스트가 정형화된 틀에 갇혀 새로운 성찰과 일깨움에서 멀어진 것처럼 동일한 이미지가 반복되는 '육체의 퍼포먼스' '미디어 퍼포먼스' 역시 아무런 성찰과 일깨움 없는 클리셰로 화석화될 수도 있음을 인식하고 탄탄한 스토리가 내어준 자리를 더욱 탄탄한 언어, 소리, 스펙타클로 채우고 객석으로 떠넘긴 해석의 책임보다 더 무거운 무대 위의 치열한 공연으로 균형을 이루어야 할 것이다.

3.2. 이야기의 소실점

다시 처음으로 돌아가서, 나는 제 아무리 서사의 내용과 형식, 서사의 상부구조와 하부구조가 변천한다고 해도 인간 존재와 인식의 핵심에 서사가 자리 잡고 있다고 믿고 있다. 연출도 연기도 비평도, 놀이도 학문도 사랑도 결국 내러티브의 구조와 행위 안에 있다. 서사는 (연극을 포함한) 우리의 과거, 현재, 미래를 연결하는 '관통선'이며 우리의 정체성을 구성하는 가장 근본적이고 절실한 행위이다. 물론 이 때의 '서사'는 1번부터 4번까지를 모두 포함하는 광의의 개념이다. 캐시 터너가 포스트드라

〈그리고 천번째 밤에〉 (Forced Entertainment 극단)

마 텍스트의 예로 소개하고 있는 영국의 실험극단 "강요된 즐거움(Forced Entertainment)"의 작품 〈그리고 천번째 밤에…(And on the Thousandth Night…)〉(2000)는 생존을 위한 스토리텔링의 절박함을 배우와 관객이 몸으로 수행하는 매우 인상적인 공연이다. "이야기는 계속 되어야 한다 (Storytelling must go on!)" 어쩌면 우리 모두는 살아남기 위해 계속 이야기해야 하는, 세헤라자드인지도 모른다. 마치 베케트의 〈앤드 게임〉처럼 결코 풀리지 않는 '연극성'의 패러독스를 매번 반복적으로 '놀이(play)'하거나, 시지프스처럼 서사의 불가능성에 대한 '제의(ritual)'를 반복하고 있는지도 모른다. 부재와 결핍은 더 큰 욕망을 낳는다. '이야기'할 수 없는 것이기에 계속 이야기 '할' 수밖에 없다.

몇 해 전 돌아가신 나의 외할머니는 생전에 내가 들르면 온갖 이야기 보따리를 풀어놓으셨는데 이야기는 줄곧 삼천포로 빠지곤 했다. 시간이 없을 땐 이야기가 끝나길 바라며 조바심을 내기도 했지만 늙으신 할머니가 안쓰러워 최대한 오래 그 곁을 지켰다. 하지만 이상한 건 나도 잊은 옛날이야기는 세세하게 기억하고 계셨다는 것이다. 할머니가 떠나시고 나는 가끔 할머니의 이야기를 떠올려 본다. 이야기가 자꾸 옆길로 새나갔던 진짜 이유는 기억력이나 논리력의 감퇴 때문이 아니라 이야기를 끝내고 싶지 않으셨기 때문이 아닐까? 이야기가 끝나면 내가 떠나야 했으니 말이다. 드라마의 정해진 기승전결의 '길'에서 탈선(digression)한 포스트드라마는 드라마의 끝을 원한 것이 아니라 오히려 드라마가 끝나는 것을 두려워했는지도 모른다. 칼비노가 간파했듯이 "주제로부터의 이탈은 끝을 미루기 위한 전략이다. 내부적 시간의 증식이요, 영속적인 회피이자 비상이다. 무엇으로부터? 물론 죽음으로부터"(Calvino 46). 그러므로 (포스트)드라마의 근원적 추동력은 죽음이다. 정해진 선로로부터의 이탈은 죽음으로부터의 비상인 것이다. 애초에 예술은 인간에게 '끝'이 있음으로해서 탄생했다고 나는 믿고 있다. 인간은 예술을 통해 '끝'을 피할 수 없는 몸의 한계를 넘어서고자 한다. 개별 연극의 스토리는 의미의 방향과 목적지를 지시하는 소실점을 버리고 혼돈의 제의를 선택했을지라도 인간의 역사와 함께 시작된 연극의 역사, 예술의 역사를 추동하는 근원적 소실점은 여전히 죽음, 죽음의 불가해성과 불가피성이다. 포스트드라마 연극무대 위에 가장 빈번하게 구현되는 이미지가 죽음인 것은 그러므로 우연이 아니다. 그러나 불가해하고 불가피한 소실점인 죽음의 공포로부터 잠시나마 우리를 구원하는 것은 모래 위에 아슬아슬하게 지어진 일시적 허구의 세계, 즉 스토리이다. 허구적 세계를 실제라고 우기는 것이 아니라 허구적 세계와 죽음이라는 현실(포스트모던 시대에 아무도 부인할 수 없는 단 한 가지 진실/현실은 우리 모두가 결국 죽는다는 것이다)을 맞닥뜨리게 하는 일, 그래서 위험을 감수하고라도 현실의 외연을 확장/지연시키는 모험을 감수하는 일, 그것이 이야기가 우리에게 주는 아슬아슬하고 위험천만한 즐거움이다. 그런 의미에서 허구적 스토리를 전폐하는 것이 아니라 현존, 에너지와 같은 다른 국면들과 충돌하게 하는 포스트드라마 연극의 진정한 힘은 이들이 서로를 모욕하거나 훼손시키기보다는 상호반영적이고 메타적인 성찰을 도출한다는 것이다.

언제부터인가 이야기, 서사는 수구적인 것이고 그러므로 이야기로의 귀환은 "위험하다"고 말하는 이들이 많아졌다. 그러나 무엇이 어떻게 위험하다는 것인가? 이야기가 "위험하다"는 말은 어느새 포스트적 감성과 미학이 주류/정설이 되었다는 것을 반증하는 것은 아닐까? 연극이 본질적으로 전이와 변환의 장소라면 어쩌면 이제 '포스트'는 다시 넘어서야 할 기성(既成)이 된 것인지도 모른다. 인간은 의미의 불가능성에 결코 쉽게 항복하지 않는다. '의미'에 대한 추구는 '끝'을 피할 수 없는 유한한 인간의 DNA에 내재한 존재론적 인식론적 운명이기 때문이다. 의미로부터 완전히 자유로운 포스트적 존재방식, 인식방식이 과연 이야기의 아찔한 즐거움을 영구적으로 대체할만큼 '의미' 있는 것인가? 이를 증명하기 위해서 우리는 다시 '의미'라는 서사의 소실점으로 귀환해야 하는 아이러니 앞에 서 있다.

▌참고문헌

Barnett, David, "When is a Play not a Drama? Two Examples of Postdramatic Theatre Texts", *NTQ* 24: 1, February 2008, pp.14~23.

Calvino, Italo, *Six Memos for the Next Millennium*, Trans. Patrick Creagh, London: Vintage, 1996.

Crimp, Martin, *Attempts on her Life*, London: Faber and Faber, 1997.

Kane, Sarah, *4:48 Psychosis*, in Kane: *Complete Plays*, London: Methuen, 2001, pp. 203~45.

Lehmman, Hans-Thies, *Postdramatic Theatre*, Trans. Karen Jurs-Munby, London and New York: Routledge, 2006.

McLuhan, Marshall, *The Medium is the Message*, New York: Gingko Press, 2005.

Turner, Cathy, "Getting the 'Now' into the Written Text(and vice versa): Developing Dramaturgies of Process", *Performance Research* 14(1), pp.106~114.

일상의 퍼포먼스화 – 혹은 뉴 다큐멘터리 연극

– 리미니 프로토콜의 연출작업을 중심으로

김형기

들어가는 말

2009년 "페스티벌 봄"의 개막작으로 독일 리미니 프로토콜(Rimini Protokoll)의 〈칼 마르크스: 자본론, 제1권(Karl Marx: Das Kapital, Erster Band)〉(3. 27~28, 아르코예술극장 대극장)이 공연되었을 때 이 작품에 국내 관객의 이목이 남다르게 집중된 이유는 크게 두 가지 관점에서 찾을 수 있다. 하나는 자본주의가 전 세계적으로 신음을 하며 앓고 있는 이 시기에 마르크시즘의 경전인 『자본론』에 관한 퍼포먼스라는 점에서 이 공연이 갖는 특별한 시의성 때문이고, 또 다른 하나는 리미니 프로토콜이라는 연극집단의 독특한 작업방식이 우리 시대에 '연극이란 무엇인가'에 대한 근원적 질문을 새삼스레 던지고 있기 때문이다.

리미니 프로토콜은 독일 중부에 위치한 기센대학의 응용연극학과에서 연극을 함께 공부한 헬가르트 하우크(Helgard Haug), 다니엘 베첼(Daniel

Wetzel), 슈테판 카에기(Stefan Kaegi) 등이 각 프로젝트 별로 둘 혹은 셋씩 짝을 이루어 작업을 하면서 자연스레 형성된 연극집단이다. 공식적인 선언문도 없이, 또 특정하게 나누어진 역할도 없이 동등하게 수평적 구조를 띠며 조합되어 있는 자유연출팀이 바로 이 리미니 프로토콜이다.[1] 이는 한 명의 연출가를 중심으로 위계적 구조를 띠고 운영되는 기존의 다른 연극단체들과 구별된다. 이 팀의 구성원들이 집요하게 추구하는 목표는 기존의 서양 연극의 전체적인 지형이기도 했던 소위 '재현'의 함정과 형이상학적 감상성(感傷性)으로부터 벗어나는 일이다. 이들은 주어진 원본의 그럴듯한 모방과 완벽한 재현으로 대변되는 연극적 '환영(幻影)' 대신에 일상과 그 안에서의 경험 자체를 무대에 올려놓음으로써 '진정성(Authentizität)'을 추구하는 새로운 형태의 퍼포먼스를 시도한다. 이들의 시도는 16세기 르네상스 이래로 통상 경험하고 이해해온 '연극'과는 사뭇 다른 연극의 작업과정과 소통방식, 그리고 무대형태를 띠고 있다.

이로써 연극의 개념, 목적, 연출의 개념, 연기와 진정성의 구분 등에 관하여 새로운 인식의 전환을 불러일으키고 있는 리미니 프로토콜의 연극작업을 포스트드라마(post-drama) 시대의 연극미학[2]의 관점에서 살펴보고자 하는 것이 이 글의 목표이다.

---

1) Florian Malzacher, "Dramaturgien der Fürsorge und der Verunsicherung. Die Geschichte von Rimini Protokoll", Miriam Dreysse / Florian Malzacher(Hg.), *Experten des Alltags. Das Theater von Rimini Protokoll*, Berlin: Alexander, 2007, pp.14~43 참조; 이은기, 「리미니 프로토콜(Rimini Protokoll) – 일상의 연극화, 연극의 일상화」, 최영주 외, 『동시대 연출가론』, 연극과인간, 2010, 77~110쪽 참조.

2) 포스트드라마 연극의 미학에 관해서는 김형기, 「다중매체시대의 '포스트드라마 연극' – 브레히트 이후의 '탈인간중심적 연극': 로버트 윌슨을 중심으로」, 『브레히트와 현대연극』 8, 2000, 5~29쪽 참조.

1. 〈칼 마르크스: 자본론, 제1권〉의 공연분석

이 연극에는 칼 마르크스의 주저인 『자본론』에 영향을 받은 아홉 명의 인물이 등장한다. 그런데 이들은 모두 직업배우가 아닌, 일상의 각 분야의 전문가들이다. 시각장애인인 베를린의 콜센터 직원 슈프렘베르크, 영국의 경제사학자로서 현직 출판인인 쿠친스키, 독일의 행동주의 치료사 겸 프리랜서 작가 마이랜더, 뤼벡 출신의 영화감독이자 라트비아 대통령 고문 마르게비치, 베를린 출신의 서독중앙공산당위원회 창립멤버로 현재 중국어강사인 노트, 통역 프리랜서 츠베르크, 독일공산당원이며 사회복지학을 수학 중인 바르네케, 그리고 진해 출신으로 『자본론』을 한국 최초로 번역한 경제학 교수 강신준,

〈칼 마르크스: 자본론, 제1권〉 공연사진
(ⓒ리미니 프로토콜)

또 극중 통역을 담당하는 어떤 여인 등, 이들은 모두 실존하는 기성인 (readymade)들이다.

〈칼 마르크스: 자본론, 제1권〉의 연출을 맡은 헬가르트 하우크와 다니엘 베첼은 거대한 책장들과 두 대의 모니터 그리고 칠판과 같은 교육과 학습용 도구들로 채워진 무대 위에 실존인물들을 진열한 다음, 이들로

하여금 이 연극의 주제이며 실제 주인공이기도 한 『자본론』과 관련하여 자전적 경험을 회상하거나 서술하게 한다. 이렇게 무대 밖의 현실이 무대 위로 그대로 올라옴에 따라 이 작품은 현실에서 발견한 인물들과 그들이 발화하는 경험 자료들의 전시장으로 화한다. 각기 서술되는 이야기는 등장인물들의 차이나는 성장배경이나 지식 정도, 사회적 위치만큼이나 지극히 다양하고 이질적이다. 이들의 개별적이고 주관적인 회상과 진술들의 내용에서 연결점을 찾아내고, 그로부터 상품의 교환과 부의 축적, 노동의 착취로 집약되는 자본주의의 이념과 실체를 이해하고 간파하는 일은 온전히 관객의 몫으로 돌려진다. 공연의 말미에서 인용되는 "모든 것을 의심하라"는 마르크스의 좌우명은 더욱 극단적으로 물신화, 상품화되어가는 신자유주의 체제를 냉철하게 의심하고 비판적으로 인식하는 것이 우리 모두의 과제임을 다시 한 번 강조한다. 그런데 이때 '리미니 프로토콜'의 연출가들이 겨누는 "의심"의 눈초리는 사회경제적 차원에서 그치지 않고, 더 나아가 연극미학의 차원으로까지 확장된다.

이는 무엇보다도 이 공연에서 텍스트가 만들어지는 과정, 배우들의 사실 진술, 또 무대와 관객이 상호 소통하는 방식 등에서 나타난다. 연극사적으로 다큐멘터리 연극(기록극)의 한 형태라고 볼 수 있는 이 작품은 소위 포스트드라마 연극(탈희곡적 연극)의 특징을 담고 있다. 즉 리미니 프로토콜의 연출가들은 어느 한 작가가 쓴 드라마의 의도를 전달하거나 재현하는 데 관심이 없다. 그보다 오히려 어떤 일에 관해 할 얘기가 있어서 자신에 대해 말하고 또 자기의 생각을 말하는 일반인들과 더불어 작업을 한다. 이제 무대에서 텍스트가 될 수 있는 것은 작가의 허구적 텍스트가 아니며, 실제적인 보고를 위한 자료들이다. 따라서 무대 위의 인물들도 드라마 속의 배역을 짐짓 살아낼(연기) 필요 없이, 자연스럽게 자신을 말하고 자신의 지식과 정보 그리고 경험에 바탕을 둔 견해를 서술하면 된다.

이렇다 보니 이 공연은 연출가의 위상과 작업방식에 대해서도 실험적 면모를 보여준다. 즉 '리미니 프로토콜'의 연출가들은 연기자 및 관객과의 관계에서 종래의 권위적이고 일방통행식인 '작가-연출가(auteur-director)'의 위치와 역할을 하지 않는다. 그 대신에 전시와 토론을 위하여 발견한 자료들을 정리하고 배열하는 '조직자' 내지 '편집자'로서, 민주적인 작업과 소통 방식을 보여준다. 나아가 이 공연의 경우 토론의 재료로서 채택한 『자본론』의 한국어 번역본을 공연 중 객석의 관객들이 무대 위의 등장인물(강신준 교수)의 인도 하에 직접 함께 읽어가며 그 내용을 함께 사유하는 행위는 관객을 수동적 관극자세로부터 해방시켜, 등장인물과 함께 무대 위의 사건을 함께 만들어가는 '공동생산자'로 만드는 퍼포먼스에 다름 아니다.

결국 이 〈칼 마르크스: 자본론, 제1권〉 공연은 작가에 의해 쓰인 텍스트의 사실적인 재구성이라는 종래의 연극을 부정하며 탈희곡적 연극 시대에 '글쓰기'가 무엇을 함의하는지, 텍스트가 어떻게 생성되는지, 또 그것으로 무엇을 할 수 있는지 등에 관해 질문을 던지는 소위 연극에 관한 연극인 점에서 메타연극이라고 할 수 있다.

2. 뉴 다큐멘터리 연극으로서의 〈칼 마르크스: 자본론, 제1권〉

리미니 프로토콜의 작품은 일반적으로 '다큐멘터리 연극'이라 불린다. 그러나 이들이 추구하는 형태의 연극은 일찍이 1920년대 독일에서 에르

빈 피스카토어(Erwin Piscator)가 계급투쟁을 위해 시도했던 다큐멘터리 연극이나, 1960년대 중반에 전후 독일의 현대사에 대한 반성과 청산을 목적으로 당시의 젊은 지성인 극작가들이 시도하였던 혁명적 정치 다큐멘터리 연극의 연장선상에 있긴 하지만, 변별적 차이를 갖는다.

말하자면 피스카토어는 1920년대에 자신의 '정치연극(politisches Theater)'에서 가능한 최대의 신뢰성을 추구하기 위한 연극형식을 발전시켰다. 그는 자신의 연출작업을 위해 연설, 정치 관련 논문, 신문스크랩, 삐라 등을 수집하여 공연에서 이 역사적 기록물들을 영화장면, 사진들과 몽타주해 제시하였다. 피스카토어는 관객들에게 이러한 다큐자료들에 근거한 무대 사건과 당시의 정치·사회적 상황을 비교하게 함으로써 현실 정치에 대한 비판의식을 고취시키고자 하였던 것이다.[3]

이러한 성향은 1960년대에 이르러 롤프 호흐후트(Rolf Hochhuth), 하이나 킵하르트(Heinar Kipphardt), 페터 바이스(Peter Weiss)의 기록극 (Dokumentarstück)에서 다시 활성화되었다. 이 극작가들은 역사적 원천자료를 사실에 대한 증빙으로, 다시 말해 문학적 가공작업을 위한 직접적인 언어수단 내지 근본토대로 삼았다. 이렇게 함으로써 이들은 대부분 정치적으로 폭발력을 지닌 테마들을 무대화할 수 있었고, 테마에 관한 발언에서도 기록물을 통해 안전장치를 마련하였다. 예컨대 호흐후트는 〈대리인(Der Stellvertreter)〉에서 교황이 나치즘에 연루된 사실을 기술하고, 킵하르트는 〈J. 로베르트 오펜하이머 사건에서(In der Sache J. Robert Oppenheimer)〉에서 원자폭탄의 '아버지들'을 다루며, 바이스는 〈수사(Die Ermittlung)〉에서 프랑크푸르트에서의 아우슈비츠 소송을 기술하고 있다.

이 같은 1960년대의 다큐멘터리 연극은 예술의 현실참여를 요청하였던

---

3) Brian Barton, Das Dokumentartheater, Stuttgart: Metzler, 1987, pp.39~47 중 p.41 참조.

당시 유럽 전역의 신 좌파운동과 이념적으로 연대하여 최근의 과거 사안들을 객관적으로 탐구하고 또 역사적 사실 이면의 정치권력을 들추어냄으로써 연극무대를 역사에 대한 법정으로 만들었다.[4]

이런 맥락에서 볼 때 1960년대의 다큐멘터리 연극(Dokumentartheater)은 명백히 부분적으로 선동적인 특질을 지니는 정치적 연극이라 할 수 있다. 60년대에 다큐멘터리 연극은 서독 연극의 전개과정에서 하나의 전환점을 가져왔다. 그것은 이 기록연극이 아데나워 시대의 비정치적이고, 친교와 여흥을 지향하는 연극과 단절을 꾀하고, 국가사회주의(나치즘)와의 논쟁을 공공의 관심사로 만들면서 연극과 사회의 관계에 대한 토론의 장을 펼친 데 근거한다. 물론 이 같은 단절은 정치·사회적인 관점에만 국한되지 않고, 연극미학과 또 극장의 조직형태에 관해서도 새로운 논의의 장을 열었다.

그러나 마찬가지로 독일이 중심이 되고 있는 오늘날의 새로운 형식의 다큐멘터리 연극은 국립 혹은 공공극장에서 흔히 보아온 극작가들의 출현에 맞서 연출가 프로젝트를 기반으로 하고 있으며, 또 과거가 아닌 현재의 해결되지 않은 문제들에 초점을 맞춘다. 토마스 이르머(Thomas Irmer)는 1990년대 이후의 독일 다큐멘터리 연극의 특징을 다음과 같이 설명한다.

> 새로운 형태의 다큐멘터리는 작가-연출가(auteur-director) 프로젝트에 기반을 두고 있고, 역사를 수긍된 원리와 사상에 의해서는 알 수 없는 열린 프로젝트로 탐구하면서 역사적 혹은 사회학적 지식생산에 대하여 비판적이

---

4) 이와 같은 입장을 잘 대변하는 글로 페터 바이스의 에세이가 있다. Peter Weiss, "Notizen zum dokumentarischen Theater", Joachim Fiebach(Hrsg.), *Manifeste europäischen Theaters. Grotowski bis Schleef*, Berlin: Theater der Zeit, 2003, pp.67~73.

다. 이러한 작업은 동시대 사건들의 이질성을 드러내는 복합적인 사회적 맥락들과 함께 더 작은 주제들을 종종 끌어들였다. 이 시기의 다큐멘터리 연극은 사회과학 내 온갖 종류의 방법에 개방되어 있었고, 또 입체주의자의 관점을 응용하였다.[5]

이러한 방식으로 독일의 "뉴 다큐멘터리 연극"[6]의 예술가들은 기록, 파일, 문서들을 그들 연극의 주요 소재로 사용하면서 역사서술과 역사 다시 쓰기에 더 많이 관심을 갖는 1960년대의 R. 호흐후트, P. 바이스, H. 킵하르트 등의 선행자들과 차이를 드러낸다.

이를테면 뉴 다큐멘터리 연극을 실천하는 연출가집단인 리미니 프로토콜의 프로젝트들은 노령화라든가 죽음의 문제, 의회정치의 의식, 그리고 세계화, 자본과 고용시장 등과 같은 주제들을 다루기 위한 연극적 전략들을 개발한다. 매일 발생하는 것에서 정치적인 것을 조사하고, 또 실험적인 연극과 동시대의 전시(展示)미학들로부터 차용한 기법들을 사용하는 새로운 경향을 실현한다.

2010년 봄에 서울에서 공연(3.31~4.1, 서강대학교 메리홀)을 가진 크리스 콘덱(Chris Kondek)의 프로젝트인 〈죽은 고양이의 반등(Dead Cat Bounce)〉도 뉴 다큐멘터리 연극에 속한다. '죽은 고양이의 반등'이라는 제목은 주식시장에서 어떤 회사의 주가가 폭락하다가 약간 반등하고 다시 떨어지는 상황을 가리키는 용어에서 비롯한다. 이 공연에서는 전(全) 지구적 자본시장을 이해하는 한 방법으로서 당일 현장에서의 입장권 판매 금액이 관객참여를 목표로 런던증권거래소의 구매계약에 무대 위에서 실시

5) Thomas Irmer, "A Search for New Realities. Documentary Theatre in Germany", *TDR* 50:3(T191), Fall 2006, pp.16~28 중 p.17.
6) 같은 논문, p.19.

간으로 투자된다. 무대배경을 이루는 대형 스크린에는 수시로 부침(浮沈)을 반복하는 주가가 그래프로 투사되고, 카우보이가 말을 타고 서부대륙을 내달리는 모습은 그대로 무한 욕망을 좇아 질주하는 자본을 은유한다. 따라서 여기서는 드라마 대본 없이 진행되는 일상, 즉 인터넷으로 생중계되는 런던주식시장의 실시간 '드라마'가 곧 이 연극의 내용이고, 주가 등락에 따른 손익의 변화가 곧 이 연극의 긴장과 갈등을 형성한다. 다시 말해 이 공연에 주식 투자자로 참여한 퍼포머와 관객들은 주식의 시황(市況)에 따라 내면의 욕망과 갈등 그리고 긴장에서 자유로울 수 없으며, 이 때문에 관객은 이 공연에서 쾌락과 비극성을 동시에 맛볼 수 있는 것이다. 무대 위의 퍼포머들은 어떤 기성 드라마의 배역을 재현하지 않는다. 그 대신에 관객에게 주식투자와 관련된 각종 자료와 정보를 제공하는 한편 수익창출을 위해 관객과 협의하여 투자처를 결정한다. 이 공연의 퍼포머들은 의당 증권거래소나 금융기관에서 일어날 주식투자행위를 극장의 공간에서, 그것도 관객을 투자자로 또 동시에 공연의 주체로 삼아 '실제로' 수행함으로써, 이익을 좇아 맹목적으로 질주하는 자본주의 사회의 논리와 욕망에 대한 관객들의 비판적 사유와 성찰을 유도하고 있다.

〈칼 마르크스: 자본론, 제1권〉이나 〈죽은 고양이의 반등〉같은 뉴 다큐멘터리 연극은 이처럼 과거의 사건들보다 동시대의 문제들에 초점을 맞추고, 또 사전에 씌어진 대본에 기초하지 않는 제작의 방식에서 그들의 선행자들과 차별화된다.[7]

---

7) 같은 논문, 26쪽 참조.

3. 뉴 다큐멘터리 연극의 영향미학적 전략
3.1. 드라마투르기 — 실재와 허구의 상호 침윤

리미니 프로토콜의 공연작품은 일반적으로 '뉴 다큐멘터리 연극'으로 불린다. 이는 전문 배우가 아닌, 일상의 사람들이 등장하여 자신의 경험과 생각을 이야기하고 서로에 대한 상호작용을 일으키기 때문이다. 리미니 프로토콜의 멤버 가운데 한 사람인 슈테판 카에기는 『이 시대의 연극(Theater der Zeit)』(2006. 10)에서 니나 페터스(Nina Peters)와 행한 인터뷰에서 연극을 "요양소"가 아니라 "박물관"이라고 주장하였다.[8] 카에기의 이 인터뷰 발언의 핵심은 무대를 "관객의 계몽"에 기여하고 또 관객을 성숙한 인간으로 교육하는 도덕적 교화장소로 파악하는 태도에 반대하는 것이다.

'그래서 마치 저널리스트나 다큐멘터리 영화제작자처럼 오리지널 목소리를 찾아나서는 겁니다. 아르헨티나의 수위, 바젤의 모형기차제작자, 벨기에의 연설문작성자, 취리히의 심장전문의들이 그들이지요. […] 이야기들은 이미 다 존재합니다. 필요한 것은 이제 관객이 그 이야기들을 자신의 해석-현미경을 가지고 비춰보고 싶은 재미를 얻게끔 그 이야기들을 끼워 맞추고 선별하고 초점을 맞추는 일입니다'.[9]

리미니 프로토콜의 작업이 다큐멘터리 연극으로 언제나 반복해서 구분되고 표기되어온 것은 바로 이와 같은 텍스트구성 방법 때문이다. 이

---

8) Nina Peters, "Keine Heilanstalt, sondern Museum. Stefan Kaegi über das Theater als Kommunikationsraum, seine Arbeit mit Spezialisten und das Gefühl der Scham", Theater der Zeit, Oktober 2006, pp.22~25 중 p.23.
9) 같은 글, p.23.

로써 위의 '일상의 전문가들'은 사물들이 자기 스스로를 말하는 박물관의 맥락 속으로 들어온다. 다시 말하면 리미니 프로토콜의 연기자들은 우리가 보고 듣고 또 기억할 수 있도록 특정한 방식으로 '자신들을 전시'하는 것이다. 따라서 리미니 프로토콜의 멤버들이 무대 밖에서 실존하는 사람들의 목소리를 경청하고 '프로토콜'을 기록하는 작업 과정에서 맡는 역할은 작가보다 "편집부원"에 더 가깝다.

그렇다면 리미니 프로토콜의 공연에 등장하는 '일상의 전문가들'의 말과 행동은 과연 무엇인가? 이들은 연극 바깥의 현실을 전기(傳記)의 형식으로, 또 다큐적 재료의 형식으로 단순히 연극 속으로 옮기는 것뿐인가? 아니면 무대에 올라 실재(Realität)로부터 거리를 취한 채 이른바 낯설게 하기의 의미에서 행동하는 것인가? 실제로 무대 위의 행위자들은 어떤 연기훈련도 받지 않았으며 오직 자기 자신을 대변한다. 그러나 연극 바깥의 현실을 연극의 틀과 문맥 안으로 옮기는 일은 언제나 일종의 개작(adaptation, Bearbeitung)이고, 실재의 변화를 뜻한다.

다시 말해서 그들의 말과 행동은 오히려 일상적인 것에 대한 거리두기요, 이를 통한 '기억의 행위(Akt des Erinnerns)'로서 이해될 수 있는데, 이 일상적인 것을 끄집어내고 상기시키며 살아있는 연관성 속에 세워놓는 것이 바로 '예술행위'로서의 연극과 무대가 갖는 맥락이다. 즉 이 '전문가들'은 예정되어 있는 장소에서 자신들을 위해서가 아니라 관객을 위해 행동한다. 이들의 말과 행동이 아무리 "진정하게" 보이고 또 아무리 "신빙성 있게" 들릴 지라도, 여기서는 허구의 가능성과 긴밀히 결합되어 있다. 말하자면 연극의 틀이 동시에 불가피하게 거리를 취하게 만드는 것이다. 즉, "일상의 전문가들"이 상기시키고자 하는 사실(事實)은 여기서 항상 이미 하나의 "만들어진 것(Gemachtes, factum)"이며 또 항상 다시 새로이 만들어져야만 하는 어떤 것이다.[10] 이런 점에서 "'사실들'과 '픽션'은 분리될 수 없으며, 다큐멘터리적인 것의 기법이 리미니 프로토콜에 있어서는 […] 이야기를 서술하는 기법이지, 사실에 입각한 진실의 기법이 아니다"[11]라는 지적은 타당하다.

이러한 입장은 이미 1960년대의 다큐멘터리 극작방식에서도 찾아볼 수 있다. 이를테면 페터 바이스에게 다큐멘터리 연극은 "보고의 연극(Theater der Berichterstattung)"이다. 즉, "온갖 허구를 삼가고, 신빙성 있는 자료를 받아들이되, 그것을 내용은 변화시키지 않고 형식만 가공하여 무대에서 다시 제공한다". 페터 바이스는 「다큐멘터리 연극에 대한 주해」에서 계속해서 이렇게 말한다.

> 매일 사방에서 들이닥치는 뉴스자료들의 정리되지 않은 성격과 달리, 무대에서는 대개 사회적 혹은 정치적 주제에 집중하는 어떤 특정한 선택이 제시된다. 이와 같은 비판적 선택과, 그리고 실재의 단면들이 조립되는 원리가 다큐멘터리극의 질을 결정한다.[12]

페터 바이스의 다큐멘터리 연극은 사실을 왜곡하는 대중매체에 저항하기 위하여 독자나 관객에게 사실을 추상적으로 전달하는 방법을 택한다. 이를 통해서 궁극적으로 그는 복잡한 현실을 관객에게 단순한 연관성 속에서 이해시키면서 정치적·도덕적 계몽을 성취하고자 한다. 이런 관점에서 보자면 바이스의 다큐멘터리 연극은 사실을 토대로 하여 재구

---

10) Gerald Siegmund, "Die Kunst des Erinnerns. Fiktion als Verführung zur Realität", Miriam Dreysse / Florian Malzacher(Hg.), *Experten des Alltags. Das Theater von Rimini Protokoll*, (Berlin: Alexander 2007), pp.182~205 중 p.183 이하 참조.

11) Malzacher, 앞의 논문, p.38.

12) Weiss, 앞의 글, p.67 이하.

성한 비판적 허구로서의 "팩션(faction)"이라 할 수 있다.[13]

결국 어떤 실재가 역사적으로 이루어진 것의 형태로 무대에서 다시 경험되기 위해서는 그것이 재구성되고 허구화되어야만 한다. 다시 말해 리미니 프로토콜의 경우 실재는 "대본으로 씌어진 실재(Geskriptete Realität)"이다.[14] 허구를 통하여 관객의 주의를 보편적이고, 상징적인 것으로 유혹하는 일은 잊혀져 가기 쉬운 것을 다시 상기시키고자 하는 리미니 프로토콜의 드라마투르기에 근간이 되고 있다. 바로 이 점이 리미니 프로토콜의 작업이 고유한 법칙을 지닌 특별한 장소로서의 연극이라는 기구에 끈질기게 매달리는 이유이다.

3.2. 연기의 비완벽성 – 근대 이후의 이상적 연기술에 대한 거리 두기

리미니 프로토콜이 수행하는 프로젝트의 특징은 이른바 일상의 "현실에서 나온 전문가들" 또는 "특수 전문가들"과의 작업이다. 즉 공연에 함께 참여하는 자들의 경우 그들 자신의 연기자로서 등장하며 또 예술가들로부터는 "전문가들"이나 "레디메이드 연기자들"로 지칭된다. 여기서 전문가들이란 공연 중에 그들이 "보고하는" 특정한 경험과 지식, 능력 등을 대표하는 사람들을 말한다. 이러한 구상은 주인공들이 그들의 연기적 재능이 아니라, 단순히 그들의 개인적 전문성으로 평가된다는 사실에 기인하며 이로써 의식적으로 문외한들에 의한 연극의 반대가 된다.

---

13) 이상복, 「'팩션'으로서의 '기록극' – 페터 바이스의 〈수사〉를 중심으로」, 『세계문학비교연구』 28, 세계문학비교학회, 2009, 283~312쪽 중 291쪽.
14) Malzacher, 앞의 논문, p.39.

〈칼 마르크스: 자본론, 제1권〉 공연사진 (ⓒ리미니 프로토콜)

'문외한'이란 기꺼이 하고자 하지만 그러나 할 능력이 없는 자들이다. 그
런데 우리는 뭔가를 특별히 잘 할 수 있는 사람들, 그러니까 전문가인 사람
들과 함께 작업한다. 이들은 칼 마르크스에 대한 전문가일 수 있고 또 어떤
특정한 삶의 상황에 대한 전문가일 수도 있다.[15]

  리미니 프로토콜의 행위자들의 연기방식에서 눈에 두드러지는 점은
소위 문외한들의 연극에서 흔히 볼 수 있는 스테레오타입의 인습적 연기
들을 전혀 혹은 거의 사용하지 않는다는 것이다. 리미니 프로토콜에서
는 연기자들이 침착하고 통제된 상태로 행동한다. 눈에 띄는 점은 이들
의 장면상의 행동이 강하게 형식화되어 있다는 사실이다. 그리하여 즉흥

---

15) Caroline Schließmann, Das Theater von Rimini-Protokoll. Studienarbeit, München/Ravensburg:
    Grin, 2009, p.5.

적 행위가 아닌, 계산된 실행이라는 인상이 생긴다. 이러한 연기방식은 1960년대의 행위예술(performance art)의 전통에서 유래한다.

그렇다면 연기자들이 일상에서 자신을 보여주는 것과 극장에서 등장하는 것 사이에는 어떤 차이점이 있는가? 그 차이는 리미니 프로토콜에서는 등장이 '연출'되어 있다는 것이 감춰지지 않고, 심지어 특수한 지각의 상황이 전시된다는 데 있다. 리미니 프로토콜의 공연들이 제공하는 연기된 기록(protocol)은 브레히트가 즐겨 사용한 서사화의 수법이라고도 표현될 수 있다. 브레히트도 자신이 서사극의 기본모델로 제시한 〈거리 장면(Straßenszene)〉에서 비전문적 연기자를 생각하긴 했지만, 리미니 프로토콜의 행위자들은 그들 자신이 관여해 있을 뿐만 아니라 자신의 삶에도 지속적으로 영향을 미치는 어떤 사건(전기)에 관해 관객에게 보고하고 말을 건다는 점에서 차이가 난다.[16)

그러나 리미니 프로토콜의 작업에서 정작 중요한 것은 전문가와 문외한의 대립이 아니라, 완벽성과 비완벽성의 대치(對峙)이다. 장면 상 잘 정렬된 것의 완벽함이 비(非)완벽한 연기자들의 등장으로 인해 언제나 반복해서 깨진다는 데 리미니 프로토콜의 공연의 특징이 있다. 완벽한 것을 지향하는 작업은 완결, 완전성 혹은 완성이라는 이상(理想)을 함축한다.

반면에 비완벽한 것을 향한 작업은 완성의 이상을 기피하는 것일 뿐아니라, 어떤 이상에다 인간과 그의 연기의 방향을 맞추는 것 자체를 수상한 것으로 만든다. 전문적인 완벽한 연기가 신체를 명징한 표현수단으로 훈련시키는 반면에, 비완벽한 것은 오히려 신체적인 저항과 한계를 들추어내고 불일치와 모순, 이질성, 개방성 등을 경험하게 한다. 이러한

---

16) Jens Roselt, "In Erscheinung treten. Zur Darstellungspraxis des Sich-Zeigens", Miriam Dreysse / Florian Malzacher(Hg.), *Experten des Alltags*, 앞의 책, pp.46~63 중 p.60 이하 참조.

차원이 특별히 명확하게 드러나는 순간은 예컨대 목소리에 과부하가 걸린 경우라든가, 어떤 텍스트를 외우거나 혹은 자유자재로 낭독할 수 없을 때 등을 생각할 수 있다. 이런 관점에서 볼 때 리미니 프로토콜의 연기자들의 몸에서 경험할 수 있는 비완벽성은 옌스 로젤트가 정확하게 지적하듯이, 몸의 통제와 지배가능성이라는 18세기 이래의 근대적 연기술의 이상[17]에 조소를 보내는 것이기도 하다.[18]

연기한다는 것은 미학적이며 동시에 윤리적인 행동이다. 관객 앞에서 자신의 전기적 자료와 대면하는 것은 개개의 연기자들이 연출에 대하여 갖는 관계를 알게 해준다. 즉, 리미니 프로토콜의 연기자들이 비록 주어진 형식적 틀 안에서 움직인다 하더라도, 소위 "더 높은 차원의" 연출의 도를 충족시키는 조수로서만 나타나는 것이 아니라, 동시에 그들의 비완벽한 연기로 제작자와 관객에 의한 완벽한 전유(專有)를 차단하는 것이다. 극장경영의 면에서 볼 때 연기에 관한 규약과 더불어 연극에 관한 담론이 동시에 변화를 겪는다는 점에서, 이러한 실천행위는 일종의 도발로 드러나게 된다.[19]

3.3. 연출전략: 반환영주의적 허구화

환영(Illusion)의 개념은 라틴어 illudere라는 동사에서 비롯하는데, 이

---

17) 18세기 후반에 시민계층의 형성에 따른 '드라마'의 출현으로 연극이 점차 심리화, 내면화의 길을 걷게 되면서 디드로와 레싱 등에 의해 비로소 정립되기 시작한 근대적 연기술은 드라마의 주인공이 행동을 아주 정확히 모방함으로써 관객들에게 착각을 불러 일으켜 무대행동 자체에 참여하고 있다고 상상하게 만드는 것을 최상의 목적으로 삼았다. 이에 대해서는 Michel Lioure, Le Drame de Diderot a Ionesco, 미셸 리우르, 『프랑스 희곡사』, 김찬자 역주, 신아사, 1992, 28~30쪽 참조.
18) Roselt, 앞의 논문, p.62 이하 참조.
19) 같은 논문, p.63 참조.

것은 속이다, 가지고 놀다, 조롱하다의 뜻을 갖는다. 이 같은 단어의 뜻에 따르자면, 환영은 우선 미적 영향의 범주로 이해할 수 있으며, 이로써 관객에 의한 수용과 관련이 있다. 이를 부르주아의 환영연극의 모델과 연관지어 설명하면, 환영은 연극 바깥의 현실을 속아 넘어가게끔 사실적으로 재구성하거나 모사하는 것을 뜻한다. 이러한 연극적 환영에 관한 이해는 18세기 계몽주의의 흐름 속에서 예컨대 레싱과 디드로(Denis Diderot)의 연기론의 저술에 의해 그 토대가 형성되었다.[20] 이러한 의미의 연극적 환영에서 중요한 것은 무엇보다도 그 환영의 산출과정, 즉 '마치 …인 양'의 성격을 은폐하는 일이다. 실재와의 거리감이 모두 사라져야 하고, 연기가 연기대상과 함께 녹아들어야 한다. 눈속임의 개념이 함축하듯이 환영에서는 관극하는 자의 지각이 중요하고, 관객에 미치는 영향이 본질적이며, 연극적 연기를 관극하는 자들이 실재로 간주하기를 희망한다.[21]

이상과 같은 환영의 관념과 비교하면, 리미니 프로토콜의 연극은 단연 '반(反)환영주의적'이다. 무대 밖의 현실을 모사하는 것이 아니라, 실재가 그대로 무대 위로 올라오기 때문이다. 이때 연기자들의 비완벽한 연기로 인하여 반사적으로 "진정성"이 자주 거론된다. 그러나 자신들의 전기를 동시에 이렇게 연극 속으로 '옮겨오는' 행위를 통하여 실재에 대한 거리(Distanz)가 형성된다. 리미니 프로토콜은 여기서 브레히트처럼 몰입에 대한 중단과 분리, 그리고 연극적 제 수단을 노출하는 방식으로 작업한다. 개별적인 구성요소들이 직접적으로 몽타주되면서 환영주의적인

---

20) Jean-Jacques Roubine, Introduction Aux Grandes Theories Du Theatre, 장-자크 루빈, 『연극이론의 역사』, 김애련 옮김, 폴리미디어, 1993, 101~109쪽 중 특히 101~102쪽 참조.

21) Miriam Dreysse, "Die Aufführung beginnt jetzt. Zum Verhältnis von Realität und Fiktion", Miriam Dreysse / Florian Malzacher(Hg.), *Experten des Alltags*, 앞의 책, pp.76~97 중 p.83 이하 참조.

통일된 전체가 차단되고, 주관적인 접근과 소통을 위한 공간이 만들어진다. 내용상의 연결이 이루어지기는 하나, 연관망을 밝히는 것은 종국적으로 개별 관객에 의해 일어난다. 이때 브레히트가 말하는 소위 "연습한 것(das Geprobte)"이 나타나는데, 그것은 연기자들이 언제나 관객을 앞에 두고서 자신의 등장과 발화를 해보이기 때문이다. 따라서 리미니 프로토콜의 퍼포먼스에서 무대 안의 허구 속에 갇힌 폐쇄된 대화는 거의 없다. 이와 같은 방식으로 만들어지는 거리는 전문가들이 자기 자신에 대하여, 또 자신의 이야기에 대하여 갖는 거리이기도 하다.[22] 무대 위의 진술의 진위(진실과 허구)에 대한 의혹과 공방이 일어나는 것은 바로 관객을 앞에 둔 연기자들이 자신들의 전기에 대하여 갖는 이러한 거리두기의 효과 때문이다.

한편, 허구(Fiktion)와 허구성(Fiktionalität)의 개념은 원래 '짓다, 형성하다, 형상화하다'를 뜻하는 라틴어 fingere에서 유래하며, 형태를 부여하는 의도적인 행위를 말한다. 이 라틴어 동사의 더 넓은 의미는 꾸며 짓다, 눈속임하다 등이며, 이 때문에 허구 하에서 우리가 일반적으로 이해하는 세계는 허구화된, 특히 언어로 만들어진 세계를 가리킨다.

그러나 우리가 볼프강 이저(Wolfgang Iser)의 개념을 빌어서 허구적인 것(das Fiktive)을 실재와의 반대가 아니라, 허구로 꾸미는 의도적인 행위(fingieren)로 파악한다면, 연극에서도 현실과 허구의 명확한 구분이 유지될 수 없다. 이저에 따르면, 본질적으로 허구적인 행위는 선택과 결합이다. 따라서 무대 위 "전문가들"의 선택과 보고 그리고 이에 따르는 탈문맥화는 이들의 드라마투르기, 장면 상의 배열과 마찬가지로 허구화하는 행위와 다르지 않다. 상상적인 것을 구체적인 형상으로 옮기고 또 실재

---

22) 같은 논문, p.84 참조.

〈칼 마르크스: 자본론, 제1권〉 공연사진 (ⓒ리미니 프로토콜)

를 변형시키면서 실재에 대한 새로운 관점을 열어주는 것은 다름 아닌 허구적인 것이다. 이저는 『허구적인 것과 상상적인 것(Das Fiktive und das Imaginäre)』이라는 저술에서 "세상에 대한 모든 '자연스러운' 입장"을 중지시키고 실재를 "관찰의 대상"으로 만들기 위해서는 허구성을 폭로하고 또 그 자체를 연출된 것으로 인식시키지 않으면 안 되는 것이 바로 허구적인 것이라고 말한다. 이와 같은 허구의 관념은 실재와의 일치를 목표로 하고 또 실재에 대한 "자연스러운 입장"을 수긍하는 환영의 관념과 명백히 구분된다.[23]

그렇다면 리미니 프로토콜의 무대작업에서는 실재와 허구의 관계가 어떻게 나타나는가? 여기서는 실재가 재현되거나 모방되지 않고, 의식

---

23) 같은 논문, p.85 참조.

적으로 형성된다. 그리하여 내용 차원에서도 또 장면 차원에서도 실재와 허구를 구분하는 경계가 불안정하게 된다. 이를테면 전기적 이야기와 보고들은 '일상의 전문가들'에 의해 직접 제시되기 때문에 "진실한" 것으로 다가오지만, 관객의 입장에서 보자면 존재론적인 일관성이 없는데다 '공연'의 상황에서 구두로 발생하기 때문에 허구적 성격도 동시에 갖는다.

진정성을 나타내는 기호들, 그러니까 비전문적이라는 인상을 갖게 하는 연기자들의 불안정성이라든가 말실수 등과 같은 것들은 무대 위의 상황이 연출된 것임을 밝히는 거리두기효과의 수단들과 긴밀하게 결합된다. 그리하여 리미니 프로토콜의 전기적인 보고들은 이러한 방식으로 진정성과 자유로이 창작된 것(허구, 연출된 것) 사이에서 줄곧 왕복 운동하며 전달되고 있다고 할 수 있다.[24] 게세 바르테만(Geesche Wartemann)은 이러한 연기의 현상을 가리켜 "매개된 직접성의 패러독스(Paradox einer vermittelten Unmittelbarleit)'"[25]라고 부른다.

3.4. 연극의 새로운 언어형식: 이론적 담론의 연극

레디메이드의 전통 속에서 리미니 프로토콜은 단지 대상들(objéts)만이 아니라 실제의 인물을 비롯해, 사안에 대한 지식과 이론적인 것도 얼마든지 정당하게 연극 속으로 수용하고자 한다. 일상의 각기 특수한 분야에서 '발견된' 사람들이 무대에서 말할 수 있는 것처럼, 지식과 텍스트, 이론과 학문도 ― 〈칼 마르크스: 자본론, 제1권〉이 그 예이다 ― 포스트드

---

24) 같은 논문, p.86 참조.

25) Jens Roselt, "Die Arbeit am Nicht−Perfekten", Erika Fischer−Lichte, Barbara Gronau, Sabine Schouten, Christel Weiler(Hg.), *Wege der Wahrnehmung. Authentizität, Reflexivität und Aufmerksamkeit im zeitgenössischen Theater*, Berlin: Theater der Zeit, 2006, pp.28~38 중 p.35에서 재인용.

라마의 형태로 그 연극적 현전을 주장할 수 있고, 그러한 것으로서 진열될 수 있다고 보는 것이다. 여기서 연극은 이중의 의미로 탐구를 보여준다. 즉, 먼저 양로원의 노인들, 10대 청소년들, 경비원들, 트럭운전자 등과 같이 연기자들부터가 '발견된' 사람들이다. 그리고 이들의 생활세계의 실재가 공개되고 면밀히 조사되며 또 그 사회적 연관성의 의미에서 밝혀지는데, 물론 그 사회적 연관성을 명확하게 해석하지는 않는다. 리미니 프로토콜이 보여주는 것은 알지 못하는 현재에 대한 '기억'의 연극이며, 일종의 경험적 사회탐구이고, 연극적으로 조직된 지식체계, 실존하는 인물들이 활용된 설치예술작품이라 할 수 있다. 한스-티스 레만은 이러한 작업방식이 '연극'이라고 부르는 것과 너무 동떨어져 있다고 생각하는 사람이 있다면, 그는 드라마의 내용을 서술하는 것이 곧 연극이라는 통념이야말로 아주 최근에야 나타난 시대적 현상임을 상기할 필요가 있다고 지적한다.[26]

그의 설명에 의하면 르네상스와 휴머니즘 시대만 하더라도 '연극(Theater)'이라는 단어는 지극히 다양한 형태의 '보는' 행위를 가리키기 위해 사용되었다. '극장'이라 할 때 지칭되는 장소 역시 저택이나 정원의 공간적-건축적 배열을 포함하였고, 나아가 계단이나 분수 장면으로 구체화되기도 하였다. 또한 '연극'이라는 단어에서 사람들은 지식과 성찰하는 관조의 대상을 생각했다. 실로 '연극'이 뜻하는 것은 전적으로 theoria(사유), 즉 축적된 지식을 정돈되고 훈련된 방식으로 제시하는 것이었다. 그리고 이러한 의미는 무대 위에서 말로 행해지는 (혹은 오페라에서 노래로 불려지는) 서술의 의미와 거의 동등하다고 인정받았던 것으

---

26) Hans-Thies Lehmann, "Theorie im Theater? Anmerkungen zu einer alten Frage", Miriam Dreysse / Florian Malzacher(Hg.), *Experten des Alltags*, 앞의 책, pp.164~179 중 p.169 이하.

로 보인다. 이런 점에서 보자면, 결국 오늘날의 리미니 프로토콜의 연극은 더 오래되고 훨씬 먼 연극 개념의 전통과 맞닿아 있는 셈이다. 그러므로 리미니 프로토콜 연극이 정보와 서사적(narrative) 지식을 연극 안에 주체적으로 끌어들일 때, 다시 말해 "일상의 전문가들"의 지식과 경험 그리고 사유의 전시가 허구적 연기를 폭넓게 대체할 때, 그것은 지극히 논리적이고 자연스러운 일이라는 것이다.[27]

요컨대, 레만은 유럽의 담론사의 맥락 안에서 '연극'의 개념을 그것의 정체성과 본질, 그리고 기능의 관점에서 추적하고 분석하면서 리미니 프로토콜이 실천하고 있는 형태의 '연극성'이 엄밀한 의미에서 '연극'을 이탈하거나 부정하는 것이 아님을 강조하고 있다. 리미니 프로토콜의 연극 작업들은 〈칼 마르크스: 자본론, 제1권〉 이전에 벌써 정보를 강하게 포함하면서 지식과 인식과정을 보여주고 또 자극하였다. 이들의 연극작업은 이로써 탈희곡적 현대연극의 발전이라는 광범위한 맥락 속에 위치한다. 21세기 초의 포스트드라마 연극은 다양한 방식으로 언어형식을 창출하는데, 레만에 의하면 리미니 프로토콜 극단은 "정치적 경제학의 비판"에 관한 이론담론으로써 새로운 연극언어형식으로의 진입을 시도한 것이다.[28]

이렇게 리미니 프로토콜의 연극은 일상의 레디메이드와 다큐멘터리즘 그리고 허구 사이를 끊임없이 진동 운동하며 관객의 기억에 의한 비판적 사유를 촉발하고 관객을 그의 고유한 윤리적, 정치적 책임과 결단 앞에 세워 놓는다는 점에서 의식(意識)의 연극으로 자리매김 할 수 있을 것이다.

---

27) Lehmann, 앞의 논문, p.170.
28) 같은 논문, p.171.

4. 일상의 퍼포먼스화

연극은 신체적 모방과 표현에 의한 소통을 본질로 삼는다는 점에서 인류의 출현과 역사를 함께 하고 있다. 그러나 연극은 이러한 사회적 소통을 위한 기구요 제도일 뿐만 아니라, 인간에게 자신의 생각과 경험, 또 시대와 사회를 반영하면서 이에 대해 관조하고 성찰할 수 있는 거리를 부여한다는 점에서 미학적 매체이기도 하다. 연극과 연극성 그리고 그것의 핵심인 연출은 우리가 의식하고 있든 아니든, 이미 우리 삶의 실재와 불가분의 관계에 있다. 셰익스피어가 말한 '삶 자체가 곧 연극'이라는 말은 연극학적, 인류학적 관점에서의 메타포를 넘어서 가히 동시대 일상의 환경을 문화학적, 사회학적으로 규정하는 말이기도 하다.

돌이켜 보면 오늘처럼 연극과 연극성이 삶의 현실 곳곳에 깊숙이 작용하며 문화적, 정치적 영향을 미치고 있는 경우도 일찍이 없다. 그러나 우리가 시민적 삶 속으로 밀접히 다가오게 된 예술로서의 연극과 함께 각별히 주목해야 할 또 다른 연극(성)이 있으니, 텔레비전과 인터넷이 지배하는 미디어 세계 속에서 연출되고 실행되고 있는 사회적·정치적 소통형태로서의 연극(성)이 그것이다. 작금에 전국적으로 문화적 이벤트로서 치러지는 각종 연극제가 "연극의 생활화"를 실현하고자 한다면, 오늘의 미디어 사회에서는 무엇보다도 사회적 연관성 속에서 "생활의 연극화" 내지 "생활의 미학화"가 재발견되고 또 새로이 발견되고 있다. 전자가 전통적 의미에서의 미학적, 예술적 형태의 연극(성)에 관계한다면, 후자는 사회적 소통형태로서의 정치적이고 이데올로기적인 연극(성)에 관계한다고 볼 수 있다. 바로 여기서 연극(성) 개념에 세분화가 일어난다.

오늘날 예술학과 문화학 그리고 매체학을 가로지르는 학제적 학문으로 점차 인식되고 있는 연극학 연구에서 '퍼포먼스의 일상화'와 '일상의 퍼포먼스화'의 문제가 중요 화두로 대두하는 것은 이미 언급한 바처럼 우리의 사회적 소통형태가 연극(성)과 긴밀히 연관되어 있기 때문이다. 우리가 일상에서 쉽게 접할 수 있는 국가적 차원에서 벌이는 각종 의례라든가 시민단체에 의한 정치집회나 문화행사, 스포츠경기의 응원전, 심지어 연극을 모르는 문외한들이 각기 자기 생활분야의 "전문가들"로서 무대 위에서 자신의 경험과 생각을 이야기하고 보여주는 뉴 다큐멘터리 연극의 예들만 보더라도 우리의 사회적 소통형태가 연극(성)은 물론 그 것을 주조하는 핵심인 연출과 얼마나 긴밀히 연관되어 있는가를 단적으로 알 수 있다.

이제 우리 시대의 연극은 더 이상 '배우(A)가 배역(B)을 관객(C) 앞에서 연기하는 것'(에릭 벤틀리의 고전적인 'A-B-C 공식')을 의미하지 않는다. 오히려 "'우리가 현실(연극)로서 경험하는 것은 어떤 행위자가 특별히 설정된 장소에서 특정 시간에 자기 자신이나 타인 혹은 무엇을 다른 사람들(관객)이 보는 앞에서 표현하거나 보여주는 상황'"[29]이라는 것이 오늘날 연극학자들의 시각이다. 연극에 관한 이 같은 새로운 관념을 따르면, 우리들 모두가 연극을 할 수 있거나, 아니면 특정 시간에 무엇인가를 보여줄 수 있다. 이로써 제기되는 질문은 결국 일상생활 속의 연극적인 것으로서, 도대체 연극과 삶의 구분이 가능한가 하는 것이다. 그러나 동시에 이 문제는 현재 우리가 살고 있는 각종 디지털 매스미디어 사회에서 첨예하게 대두하고 있는 연극성(가상, 허위, 거짓)과 진정성(실재, 사실, 진실)을 둘러싼 담론으로 더 확산된다. 다시 말해서 매개화된

---

29) Hajo Kurzenberger, "Theatralität und populäre Kultur", Gabriele Klein, Wolfgang Sting (Hg.), *Performance. Positionen zur zeitgenössischen szenischen Kunst*, Bielefeld: transcript, 2005, pp.107~120 중 p.110.

(mediatized) 사회에서 허구성을 대변하는 연극과 진정성[진실성]을 대변하는 삶[실재] 사이의 명확한 구분이 가능한가에 대해서는 여전히 논의가 진행 중이다.

본 논문에서 〈칼 마르크스: 자본론, 제1권〉을 중심으로 살펴본 리미니 프로토콜의 연극작업은 이른바 포스트드라마 연극의 드라마투르기와 자기반영적 연출전략들을 명확히 내포하고 있다. 그것은 무엇보다도 연극적 재현의 체계, 다시 말해 배우들에 의한 '마치 …인 양'의 연기에 대한 불신에서 드러난다. 이것은 비전문적 연기자들과의 작업으로 이어져서, '가짜'와 '진실' 사이의 경계에 대해서뿐만 아니라 '연극 그 자체'란 무엇인가에 대해서까지도 질문을 던진다.

또한 리미니 프로토콜은 그들의 이른바 '전문가연극'으로써 종래의 다큐멘터리 연극의 개념과 의미차원을 한 단계 확장하였다. 에르빈 피스카토어가 1920년대에 자신의 연출작업에 다큐멘터리 사진과 영화자료를 몽타주함으로써 당시의 정치적, 사회적 상황을 연극 안에다 집어넣으려고 시도하였다면, 1960년대의 다큐멘터리 연극은 가장 가까운 과거의 주제를 객관적으로 탐구하기 위해 진정성 있는 역사자료와 언론의 조사를 작품들의 기본토대로 이용하였다.

리미니 프로토콜도 언론식의 조사와 인터뷰 방식으로 작업하기는 마찬가지다. 하지만 퍼포머로 선별된 일상생활의 어느 특정 영역에 대한 '전문가들'은 '그들 자신의 대리인'으로서 그들의 그때마다의 경험과 전기를 배경으로 하여 명백히 주관적인 입장을 취한다. 리미니 프로토콜의 다큐멘터리 퍼포먼스는 이로써 일반적으로 공적인 이목의 중심에 서있지 않은 사람들에게 하나의 목소리를 부여하는 것이다. 하지만 이들의 경험과 지식은 동시에 매우 전달의 가치가 있으며 또 연출과 드라마투르

기를 경유하여 개인적인 관점을 넘어서는 의미와 예시성을 획득한다.[30]

우리가 뉴 다큐멘터리 연극으로서의 〈칼 마르크스: 자본론, 제1권〉을 중심으로 확장된 '연극'과 '연극성' 개념, 그리고 연극이라는 현실을 구성하는 핵심으로서의 '연출', 연기, 진정성 등의 개념에 주목하는 이유는 우리의 현재 문화가 점점 더 작품의 상태가 아니라 연극적 과정의 상태로 구성되기 때문이다. 또한 연극(성)이야말로 어떤 고착된 것이 아니라, 매 시대 및 사회와 영향을 주고받으면서 얼마든지 새롭게 변화하고 확장해 나갈 수 있는 것이라는 인식에서 비롯한다.

이런 점에서 〈칼 마르크스: 자본론, 제1권〉의 공연이 우리에게 갖는 의미와 가치는 자본주의의 속성에 대해 냉철한 통찰과 비판적 인식을 얻는 것에 국한되지 않는다. 그에 못지않게 중요한 화두는 무엇보다도 우리 시대에 연극이 과연 무엇이며, 어떻게 존재해야 하고 어떠한 방식으로 작용해야 하며, 나아가 무엇을 할 수 있는가 하는 근본적인 질문이다. 연극은 시대와 삶을 반영하고 또 거꾸로 영향을 미치는 예술이다. 그러기에 언제 어디서든 유효한 연극의 문법이란 있을 수 없다. 리미니 프로토콜과 같은 연출팀이 인습과 타성에 젖지 않기 위해서 '친숙한' 연극에 "의심"을 품고 끊임없이 사유하며 변화를 모색하는 이유가 여기에 있다.

---

30) Kerstin Evert, "'Verortung' als Konzept: Rimini Protokoll und Gob Squad", Gabriele Klein, Wolfgang Sting (Hg.), *Performance*, 앞의 책, pp.121~129 중 p.124 참조.

참고문헌

김형기, 「다중매체시대의 '포스트드라마 연극' – 브레히트 이후의 '탈인간중심적 연극': 로버트 윌슨을 중심으로」, 『브레히트와 현대연극』 8, 2000, 5~29쪽.

이상복, 「'팩션'으로서의 '기록극' – 페터 바이스의 〈수사〉를 중심으로」, 『세계문학 비교연구』 28, 세계문학비교학회, 2009, 283~312쪽.

이은기, 「리미니 프로토콜(Rimini Protokoll) – 일상의 연극화, 연극의 일상화」, 최영주 외, 『동시대 연출가론』, 연극과인간, 2010, 77~110쪽.

Barton, Brian, Das Dokumentartheater, Stuttgart: Metzler, 1987.

Dreysse, Miriam, "Die Aufführung beginnt jetzt. Zum Verhältnis von Realität und Fiktion", Miriam Dreysse / Florian Malzacher(Hg.), *Experten des Alltags. Das Theater von Rimini Protokoll*, Berlin: Alexander, 2007, pp.76~97.

Evert, Kerstin, "'Verortung' als Konzept: Rimini Protokoll und Gob Squad", Gabriele Klein, Wolfgang Sting (Hg.), *Performance. Positionen zur zeitgenössischen szenischen Kunst*, Bielefeld: transcript, 2005, pp.121~129.

Irmer, Thomas, "A Search for New Realities. Documentary Theatre in Germany", *TDR* 50:3(T191), Fall 2006, pp.16~28.

Kurzenberger, Hajo, "Theatralität und populäre Kultur", Gabriele Klein, Wolfgang Sting (Hg.), *Performance*, 앞의 책, pp.107~120.

Lehmann, Hans-Thies, "Theorie im Theater? Anmerkungen zu einer alten Frage", Miriam Dreysse / Florian Malzacher(Hg.), *Experten des Alltags*, 앞의 책, pp.164~179.

Lioure, Michel, Le Drame de Diderot a Ionesco, 미셸 리우르, 『프랑스 희곡사』, 김찬자 역주, 신아사, 1992.

Malzacher, Florian, "Dramaturgien der Fürsorge und der Verunsicherung. Die Geschichte von Rimini Protokoll", Miriam Dreysse / Florian Malzacher(Hg.), *Experten des Alltags*, 앞의 책, pp.14~43.

Peters, Nina, "Keine Heilanstalt, sondern Museum. Stefan Kaegi über das Theater als Kommunikationsraum, seine Arbeit mit Spezialisten und das Gefühl der Scham", *Theater der Zeit*, Oktober 2006, pp.22~25.

Roselt, Jens, "Die Arbeit am Nicht-Perfekten", Erika Fischer-Lichte, Barbara Gronau, Sabine Schouten, Christel Weiler(Hg.), *Wege der Wahrnehmung. Authentizität, Reflexivität und Aufmerksamkeit im zeitgenössischen Theater*, Berlin: Theater der Zeit, 2006, pp.28~38.

_____, "In Erscheinung treten. Zur Darstellungspraxis des Sich-Zeigens", in: Miriam Dreysse / Florian Malzacher(Hg.), *Experten des Alltags*, 앞의 책, pp.46~63.

Roubine, Jean-Jacques, Introduction Aux Grandes Theories Du Theatre, 장-자크 루빈, 『연극이론의 역사』, 김애련 옮김, 폴리미디어, 1993.

Schließmann, Caroline, Das Theater von Rimini-Protokoll. Studienarbeit, München/Ravensburg: Grin, 2009.

Siegmund, Gerald, "Die Kunst des Erinnerns. Fiktion als Verführung zur Realität", Miriam Dreysse / Florian Malzacher(Hg.), *Experten des Alltags*, pp.182~205.

Weiss, Peter, "Notizen zum dokumentarischen Theater", Joachim Fiebach(Hrsg.), *Manifeste europäischen Theaters. Grotowski bis Schleef*, Berlin: Theater der Zeit, 2003, pp.67~73.

포스트드라마 연극에서
관객의 위치는 어디인가?

이진아

1. 관객성(spectatorship)에 대한 새로운 쟁점

연극예술과 다른 예술분야 사이의 가장 중요한 구별점 중 하나로 관객의 현존성이 항상 인지되고 있었음에도 불구하고, 그동안 관객의 문제가 공연분석 및 연극이론의 독립된 연구 대상으로 다루어지는 일은 의외로 드물었다. 19세기 이후 공연제작과 흥행에 대한 시스템이 정착되고 20세기 초 급진적이고 실험적인 아방가르드 예술가들이 공연예술의 모든 관습을 타파하고자 했을 때에도 관객은 항상 중요한 고려의 대상이긴 하였지만 비평과 학문적 차원에서 관객이 조명되지는 못했다. 관객에 대한 학문적 관심이 본격화된 것은 어느 정도는 수용이론과 독자반응이론의 대두와 함께이며, 문화이론의 성장과도 관련이 있다.

수잔 베넷(Susan Bennett)의 『연극 관객(Theatre Audience)』(Routledge, 1997)은 바로 이러한 이론적 영향 하에서 연극관객을 주목한 대표적이며 선구적인 저서이다. 그녀는 수용미학적 관점에서, 또 문화현상의 관점에서 관객성(spectatorship)과 관객의 역할에 대한 이론적 연구를 수행하여 이 분야 연구에 대한 견인적 역할을 했다. 후기구조주의와 문화이론을 모두 포괄해 가며 관객에 대하여 접근하고 있는 그녀의 연구는, 그럼에도 불구하고 다분히 고전적 개념에서 크게 벗어나지 않았다고 하겠다. 베네트는 관객에 대한 이해를 사회적 맥락과 문화이벤트적 맥락으로 확장시키고자 노력하지만, 공연 내적인 영역(실제 공연이 이루어지는 영역)과 공연 외적인 영역(관객과 그 사회문화적 맥락까지를 포함하는 영역)이라는 명백하게 구별할 수 있는 두 개의 프레임이 존재한다는 사실(혹은 그것이 존재한다는 전제를 지니고 관객에게 접근해야 한다는 사실)을 부정하지는 않기 때문이다.

고전적 개념에서 관객의 위치는 공연의 내적인 영역과 외적인 영역 중 공연 외적 영역에 속하는 것으로 이해되어왔다. 특히 프로시니엄 무대를 갖춘 이탈리아 극장과 원근법에 입각한 무대미술의 관습이 완성되고 극장의 무대환영(illusion)을 중요시 여기던 시기, 물리적으로 엄격한 무대와 객석의 분리는 관람자가 드라마의 세계에 완전히 동화되고 무대예술가들의 의도를 정확히 이해하고 받아들이기 위한 가장 중요한 시작점으로 이해되었다. 이러한 고전적 개념에 서서히 새로운 문제를 제기하기 시작한 것은 20세기 초 아방가르드 예술가들이었으며 또한 브레히트의 연극이었다. 이들은 모두 무대와 객석의 엄격한 경계를 허물고 무대환상을 제거하기를 원했으며, 관객을 자극하여 작품과 그 작품이 제기하는 문제에 적극적으로 개입하게 만들기를 원했다. 이에 따라 아방가르드 예술가들은 문학적 텍스트의 의존으로부터 연극을 해방시키고자 하는 '연극의 재연극화'를 주장했으며, 자본으로 소유될 수 있는 형성물(작품)보다는 생성의 '과정'

과 체험의 '현장감' '동시성'을 중요시 여겼다. 이와 같은 아방가르드 예술가들의 시도는 당시의 관습과 결별한 채 연극이라는 예술형식의 고유성, 즉 그 매체가 지닌 자체의 특이성(배타적 순수성)을 되찾기를 원했던 것이라 할 수 있다. 한편, 브레히트의 경우는 드라마적 연극이 가지고 있는 무대환영을 깨뜨림으로써 관객의 수동성을 타파하고 정치사회적 주체인 능동적 관객을 구성하기를 원했던 경우였다. 드라마의 세계에 정서적으로 동화됨으로써 비판적 기능이 마비되는 관객의 무비판성을 비판하고, 공연의 인식 주체로서, 나아가 정치적 주체로서 다시 서기를 그는 원했던 것이다. 그런데 이를 위하여 그가 공연 안에서 강조한 것은 '연극은 연극일 뿐이다'라는 점이었다. 말하자면 그의 작업 역시, 비록 그의 의도가 이 점에 방점이 있는 것은 아니었을지언정, 관객에게 연극은 연극이다, 라고 하는 예술형식 자체의 고유성을 강조하는 작업이었다고 할 수 있다.

이러한 일련의 작업들을 통해 연극예술에서 현실과 재현적 허구 간의 위계 문제가 연극예술 내부에서 서서히 제기되기 시작했지만, 그럼에도 불구하고 아직 그 문제 자체가 중요한 쟁점으로서 전면적으로 다루어지지는 않았다. 때문에 이들 연극인들은 희곡이 요구하는 인물을 구현(재현)하는 것을 거부하거나 사건을 재현하는 서사의 진행 자체를 거부하여 이 문제를 실험하고자 하는 시도를 의식적으로 보이지 않았다. 다만 그들은 매체, 예술 양식 자체가 가지고 있는 고유성을 회복하기 위해 그것을 실험하기를 원했으며, 이를 통한 관객의 태도 변화, 관객과 공연 간의 관계 변화를 탐색한 것이다.

그러나 1960년대 이후 네오아방가르드 연극인들은 연극이 현실과 맺는 관계와 위계 자체에 대한 질문을 던진다. 즉 네오아방가르드 예술가들은 예술제도와 미적 개념 그 자체에 대한 도전을 시작한 것이며, 그린버그

식의 모더니즘, 다시 말하면 매체의 배타적 순수성, 절대적 보편적 초월적인 것으로서의 미적인 것(작품의 질로서), 다분히 엘리트주의적일 수 있는 예술에 대한 신념이라는 모더니즘 예술 개념의 종식을 가져오기 시작한 것이다.[1]

줄리앙 벡과 주디스 말리나의 리빙 씨어터, 폴란드 연극실과 그로토프스키, 피터 브룩의 '성스러운 연극', 리처드 셰크너의 퍼포먼스 이론, 환경연극, 빵과 인형극단, 아우구스토 보알의 '보이지 않는 연극' 등 60년대 이후의 연극인들은 연극이 현실과 맺는 위계적 관계, 일상과 무대의 경계에 대한 전통적 개념에 도전하기 시작한다. 그들에게 연극은 종종 더 이상 현실의 모방이거나 무대적 재현이 아니었다. 더불어 이들의 작업은 일차적으로 관객의 수동성을 공격하고 공연에의 참여를 적극적으로 유도했다는 점에서 상호 간의 공통점을 보인다. 그리고 이러한 작업에는 관객의 자각, 대중의 자기 발견, 시민으로서의 책임감, 공동체의식 등에 대한 예술가들의 관심과 의도가 배경으로 작용하고 있다. 때문에 이들의 작업이 카니발, 중세극, 제의식 등에 관심을 보이는 것은 일견 당연해 보인다. 크리스토퍼 인네스(Christopher Innes)가 제의적 드라마 아방가르드 연극과 원시 제의식 사이의 유사성을 강조하면서 "이 두 가지는 '전체성', '구체성', '초월적 경험' 그리고 공연을 최종 산물로서가 아니라 '과정'으로 강조하는 것 같은 똑같은 원칙을 공유하고 있는 것"[2]이라는 점에서 공통점을 보인다고 지적한 바와 같이, 그들은 모두

---

1) 아서 단토가 앤디 워홀이 〈브릴로 박스〉를 들고 나왔을 때가 '모더니즘의 종언'을 고한 시기라고 말한 것 역시 이 때문이다. 그가 말한 모더니즘은 클레멘토 그린버그 식의 모더니즘(소위 대문자 Modernism)을 지칭한다. 단토는 역사주의적 개념의 모더니즘은 종식되고 이제 역사 이후의 시대, 현대와 역사가 공존·착종하는 개념인 컨템퍼러리가 도래했다고 말한다.

2) 인네스(Christopher Innes), 『아방가르드 연극의 흐름(Avant Garde Theatre: 1892~1992(1993))』, 김미혜 역, 현대미학사, 1997, 273쪽.

'공동체적' 경험으로서의 관객의 참여에 중심을 두고 있기 때문이다. 이런 면에서 이들의 작업은 능동적이고 정치참여적 관객을 원했던 브레히트의 기획과 관련지어 생각할 수 있다. 이들의 작업 안에서 관객은 여전히 일깨워야 하는 대상이었다. 그들은 연극예술이 인간을 변화시킬 수 있다고 생각했다. 그들에게 관객은 구체적인 현실 공동체의 구성원이자 변화의 대상이었다. 관습과 제도적 틀에 갇힌 채 당연히 해야 할 정치적 행동을 하지 못하는 대중인 리빙 씨어터의 관객이나, 관찰자, 소시민, 무력한 방관자라는 수동적 역할에서 벗어나지 못하고 있는 그로토프스키의 관객[3], 연극이 삶을 위한 리허설이라고 주장했던 아우구스토 보알의 작업 등은 이들이 관객을 바라보는 관점을 가늠하게 하는 대표적 예이다. 그들은 브레히트가 그러했듯이 인간이 연극을 통해 변화될 수 있을 것이라 믿었다. 퍼포먼스적 특징을 강하게 드러내는 일련의 제의적 공동체적 실험에서도 이러한 관점은 크게 다르지 않다. 그로토프스키는 유사연극(paratheatre)이라 불렸던 작업(1967~1976년경)을 통해 참가자들('배우'가 아닌 '참가자들')을 모아 여러 가지 육체적 행동들(춤추기, 불속을 건너기, 노래하기, 이야기 나누기 등)을 하도록 만들었는데, 그 목표는 새로운 행위의 방법을 발견하고 나와 너의 관련을 공유하며 숨겨진 인간적 주제들을 발견하고 드러내는 일이었다. 유사한 시도는 셰크너의 작업에서도 있었는데, 이것을 셰크너 자신은 '자아변환에 영향을

---

3) 그로토프스키의 폴란드 연극실험실에서의 작업은 연극의 실존과 함께 관객의 실존에 대해서도 중요한 문제제기를 한다. 그의 연극 안에서 관객은 자신의 위치와 역할을 발견하도록 자극받는데 그것은 극 안에서의 위치이기도 하지만 사회 내에서의 위치이기도 하다. '수동성'에 대한 물리적 경험(《아크로폴리스》), 무력한 관찰자로서의 실존적 정체성(《불굴의 왕자》), 참여자와 방관자의 선택의 기로에 놓인 자신의 이중성(《파우스트 박사》) 등, 어찌보면 그로토프스키의 작업은 공연예술 안에서 관객이라는 위치가 갖는 미학적 역할에 대한 연구이자 사회구성원으로서 우리가 지니는 소시민성에 대한 문제제기이기도 했다.

미치는 통과의례'[4]라고 불렀다. 리처드 셰크너는 '연극=행동=변화/변용'[5]이라 믿었다. 좀 더 구도적인 자세로 연극을 대했던 그로토프스키나 바르바의 경우는 궁극적으로 '자신의 한계와 허위를 벗고 자신을 완성하는 것을 배우기 위해' 연극을 한다고 생각했다.[6] 공연과 관객의 관계에 대하여 형식적으로 새로운 비전을 제시한 것처럼 보이는 아우구스토 보알의 경우도 이 문제에 있어서는 마찬가지이다. 연극을 현실 삶에 대한 리허설이라고 생각한 그와 그의 연극('포럼 연극', '보이지 않는 연극')에서 관객은 항상 교육의 대상이었다.

그러나 이러한 개념은 오늘날의 연극적 실험에 의해 다시 수정되기 시작한다. 커트 랭카스터(Kurt Lancaster)는 자신의 논문 「관객이 공연자가 되는 때와 연극이론(When spectators become performers and theatre theory)」에서 뉴욕의 워싱톤 스퀘어 교회당과 레스토랑 등에서 진행되면서 가라오케 공연, 역할놀이 게임, 영화 테마 투어 등을 뒤섞으며 관객을 결혼식의 하객으로 만들었던 〈Tony n' Tina's Wedding〉(NY, 1988)과 같은 공연적 유희(performance-entertainments)의 쌍방향적 상호작용에 주목한다. 랭카스터는 이러한 문화적 현상을 분석하면서 "이러한 공연들은 사람들에게 그들 자신의 가치와 믿음을 이벤트에 개입시킬 수 있는 기회를 제공한다. 그리하여 참가자들은 자신의 제한적이었던 사회적 역할(예를 들면, 과중한 업무에 시달리는 노동자, 어머니, 십대, 학생 등)

---

4) 셰크너(R. Schechner), 『퍼포먼스 이론』 1, 이기우 외 역, 현대미학사, 2004, 129쪽.

5) 같은 책, 198쪽.

6) 그로토프스키의 연극에 대한 신념은 그가 셰크너와 한 인터뷰를 통해서, 바르바의 생각과 궁극적으로 그의 연극 작업이 추구하는 바는 그가 그로토프스키를 만나고 그로부터 촉발된 관심이 왜 연극인류학으로 발전했는가를 회고하는 글을 통해 더 자세히 알 수 있다. 그로토프스키, 『가난한 연극』, 263~264쪽; 으제니오 바르바, 『연극 인류학』, 21~23쪽 참조.

을 깨부술 수 있는 것이다."[7]라고 설명한다. 랭카스터의 설명은 공연에서의 관객에 대한 접근이 조금씩 인식론적 존재로부터 현상학적 존재로 변화되고 있음을 암시해 준다. 관객은 공연으로부터 무엇인가를 배워야 하고 깨달아야 하는 대상이 아니라 그곳에 존재하고 체험하고 그 경험을 기억으로 보유하는 자일 뿐인 것이다. 이럴 때 레만이 자신의 저서 안에서 언급하고 있는 '포스트－브레히트'[8]의 개념은 교화대상으로서의 관객, 시민으로서의 관객인 '브레히트적 관객 이후'를 의미하는 것으로도 받아들일 수 있다.

이러한 문제제기 하에 본론에서는 희곡과 연극의 전통적 관계에 있어 방향전환을 가져온 최근 한국 연극계에서 공연된 작품들을 중심으로 하여, 관습적으로 이해되어 온 공연 내적인 영역과 공연 외적인 영역이라는 경계의 변화와 이에 따른 관객의 위치와 역할의 변화를 살피고자 한다. 이 문제와 관련하여 다루게 될 작품들은, 희곡작가에 의해 쓰인 독립된 문학작품으로서의 희곡 텍스트와 결별함에 따라 희곡에 대한 연출가, 배우, 디자이너 등의 해석, 사전에 관객 없이 리허설을 반복함으로써 완성되는 작품 등의 개념이 더 이상 가능하지 않은 작업들이다.

본문에서 관객의 위치와 역할의 문제는 다음의 몇 가지 논점을 중심으로 하여 고찰될 것이다. 첫째는 무대와 객석으로 분리되어 온 전통적 경계의 변화이다. 이러한 물리적 공간의 변화는 종종 공연이 관객의 신체 공간을 침범하는 결과로 나타나며, 그리하여 일상과 연극, 현실과 허

---

7) Lancaster, Kurt. "When spectators become performers and theatre theory: Contemporary Performance-Entertainment Meet the Needs of an unsetteld audience", Journal of Popular Culture 30.4, p.77.

8) 레만이 본래 '포스트－브레히트'를 언급하는 이유는 브레히트가 재현－일루젼 중심의 드라마적 연극과 결별하고 서사극을 창시했음에도 불구하고 여전히 서사구조를 지닌 드라마와 완전한 결별을 하지 못하고 있기 때문이다. 따라서 드라마로부터의 완전한 탈주를 시도한 포스트드라마 연극을 '포스트－브레히트' 연극으로 지칭하는 것이다.

구의 경계를 허물게 된다. 두 번째로 주목할 점은 퍼포밍되는 공연 내 관객의 위치이다. 포스트드라마 연극의 관객은 종종 작품 내에서 특정한 역할을 맡아 수행하거나 작품의 내부 구조 안에서 필수불가결한 존재로 등장하면서 공연 내부 영역의 존재가 된다. 마지막으로 고려될 점은 예술제도 내 관객의 위치이다. '작가-작품-수용자'의 전통적 구조 안에서 조금씩 참여자, 해석자의 위상을 강화해 나갔던 관객은 이제 창조자라는 작가의 권위를 나누어갖기 시작한다. 작가가 작품의 최종적 창작자가 아닌 시스템을 설계하고 기획하는 자로 물러난 자리에서 작품의 서사를 구성하고 구조를 완결하는 역할은 이제 관객의 몫이 된다. 이러한 작업을 살펴보는 것을 통해 관객의 위치 및 역할이 제기하는 문제의 쟁점을 가늠할 수 있을 것이다.

2. 부여되거나 발견되는 관객의 위치와 역할

최근 많은 비평가와 이론가들은 관객의 역할과 위치에 새로운 문제제기가 시작되고 있다는 것에 동의한다. 공연의 내적인 영역과 공연의 외적인 영역의 구별 자체가 해체되고 있으며 이에 따라 이 두 개의 프레임에 근거하여 정의해 왔던 관객의 위치에 대한 개념에도 변화가 생기기 시작했다는 것이다. 가디언(Guardian)지의 비평가 린 가드너(Lyn Gardner)는 21세기 첫 시기의 특징을 공연자와 관객 간의 새로운 관계에 대한 탐색(The search for new relationships between performers and audiences)으로 규정한다.[9] 새로운 문제제기를 하는 공연들은 종종 공연의 영역인 무대와 그 바깥인 객석 간의 명확한 구분, 나아가 극장이라는 공간 자체로부터의 탈피를 시

---

9) Freshwater, Helen, *Theatre and Audience*, Palgrave Macmillan, 2009. p.57.

도하는 공연들이다. 무대와 객석의 경계를 허물고 나아가 극장이라는 공간으로부터 탈피한다는 것은, 일차적으로는 연극예술과 그에 따른 관습에 새로운 문제제기를 하고 있음을 의미한다. 때로 이러한 문제제기는 기존 공간의 관습 안에 머물되 그에 대한 새로운 규정을 하는 것으로부터 오기도 한다. 그리고 어느 경우든 이와 같은 시도들은 자신의 작품 안에서 '관객의 역할과 위치'에 대한 문제를 제기한다.

관객의 문제는 희곡문학과 연극예술 간의 전통적 관계에 변화가 생긴 것과 밀접한 관련이 있다. 실제 현실을 서사적으로 재현하는 전통적 개념의 희곡을 바탕으로 한 드라마적 연극으로부터 공연이 방향을 전환함에 따라, 종종 무대는 장소를 재현하지 않으며 배우는 인물(캐릭터)를 재현하지 않게 된다. 때로 공연은 숙련된 배우−작가−연출을 요구하지 않는다. 현실과 허구의 위계에 변화가 생기기 시작한 것이다. 전통적 의미의 '드라마'라는 틀에 더 이상 기대지 않는, 다시 말하면 희곡문학과 연극예술이 맺는 관계의 방향 전환이 관객의 위치와 역할에도 새로운 문제제기를 가져오고 있는 것이다.

이러한 변화는 하나의 건축적 구성을 갖추고 내적 법칙을 따르는 '작품'의 종말을 보여주는 듯하다. 더불어 작품의 종말은 20세기 연극예술을 '연출가의 시대'로 지칭하게 만들었던, 작품의 창조자이자 통제자로서 가장 강력한 권력을 가지고 있던 연출가의 역할이 이제 점차 전시자, 기획자, 행정가의 역할로 물러서고 있음을 보여주기도 한다. 또한 근대적 연극 제작 시스템(극장−작가−연출−배우−리허설−홍보−상연) 안에 의해서 연극작품이 완성되고 작품으로서 유통되는 시대로부터, 이제 공연예술가라고 명명된 자가 행하는 행동, 즉 완성된 작품보다는 예술적 행위, 문화적 행위 그 자체가 중요한 시대가 되고 있음도 보여준다. 이것은 어떤 측면에서 보면 작품의 절대적 가치보다는 예술가라고 명명된 자와 그가 하는 행위 자체에 더 가치를 두는 상황이라 볼 수 있다. 거리를 떠돌며 특정 행위를 하는 자가 누구이냐에 따라 어떤 것은 예술가의 작품이라 일컬어지고 어떤 것은 노숙자나 정신병자의 반사회적 행동이 되는 것이다. 이렇게 되면 결국 예술적 가치는 내부에 있는 것이 아니라 외부에 있는 것이 되며, 작품의 내부와 외부의 경계가 희미한 상황 속 관객이 처한 위치의 문제는 다시 재고되지 않을 수 없는 것이다.

2.1. 물리적 공간 내 관객의 위치

포스트드라마 연극에서 무대와 객석의 엄격한 장소적 분리, 장소의 위계는 종종 허물어진다. 전통적 극장 공간에서 공연이 된다고 하더라도 전통적 방식으로 공간을 사용하지 않거나 자주 극장 공간을 벗어나기도 한다. 포스트드라마 연극에서는 시간도 서사의 기본구조인 시간의 흐름에 따라 구성되지 않지만 공간 역시 장소의 재현을 비롯한 드라마적 연극이 지니는 무대적 관습을 따르지 않는다고 레만은 지적한다.[10] 일반적으로 드라마적 연극은 '중간적'인 공간을 좋아한다. 너무 광대하거나 지나치게 친밀한 공간은 드라마적 효과를 생성하는 것에 위험하기 때문이다. 즉 관람자가 드라마의 세계와 동일시되도록 하는 '거울효과(mirroring)' '무대 환영'을 위험에 빠뜨릴 수 있는 것이다. 때문에 중간적 거리는 이상적인 효과를 위한 것이며 무대 프레임 기능을 위한 것이

---

10) 레만은 포스트드라마 연극에서 드라마 공간의 관습적 위계(hierarchies)는 폐기되었으며, 주관화된 공간(subjectivized space), '나'라는 주체에 의해서 각색된 어떤 공간이 되었다고 지적한다. Lehmann, Hans-Thies, Karen Jur-Munby trans. *Postdramatic Theatre*, Routledge: London & NY, 2006. pp.150~152.

다. 만약 공연에서 연기자와 관람자 사이의 거리가 극단적으로 감소된다면, 그리하여 물리적 접촉 뿐 아니라 생리적(배우의 숨결, 땀, 헐떡거림) 변화까지 전달될 정도로 거리가 감소된다면 이 효과는 깨어질 뿐 아니라 드라마의 공간은 드라마 외적인 공간, 즉 리얼(real)의 침입을 받게 될 것이다. 말하자면 일상적 공간과 공연의 공간이 명확한 경계를 허물면 허구와 현실의 경계 역시 모호해지기 시작하는 것이다.

네오아방가르드 공연예술가들은 공연의 진행과 관련된 관객의 물리적 참여를 자주 실험했다. 그런데 그 과정에서 그들은 물리적 거리의 감소가 정서적 거리의 감소를 의미하는 것은 아니라는 것을 종종 깨달아야 했다. 공연에 대한 참여의 강제나 행동하는 관객을 일깨우려는 시도는 오히려 관객의 방어심리를 자극하여 정서적 공감과 적극적 참여를 방해하고는 했다. 이러한 관객의 심리는 극 안에 개입하는 존재이자 극 밖에서 온 존재라는 독특한 관객의 위치로부터 온다. 카렌 게이로드(Karen Gaylord)는 「연극적 공연(Theatreical Performance: Structure and Process, Tradition and Revolt)」에서 공연은 적어도 최소한 두 개의 '리얼리티'의 차원과 최소한 두 개의 '프레임' 안에서 동시에 일어난다고 말하는데, 베네트는 이 말을 비판적으로 인용하면서 "바깥쪽 프레임은 연극적 사건을 창조하고 특징짓는 모든 문화적 요소들을 포함한다. 안쪽의 프레임은 특정한 연기공간에서 이루어지는 드라마 작품에 해당하는 것이다. 관객의 역할은 이 두 가지 프레임 모두에서, 그리고 아마도 가장 중요한 점은 그들의 교차점에서 수행된다는 점일 것이다."[11]라고 지적한다. 베네트는 두 개의 프레임이 존재한다는 사실을 부정하지는 않지만 관객의 위치를

---

11) Bennett, Susan, *Theatre Audience: A theory of production and reception*, Routledge: London & NY, 1998. p.139.

두 가지 프레임 모두에 있는 것으로, 무엇보다 그 사이에 있는 것으로 규정한다는 점에서 아주 중요한 문제를 제기한다. 그녀는 이것이 바로 관객과 무대, 특히 공연의 일부를 이루는 관객의 상호 관계의 핵심이자 관객이 지니는 특별한 경험의 지점이라고 말한다.

관객의 이중적 위치에 근거하는 연극적 체험의 고유한 특징을 카마 긴카스(Kama Ginkas)의 〈카체리바 이바노브나(영문 제목은 K. I. from crime)〉(1994년 작)는 잘 드러낸다. 전통적 극장 공간에서 이루어지지 않았으며 연극이라기보다는 해프닝에 가까웠던 긴카스의 작품은, 연극을 보기위해 입장을 기다리는 관객들의 공간인 극장 로비에서 '갑자기' 시작되어 극장 안의 리허설룸으로 이어지며 진행된다. 일종의 1인극인 이 작품에서 광기에 사로잡힌 카체리나 이바노브나 역할을 맡은 옥산나 미시나(Oksana Mysina)는 로비에 모인 관객들을 헤집고 다니면서 자신의 사진을 보여주기도 하고 메달을 자랑하기도 한다. 이 과정에서 필연적으로 잦은 신체접촉이 일어나게 되며 관객과 배우 간의 물리적 거리나 경계는 실제적으로 거의 없게 된다. 이 작품은 관객이 위치한 일상적 공간 안으로 공연의 허구가 침입하면서 진행된다고 할 수 있는데, 그 결과 공연은 관객이 먼저 점유하고 있던 신체적 공간을 물리적으로 침해하게 되고, 관객은 극에 몰입할 수 있게 되기 위한 최소한의 정서적 거리를 확보받지 못하게 된다. 때문에 관객은 당황스럽고 혼란스럽다. 공연은 이러한 방식을 통하여 관객이 처한 이중성(극 안에서는 미친 여자를 구경하는 광장의 구경꾼으로서의 역할, 극 밖에서는 자신의 당황함을 숨기고 공연을 방해하지 않고자 최대한 배려하려는 관객) 자체를 유희한다. 〈카체리나 이바노브나〉 이전에도 연출가 긴카스는 도스토예프스키의 〈죄와 벌〉을 바탕으로 한 공연인 〈죄를 연기함(Play 'Crime')〉(1991)을 무대에 올렸는데, 그는 이 작품에서도 연극과 현실의 경계를 모호하게 하는 시도를 했었다. 이 공연은 전통적인 극장공간이 아닌 연습실에서 진행되었다. 방에는 모두 세 개의 창문이 있었는데 이 창문들은 무대 장치가 아닌 실제 연습실의 창문이었다. 이 창문들은 공연이 진행되는 도중 모스크바 시내의 '진짜(real)' 소음을 관객에게 전달하는데, 이 우연적으로 들려오는 소음 자체가 공연의 무대 효과이기도 했다. 주인공 라스콜리니코프를 연기하는 마르쿠스 그롯트(Marcus Grott)는 예심판사 포르피리와 대화하는 도중 종종 그의 이야기에 집중하지 않고 자신만의 세계로 도피하곤 하는데(사실 그는 포르피리의 이야기에 집중할 수 없다. 그는 핀란드 배우이기 때문에 포르피리의 러시아어를 잘 알아들을 수 없는 것이다), 그럴 때 마다 그는 실제 도시의 소음, 극장 복도의 발자국 소리, 모스크바 시내 교회당의 종소리 등, 연극 밖의 진짜 세계에 반응한다. 그리고 그런 순간마다 관객은 자신들이 보는 세계가 '실제'가 아닌 '연극적 환상'이라는 것을 역설적으로 깨닫게 된다. 두 개의 프레임이라는 연극의 관습은 파괴되고, '현실'과 '연극'은 뒤섞인다. 나뉘어야 할 경계가 무너지는 것이다. 물론 긴카스 작품에서 이러한 방법이 일차적으로 거두고 있는 효과는 도스토예프스키적인 주제(현실과 환상의 모호함, 페테르부르크 테마)의 구현이다. 그럼에도 불구하고 긴카스의 공연은 드라마 내부와 외부의 프레임을 무너뜨리고 관객을 연극과 일상의 경계선 위에 위치시킨다는 점에서 흥미로운 시도를 보인다.

전통적인 극장 공간에서 벗어나 일상의 공간에서 갑자기 시작되는 공연들은 관객이 공연을 찾아 해당 장소를 방문하는 개념이 아닌, 관객의 공간으로 공연이 침입해 들어간다는 의미를 지닌다.[12] 일례로 빵과 인형극

---

12) 특히 미술에 있어서의 갤러리를 메타적 공간으로 사용하거나 벗어나려는 모든 시도, 즉 장소

단은 이 점을 자신들 공연의 중요한 철학으로 제시하는데, 연출가 피터 슈만(Petre Schumann)이 유일하게 거부하는 장소가 있다면 그것은 전통적인 극장이기 때문이다. "그것은 지나치게 편안하고 지나치게 잘 알려져 있다. 그것의 전통은 우리들을 교란시킨다. 사람들은 같은 의자에 같은 모습으로 앉은 채 감각이 마비된다. 그들의 반응을 제약하는 것이다."[13]라고 슈만은 주장한다. 빵과 인형극단을 비롯하여 많은 예술가들이 극장공간에 대한 대안으로 선택한 곳은 공공장소(public place)였다. 이러한 선택은 불특정 다수로서의 대중, 예술을 향유할 마음으로 모이지 않은 군중들의 장소라는 점에서 중요한 의미를 갖는다. 이제 공연은 'audience'가 아닌 'public'의 앞에서 행해지는 것이며, 사람들이 관극이 아닌 다른 이유와 목적으로 모여 있는 그 '장소(site)'의 의미에 대한 문제가 공연 안에서 제기되게 되는 것이다. 그럴 때 공연을 하기 위해 선택한 장소의 발견은 장소 내 사람의 발견이며, 그가 서 있는 위치의 발견이 된다.

현대미술을 중심으로 장소특정성(site-specificity)에 대하여 역사적이고 체계적인 연구를 시도한 권미연은 공간이란 단순한 물리적 장소가 아닌 공간의 정치성을 내포하는 하나의 기호라고 말한다. 때문에 공간은 항상 모인 사람들의 '그 자신으로서의' 개인적이고 집단적인 정체성을 묻는 장소가 된다는 것이다.[14] 장소 특정적 예술은 대중이 선점하고 있던 '신체적 물리적 공간을 침범'하기 때문에 예술행위의 발생이 그 공간에 모인 집단을 누구로 만드는가(혹은 어디에 위치 지우는가)가 항상 중요해진다. 수동적 구경꾼, 사건의 목격자 혹은 증인, 파편화된 기호의 적극적

특정성 작품들은 소유개념에서의 탈피, 장소와 무관한 작업에서 유관한 작업으로의 변화를 의미했으며 이 점을 작가들 스스로 의도적으로 실험했다.

13) Roose-Evans, J. Experimental Theatre, Routledge, 1984. p.121. 재인용.

14) Kwon, Mi-Won. *One place after another: Site-Specific Art and Locational Identity*, MIT Press, 2002. p.17.

리미니 프로토콜 〈칼 마르크스: 자본론 제1권〉 (ⓒ페스티벌 봄)

해석자, 사건에의 참여자, 깨어있어야 할 시민, 역사적 인간, 성적 계급적 정체성 등, 장소 특정적 연극은 자주 그곳에 모여 있는 관객의 정치사회적 정체성의 문제와 관련을 갖게 된다. 이런 상황에서 결국 작품의 의미는 장소의 현상학적 성격과 관련되며(즉 어떤 장소를 선택했는가의 문제), 모인 대중의 특징, 그 관객들의 사적인 이력, 그들의 경험성, 경험적 이해의 폭이 가지는 편차에 기반하게 된다.

전형적인 장소특정적 공연은 아니지만 관객의 위치와 역할의 관점에서 리미니 프로토콜(Rimini Protokoll)의 〈칼 마르크스: 자본론 제1권(Karl Marx: Das Kapital: Erster Band)〉(2007)은 유사한 문제제기를 한다. 이 작품에서 배우는 어떤 역할을 재현하지 않는다. 그는 그 자신이다. 자기 자신의 매우 사적인 영역과 역사적 사건(여기서는 『자본론』이라는 마르크스의 저서와 그것이 가져온 20세기의 역사)이 만나는 자리가 공연의 내용이 되고 있는 것이다. 이 작품은 공연의 참가자들(전문 배우가 아닌)의 독백, 인터뷰, 대화의 형식을 차용하는 일종의 다큐멘터리 연극의 모습을 지니는데, 자신의 사적인 사연을 말하는 인물들의 순서나 기승전결로 증폭되는 갈등, 혹은 사건 전개의 서사성은 중요하지 않다. 때문에 병렬적으로 편집된 사건들 사이에서 관객 역시, 무대 위에서 진행되는 그 어떤 사람의 경험과 유사할 수도 있는 자신의 사적인 경험과 기억을 개입시킬 여지를 갖게 된다. 이렇게 함으로써 매우 사적인 영역이 공적인 영역과 어떻게 만나는가, 혹은 나 자신의 개인적 사연과 경험이 사회적 사건이나 공식적 역사와 어떻게 관계 지어지는가를 공연이 전개되면서 보여주게 된다. 여기에 한 가지 더 흥미로운 점은 이 작품의 세계 순회에는 공연이 이루어지는 나라의 '참가자들'이 추가된다는 점이다. 이러한 참가자들은 해당 국(site)의 정치사회적 특수성(specific)을 공연 안으로 가져오면서 공연이 다른 차원에서의 장소특정성을 성취하게 만든다. 그리고 그런 방식으로 제기되는 문제는 그대로 해당 국 관객 자신들의 문제가 된다.

극 안과 밖의 경계가 점차 희미해지거나 사라지는 포스트드라마 연극에서 관객은 일차적으로 자신이 존재하는 신체적 공간을 물리적으로 침범당하게 된다. 이러한 물리적 공간의 변화는 허구와 실제의 경계를 허

리미니 프로토콜 〈칼 마르크스: 자본론 제1권〉
(ⓒ페스티벌 봄)

물어버림으로써 관객으로 하여금 실제 물리적으로 위치한 공간 내 자신의 존재적 의미, 즉 자기 자신의 정체성을 되묻도록 만든다. 고전적 개념에서 공연이 진행되는 동안 자신의 존재를 잊도록 강제되어왔던 관객은 이제 포스트드라마 연극에서는 종종 그 자신을 돌아보아야 하는 것이다. 그리고 이러한 물리적 공간의 변화는 작품 바깥, 혹은 적어도 경계에 존재했던 관객을 작품 안으로 끌어들이며, 공연(performing) 내에서의 관객의 위치와 역할에도 필연적 변화를 가져온다.

2.2. 공연(performing) 내 관객의 위치

연극이 관객을 전제로 한다는 것은 고전적 개념의 공연예술 안에서도 늘 강조되었던 바이다. 즉 '수행성' '극 진행 및 의미에 대한 작가/연출가의 완벽한 통제 불가능성' '관객의 신체적 현전의 필수성' 문제는 연극 일반에서 항상 강조되어 오던 바이다. 연극은 그 장르적 조건으로 관객을 요구하며 공연의 의미란 관객의 지각작용에 의해 수행적으로 발생하는 것, 즉 '지금-여기'에서의 송수신이 동시에 진행되는 것이기 때문이다. 그런데 포스트드라마 연극에서는 이것이 공연 진행의 물리적 조건의 차원으로 변한다. 즉 관객은 공연 내에서 필수불가결한 특정한 역할을 담당하거나 나아가 관객의 물리적 현존 없이는 실제적으로 공연의 진행 자체가 불가능해지기도 한다. 공연의 서사와 내용 자체가 관객의 현존과 참여에 의해 구성되어 나가는 것이다. 바로 이 때문에 공연은 종종 사전 리허설이 불가능하며(상연 전까지는 실제 관객이 존재하지 않으므로), 아티스트에게도 전통적인 작가로서의 아이덴티티보다는 기획자로서의 아이덴티티가 더 강조되기도 한다. 여기서 더 나아가 때때로 공연은 훈련받은 배우–연출가–극작가의 존재를 필요로 하지 않기도 한다. 예술가/작가와 관객/대중의 경계는 해체되고 있는 것이다.

공연에 참여하는 관객, 공연 내 역할을 부여받은 관객은 1960년대 이후 연극에서 지속적으로 확장되고 실험되어온 부분이기는 하다. 특히 공동체적 제의를 현대연극 안에서 재해석하고자 했던 연출가들은 누구나 관객과 공연의 적극적 상호관계를 실험했다. 예를 들어, 제작연극(Theatre of Production) 시기에는 철저한 목격자로서, 유사연극(paratheatre) 시기에는 제의의 참여자(혹은 치유의 일차적 대상자)로서 그 역할이 다르기는 했으나 언제나 자신의 작업 안에서 공간과 관객을 실험했던 그로토프스키, 연극과 삶 그리고 정치적 행동 사이의 경계를 허물고자 했던 리빙 씨어터, 공연의 의미는 관객의 참여로 이루어지는 공동체적 행위에 있다고 생각한 리챠드 셰크너 등의 작업이 그러하다. 또 아우구스트 보알의 '보이지 않는 연극' '포럼 연극' 등의 경우는 공연 자체가 관객의 물리적 현존 없이는 리허설 될 수 없다는 것, 다시 말하면 상연 전까지 가능한 것은 오직 예측과 계획일 뿐 결과물로서의 공연의 완전한 형태를 가늠하는 것 자체가 불가능하며 공연의 실체란 오직 실제 관객과 함께 공연되는 (performing) 과정 중에만 드러난다는 점을 보여준다. 대본–리허설–상연–해석의 단계에서 항상 상연 이후의 부분에만 참여할 수 있었던 관객이 이제 전 프로세스에 참여하게 된 것이다. 이러한 공연에서 관객은 실제적이고 물리적 차원에서 공연 내부 영역의 존재인 것이다.

크리스 콘텍(Chris Kondek)의 〈죽은 고양이의 반등(Dead Cat Bounce)〉(2005)은 상연 당일에 현장에서 집계된 입장권 수익을 바탕으로 공연이 시작된다. 공연의 배우 혹은 참여자(이들은 훈련받은 전문 배우가 아니며, 무대에서 등장인물을 재현하지도 않는다. 〈자본론〉에서처럼 이들은

크리스 콘덱 〈죽은 고양이의 반등〉(ⓒ페스티벌 봄)

그저 자기 자신이다)들이 입장권 수익을 주식에 투자하는 것으로 공연
이 진행되기 때문이다. 실시간 주식 거래의 상황과 투자에 필요한 정보
는 인터넷에 연결된 스크린, 수기(手記)되는 게시판, 그리고 무대 위 인물
들이 관객에게 알려주는 정보를 통해 공유된다. 어디에 투자할 것인가에
대하여 배우들은 관객들과 토론을 벌이기도 하고 즉석에서 투표를 하기
도 한다. 원하는 관객들은 사적으로 자신의 돈을 투자하기도 한다. 극적
긴장감은 전적으로 버느냐 잃느냐 하는 자본시장의 논리에 달려있다. 참
여와 관전의 모호한 경계에서 관객이 갖게 되는 긴장감은 승패에 욕망을
불태운다는 점과 대리인을 내세워 한다는 점에서 컴퓨터게임 같기도 하
고 운동경기 같기도 하다. 정해진 시간 동안 관객은 자신의 입장수익을
종자돈으로 하여 얼마를 잃고 벌었으며 다시 잃었는지를 지켜본다. 사전
에 정해진 시간이 끝나면(Time Out) 수익을 나타내는 숫자의 등락이 멈

춰지고 공연도 끝난다. 물론 이 과정에서 관객은 자본시장의 욕망, 주식시장의 논리, 그 모순을 깨닫게 될 것이지만, 그것을 공연이 강제하는 것도, 또 질문의 형태가 정해진 것도 해답이나 결론이 정해진 것도 아니다. 이 경험을 통해 관객 각자가 어떤 질문과 결론을 내렸는가에 대해서 공연은 관심을 표명하지 않는다.

〈죽은 고양이의 반등〉은 훈련된 배우, 공연의 전체를 수없이 반복하는 리허설, 짜인 각본(드라마) 등 근대적 의미의 공연예술 시스템을 모두 거부한다. 극장 안에서 벌어지는 일은 주식투자라는 행위, 데이터와 자료의 게시와 공유, 토론과 회의이다. 증권가의 사무실에서나 벌어져야 할 일들이 무대 위에서 모방이 아닌 '실제(real)'로 벌어지고 있는 것이다. 흥미로운 것은 이러한 실제 상황이 매우 극적으로 느껴지는 이유 중 하나는 그 장소가 '극장'이기 때문이라는 점이다. 바로 이 때문에 관객은 자기 자신의 역할을 '새삼스럽게' 연기하게 되며, 일상적으로 매일 일어날 수도 있는 일을 '사건'으로 받아들이고 그것을 다시 생각하고 숨겨진 의미를 찾으려 노력하기 시작한다. 〈죽은 고양이의 반등〉은 관객을 참여하라고 부추기지도 강제하지도 않는다. 관객은 이 작품을 관극하기로 한 바로 그 순간, 즉 입장권을 산 그 순간 자연스럽게 극의 참여자가 되며(그 돈이 실시간으로 투자될 것이며 그 과정이 공연이므로), 평소의 그 자신 그대로, 즉 자신의 자본주의적 욕망, 개인적으로 지닌 신념과 가치관, 현재 사회 내에서의 위치 등을 가지고 공연에 참여하게 된다.

〈죽은 고양이의 반등〉이 관객으로 하여금 평소 일상 속의 그 자신으로서 역할을 하도록 만들었다면, '비쥬얼씨어터컴퍼니 꽃'의 2007년 작 〈벽 in open space at 2030 project 서울역〉(이철성, 유영봉 연출)은 관객이 일상 속에서는 절대로 될 수 없는 역할을 해보도록 만든다. 문화예술위원회의 새 개념 공공예술 지원사업 선정작이었던 〈벽 in open space at 2030 project 서울역〉은 서울역에서 벌어지는 퍼포먼스이다. 작품은 서울시민들이 출퇴근용으로 가장 많이 이용한다는 20시 30분 도착 KTX의 승객들이 나오는 무렵에 맞추어 KTX 맞이방에서 시작된다. 귀빈을 맞을 준비를 하는 호들갑과 진지함과 함께 배우들은 도착한 시민들 중 한 명을 공주 혹은 왕자로 맞이하고 (배우가 미리 천안에서 열차를 탄 후 객실의 승객 중 한 명을 즉석에서 섭외한다고 함), 그와 그의 내빈들(모여든 관

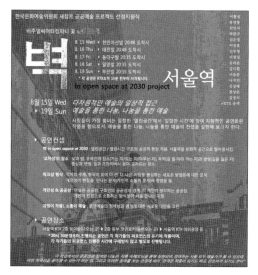

비주얼씨어터컴퍼니 꽃 〈벽 in open space at 2030 project 서울역〉(ⓒ서울변방연극제)

객)을 위한 퍼레이드를 한다. 내빈들을 안내하여 레드 카펫이 깔린 길을 걸어서 서울역 광장에 도착하게 한 후에는 그곳에서 만찬을 접대하며 준비된 여러 가지 공연을 보여주게 된다. 출퇴근이라는 일상이 반복되던 공간에서 일상으로부터 벗어나는 특별한 경험을 하게 만듦으로써 익숙하다고 생각했던 장소를 다시 보도록 의도하는 것이다.

사실 이 작품은 그동안 흰 벽과 빔 프로젝터만 설치할 수 있다면 극장, 광장, 거리 등 장소에 크게 국한을 받지 않고 행해지던 비쥬얼씨어터컴퍼니 꽃의 대표 레퍼토리 '페인팅 퍼포먼스' 〈벽〉에다가, 공공장소인 서울역의 맞이방에서 외국 황실의 사절을 맞이한다는 아이디어를 섞은 공연이다. 작품을 기획하고 만든 이들은 예술을 통한 공공성 실천이라는 목표 하에 가장 문화적이어야 하는 공공장소가 가장 변방에 머무르는 장

소가 되는 상황을 지적하고 이러한 작업을 통해 서울이라는 공간을 예술을 통해 성찰하고 변화시키려는 것이 목적이라고 말한다. 공공장소로 공연을 가지고 들어가는 노마디즘적인 이들의 작업이 '공공성'을 어떤 개념으로 사용하고 실천했는가는 차치하더라도, 적어도 공간을 성찰하는 계기를 마련했다는 것은 확실해 보인다. 일상의 공간으로 갑자기 들어온 비일상적 공연의 개입은 공간에 있던 질서와 논리를 모두 뒤엎으며 그것을 새로운 눈으로 다시 들여다보도록 만들기 때문이다.

한 예로, 맞이방에서의 행사가 진행되는 동안 한쪽 구석에서 두 명의 사내 사이에 시비가 붙는다. 행사 진행에 대한 사전 공문을 통해 협조를 요청받은 역내 경찰은 공연을 방해할 수도 있는 이 소란을 막기 위해 그들을 연행하고자 한다. 그런데 사실 그 사내들은 배우였고 그 상황은 연기된 것이었다. 이제 경찰은 서울역에서 벌어지는 일들 중 무엇이 연기이고 무엇이 실제인지 구별할 수 없으며 어떤 방식으로 극의 진행에 협

비주얼씨어터컴퍼니 꽃 〈벽 in open space at 2030 project 서울역〉 (ⓒ서울변방연극제)

조해야 하는지 모른 채 모든 상황을 방관하기 시작한다. 자연스레 그들은 방관하는 경찰의 역할을 맡게 된 것이다. 이러한 소동 속에서 현실과 허구를 구별하지 못하게 된 상황은 시민들도 마찬가지이다. 그리고 시민들은 자신도 모르는 사이에 진짜와 가짜(허구와 현실, 혹은 역설적으로 진짜 배우(진짜 공연)와 가짜 배우(가짜 공연인 소동))를 구별하려는 노력을 하게 되고, 나아가 이 문제에 대하여 옆 사람과 토론하기 시작한다.

공연의 하이라이트라고 할 수 있는, 황실 내빈을 위한 서울역 야외 광장에서의 퍼포먼스에서 현실과 환상의 경계 전복은 더 흥미로운 양상으로 나타난다. 공주를 위해 준비된 그늘막 안에서 만찬이 시작되면 광장에 마련된 무대에서 내빈을 위한 공연도 시작된다. 그런데 그 안으로 서울역 광장의 소음들, 광장의 노숙자들, 늘 그래왔듯이 광장을 가로질러 지나가고자 하는 시민들이 개입한다. 음식을 나누어 받고 담배를 얻어 피우며 공연장을 계속 어슬렁거리는 노숙자들의 에너지와 공연을 구경하는 구경꾼까지 구경하는 행인들의 호기심 혹은 무관심, 쉴 새 없이 울리는 자동차 클랙슨을 비롯한 도시의 소음들은 그 전체가 함께 서울역 프로젝트를 만들어내며, 이곳이 어디이며 어떤 성격의 공간인가를 공연 내내 드러낸다.

1960년대 이후 네오아방가르드 예술가들이 관객의 수동성을 공격하고 부정하고자 하면서 관객의 적극적 참여를 유도하고 강제하려 노력했다. '자아초월' '자아회복' '공동체 의식의 회복' '시민의식의 자각' '삶에 대한 리허설' '치유' 등을 목표로 내세웠던 이들은 관객이 공연을 통해 일상과는 다른 경험(그것이 공동체 의식의 회복이든 사회적 역할의 체험이든)을 함으로써 변화될 수 있기를 원했다. 그러나 포스트드라마 연극은 허구와 실제의 경계를 허물어버림으로써 관객의 일상을 관객과 함께 그대로 연극 안으로 던져 놓는다. 특히 주목할 점은 그들이 공연에 참여한다는 것이 물리적 행동할 것을 요구받는 것은 아니라는 점이다. 〈죽은 고양이의 반등〉에서처럼 원하든 원치 않든 입장권을 산 관객은 '투자자'의 역할을 맡는다. 또 〈벽 in open space at 2030 project 서울역〉에서 서울역사 및 광장에 존재하는 모든 시민은 원하든 원치 않든 공연의 영역 내에 들어와 일정한 역할을 담당하게 된다. 그리하여 공연에 일상이 개입되거나(리얼의 난입) 일상에 공연이 개입되거나(일상의 일탈) 하며 두 개의 시공간이 경계를 허무는 순간, 그 공연에 참여하는 관객은 필연적으로 '내가 있는 곳은 어디인가' '나 자신은 누구인가' 하는 질문을 받게 된다. 그 존재 자체로서 이미 공연 내 필수불가결한 물리적 실제적 참여자인 포스트드라마 연극의 관객은 그러한 체험을 통해 현실사회 내 자신의 위치, 말하자면 사회적 정체성을 스스로에게 되묻고 환기하게 되는 것이다.

2.3. 예술제도 내 관객의 위치

희곡작가가 희곡문학을 쓰고 무대예술가들이 그 희곡을 해석하며 사전에 반복적으로 리허설된 후 완성된 작품으로써 상연을 통해 관객과 만나는 시스템, 즉 극장 – 작가 – 연출 – 배우 – 리허설 – 홍보 – 상연 – 관객의 근대적 예술제도에 이의를 제기하는 작품은 필연적으로 그 제도 내가장 마지막에 위치해 있던 관객의 위상에도 변화를 가져온다.

권미연은 벤야민 뷔크로(Benjamin Buchloh)가 『October』(1991, 겨울호)에 발표한 논문 「개념예술 1962~1969(Conceptual Art 1962~1969: From the Aesthetics of Administration to the Critique of Institutions)」에서 '행정의 미학(aesthetics of administration)'이라고 불렀던 현대예술의 특징이 오늘날에

는 '미학의 행정(administration of aesthetics)'으로 변화되고 있다고 지적한다. 예술적인 행동들이 단순한 물리적 행동, 즉 '떨어뜨리다' '자르다' '말다' 등 전통적으로 예술적 행위가 아니었던 것으로 이루어졌었다면, 오늘날에는 좀 더 다른 동사들을 필요로 하는데 그것은 '협상하다' '조정하다' '절충하다' '홍보하다' '조직하다' '인터뷰하다' '조사하다' 등과 같은 것이다. 즉 오늘날의 예술가들은 기획자, 교육자, 조정자, 행정가가 된 것이다.[15] 그리고 예술가들이 전통적 예술제도 내에서 가지고 있던 창조자로서의 절대적 권리로부터 물러선 자리에서 그 작가로서의 권리는 관객들이 일부 가져가게 된다. 관객은 적극적 수용자, 해석자로서의 위치로부터 더 나아가, 의미의 창출자, 작품의 구조를 완성하는 작가가 된 것이다.

포스트드라마 연극에서는 자료와 정보의 병렬적 제시만이 있을 뿐 미적 서사적으로 완벽하게 구성된 구조나 의미를 관객에게 제공하지 않는다. 병렬성의 진행은 동시성과도 관련을 갖는다. 병렬성과 동시성은 인공물(artefact)에게 요구되었던 전통적 미학, 즉 요소들의 '유기적(organic)' 연결이라는 개념을 배반하는 것이다. 무슨 일이 일어난 것인지, 가져가야만 하는 의미는 무엇인지를 알고자 하는 관객들의 기대는 배반된다. 이들은 많은 정보와 이미지를 통해 관객의 혼란과 그 스스로의 선택을 유도하거나, 적은 정보와 이미지를 통해 관객의 상상력을 자극하고자 한다.[16] 때문에 드라마로부터 퍼포먼스로 변화한 포스트드라마 연극은 관객들이 최종적으로 공유할 수 있는 스토리의 구성 자체를 종종 불가능하게 한다. 작가로서의 지위를 나누어 가지게 된 관객 스스로가 스토리와 의미를 구성해야 하는 것이다. 때문에 어떤 작품으로 최종적 결론이 날

---

15) Kwon, Mi-Won, 앞의 책, p.51.

16) "Lead a spectator to moments of both confusion and selection" "to provoke the spectator's own imagination" Lehmann, Hans-Thies, 앞의 책, pp.89~90.

〈만찬(La Banquet)〉

것인가는 전적으로 관객 개개인의 문제가 된다.

일례로 2009년 이탈리아 토리노에서 진행된 페스티벌 테아트로 아 코르테(Teatro a Corte)에서 공연된 프랑스 거리극 〈만찬(La Banquet)〉은 기독교와 예수를 풍자하는 것도, 그렇다고 기독교 정신을 저버린 현대유럽문명을 분명하게 비판하는 것도 아닌 채, '최후의 만찬'에 대한 패러디가 진행된다.[17] 관객은 만찬에 초대된 손님이다. 배우는 탁자 위를 걸어 다니며 마음에 드는 관객에게 손가락을 통해 자신의 피를 마시도록 따라주고(물론 이것은 배우의 몸에 숨겨진 와인 백에서 나오는 것이다), 몸에 달린 빵을 떼어먹도록 유도하며, 몸에서 베어낸 육회를 대접한다. 이 공연을 통해 의미를 가져갈지, 혹은 의미와 관련 없이 배만 채울지는 전적으로 관

17) 공연에 대한 자세한 묘사는 『연극평론』 2009 가을호에 실린 김윤철의 「제3회 테아트로 아 코테 축제 기행」 참조.

객에게 달렸다.

광화문 도심에서 이루어진 크리에이티브 바키(Creative VaQi)의 〈도시
이동 연구, 혹은 연극 당신의 소파를 옮겨드립니다〉(이경성 연출)에서
도 공연의 최종적 서사 구성과 의미 창출은 전적으로 관객의 몫이다. 이
작품은 세종로 사거리를 중심으로 하여, 일민미술관에서 동화면세점 사
이의 횡단보도, 청계천변 SK빌딩 앞 버스정류장, 코리아나호텔의 한 객
실, 교보빌딩 앞, 세종문화회관 앞거리, 세종로 지하보도 등에서 동시다
발적 해프닝이 일어나는 프로젝트이다. 관객에게 제공되는 것은 한 장
의 지도이고 그곳에는 찾아가 보면 좋은 위치들이 표시되어 있다. 어떤
장소를 먼저 찾아가 어떤 사건 혹은 상황을 발견할 것인지, 어떤 사건을
어떤 순간에 어느 곳에서 만날 것인지(공연자는 계속 이동하기 때문에)
는 전적으로 자신의 이동 경로를 스스로 정하게 될 관객의 순간적 판단

크리에이티브 VaQi, 〈도시이동연구 혹은 연극 당신의 소파를 옮겨
드립니다〉(ⓒ서울변방연극제)

크리에이티브 VaQi 〈도시이동연구 혹은 연극 '당신의 소파를 옮겨드립니다'〉
(ⓒ서울변방연극제)

과 우연에 달렸다. '공공예술'과 '장소 특정적 연극'임을 동시에 내세우고 있는 이 작품은 광화문 네거리라는 특정한 도시 공간에 대한 '연구'이면서 '실험'이기도 하다. 광화문 네거리가 갖고 있는 상징적 위치, 최근에 조성된 광화문 광장, 새로운 명소로 자리 잡은 청계천 등은 이 작품이 존재할 수 있는 근거이다. 때문에 이 작품은 장소의 정치문화사회적 의미와 그곳에 모인 군중의 정체성을 묻는 전형적인 장소 특정적 공연이 된다.

연출가가 모든 것을 통제하는 작가적 역할로부터, 기획자, 편집자, 조직자의 역할로 변모한 모습을 〈도시 이동 연구, 혹은 연극 당신의 소파를 옮겨드립니다〉에서 또한 확인할 수 있다. 제시된 정보로부터 관객이 어떤 이야기를 구성할 것이며 무엇이 발견되고 무엇이 의미화 될지는 연출도 배우도 알 수 없다. 의미는 전적으로 관객의 개인적 경험, 개인적 맥락과 관련된다. 유일하게 예측 가능한 것은 경험의 실재성, 목격자로서의 정체성일 텐데, 사실 그조차도 실재한다고 확언할 수 없다. 왜냐하면 공연이라는 '사건'이 진행 중인 그 장소 그 시간에 자신이 관객 속에 있었음에도 불구하고 공연이 존재함을 모르는 '보는 자(관객이라는 정체성조차도 없는 관객)'도 존재하기 때문이다. 그들은 그것을 보았으되 그것이 '사건'임을 인지하지 못했거나 일상 속에 한 부분으로 심상히 보고 지나쳤다. 이 지점에서 '극적 사건(유의미한 사건)'이란 언제 어떤 조건 하에서 발생하는가에 대한 문제가 제기된다.

유사한 문제를 서현석의 〈헤테로피아(Heterotopia)〉도 제기한다. '페스티벌: 봄' 등을 통해서 〈팻 쇼: 영혼의 삼겹살, 혹은 지옥에 모자라는 한 걸음〉, 〈ㅣㅣㅣ ㅁ〉과 같은 퍼포먼스를 선보인 적이 있는 필름 이론가이자 비평가인 연세대 커뮤니케이션 대학원 교수 서현석이 2010년 10월 31일부

〈헤테로토피아〉 (서현석 기획·연출)

터 11월 14일까지 매주 일요일마다 오후 2시에서 5시 사이, 세운상가에서 일종의 관객 체험 프로젝트를 진행했다. 이것이 장소특정적 연극이자 공간에 대한 인문학적 연구 프로젝트인 〈헤테로토피아〉이다.

〈헤테로토피아〉는 재개발 계획이 세워진 세운상가(世運商街)에 대한 프로젝트이다. 세운상가는 건축가 김수근이 설계한, 당시로서는 최첨단이자 선망의 건물이었다고 한다. 1966년 기공식에 참가했던 당시 서울 시장 김현옥이 '세계의 기운이 이곳으로 모이라'라는 의미에서 '세운(世雲)'이라는 이름을 붙였다고도 하는데[18], 종로에서부터 퇴계로까지를 잇는

---

18) 손정목, 『서울 도시계획 이야기』, 한울, 242쪽

그 규모만으로도(당시 신문광고는 동양 최대 규모라 선전하고 있다) 이미 화제인 건물이었다. 김수근은 이 건물을 일종의 새로운 '공동체 이상'을 보여주는 건축으로 디자인하고자 했다. 3층에 인공데크를 설치하여 보행자 도로로 만듦으로써 차로와 보행로를 완전히 분리했으며, 1층부터 4층까지는 상가, 5층부터의 상층부에는 아파트를 두었고, 착공 당시부터 엘리베이터가 있는 선망의 건물이었다고 한다. 특히 상가 최상층부의 지붕은 유리로 덮어 일종의 아트리움 공간을 도입하는, 당시로서는 매우 획기적인 디자인이었다.

서현석은 당대 사회저명인사들이 앞다투어 입주했다는 세운상가를 이제 '망각된 유토피아' 혹은 '헤테로토피아'로 상정하고, 참여자로 하여금 해당 장소를 탐험하도록 만든다. 이 탐험에는 지도 한 장조차 주어지지 않는데, 그에 의하면 지도라고 하는 것은 실제 체험의 물리성이나 감각의 구체성을 모두 삭제한 채 그저 부감된 기호로만 바꾸는 매우 획일적이고 근대적인 산물이기 때문이다. 서현석은 지도에 의지하지 않고 오로지 나 자신의 감각에만 의지하여 장소를 탐험하며 때로는 헤매고 나아가 그 결과로 피로가 누적되는 경험들이 개인의 서사를 구성할 것이라 주장한다. 그렇게 하여 결국에는 구체적이고 물리적으로 현존하는 '체험'으로써, 근대적 산물인 지도나 GPS 같은 것이 줄 수 없는 신체적, 심리적 복합성을 복원할 수 있는 계기를 마련해 줄 것이라 말한다. 그럴 때 '걷는다'라는 행위는 '쓴다'라는 행위와 동의어가 된다(실제 공연에서는 참여자들에게 녹음기와 테이프가 주어진다. 참여자는 그 테이프의 빈 공간에 자신의 서사를 실제로 기록할 수 있다).

공연은 을지로 3가 5번 출구로 나와 전화를 거는 것으로부터 시작된다. 전화기 너머로 들리는 안내에 따라 참가자는 을지다방으로 들어선다. 노

〈헤테로토피아〉
(서현석 기획 · 연출)

란 양은 주전자에서 물이 끓고 흑백 텔레비전에서 박정희 대통령과 육영
수 여사가 등장하는 뉴스가 방영되는 을지다방은 시간이 멈춘 듯한 장소
이다. 다음 안내를 기다리면서 다방에서 쌍화차 혹은 커피를 주문하면 다
방의 아가씨는 세운상가 개관 소식과 분양광고가 실린 '세운신문'을 가져
다준다. 차를 마시고 신문을 읽는 동안 다방의 전화벨이 울리고 그 수화
기가 참가자에게 건네진다. 수화기 너머 목소리의 지시에 따라 다방 한
구석에 놓인 낡은 여행 가방 안에서 카세트 테이프를 찾아 미리 지급받은

개인용 워크맨에 넣고 이어폰을 통해 소리를 듣는다. 그리고 테이프에서 흘러나오는 목소리를 따라 을지다방을 떠나 여행을 시작하는 것이다. 경주장 여관, 수정다방, 청계탕 목욕탕, 유토피아 다방 등 하나의 장소에 도착하면 이어 새로운 장소로 이동할 것이 지시된다. 이러한 장소들은 참여자로 하여금 세운상가 일대의 골목들을 쏠쏠히 구경하도록 계획된 일종의 이정표들이다. 을지로 편의 세운상가 주변을 돌아보고 나면 참가자에게는, 김수근이 세운상가 설계 당시의 꿈을 이야기하는 육성이 담긴 테이프가 제공되고, 그것을 들으면서 청계천 관람 마차인 '유토피아'호를 타고 상층부의 아파트가 현재까지 남아 있는 세운상가 가동에 도착하여 다시 여행을 이어간다.

장소를 걸으면서 직접 보고 체험하고, 길을 잃거나 의외의 상황에 맞닥뜨리며 개인적 서사를 쓰는 작업은, 동시에 사라져 갈 운명에 처한 역사적 공간에 대한 참가자들 개인이 수행하는 연구이기도 하다. 주어진 공간을 헤매면서 세운상가라는 건물의 역사적 사회적 의미와 이제 사라져야 할 운명에 처한 오늘의 현실, 그 맥락, 그리고 나아가 근대적 개발의 그늘에 대해 답사하고 고민하게 되기 때문이다. 그것은 역사를 개인의 신체와 사적인 경험 안으로 각인하는 일이며 매우 주관적인 감상과 결합시키는 일이기도 하다. 이럴 때 경험을 통해 쓰인 서사는 공적인 것이기도 하지만 사적인 것이기도 하다.

확정된 서사 구조가 아닌, 참여자/관객에 의해 그때그때 변화되고 구성되는 서사 구조를 갖게 되는 〈도시 이동 연구, 혹은 연극 당신의 소파를 옮겨드립니다〉, 〈죽은 고양이의 반등〉, 〈벽 in open space at 2030 project 서울역〉, 〈헤테로토피아〉 등과 같은 작품들은 컴퓨터게임의 시스템을 닮아있다. 큰 그림의 기획, 혹은 게임이 진행될 수 있는 '상황'을 구축하고, 참가자들에게 지켜야하는 규칙과 수행해야 하는 역할을 부여 혹은 선택하게 한 후 구체적 실행과 퍼포밍은 전적으로 개개의 접속자에 따라 달라지도록 하는 점이 매우 유사한 것이다. 참가자들의 '참가'라는 방식이 성립되기 위하여 최소한 지켜야 하는 규칙들과 최소한의 프로세스를 결정하는 것은 물론 작가 겸 연출가의 몫이다. 그러나 그 안에서 구체적으로 참가자들이 어떻게 움직일 것이며 제시된 정보로부터 어떤 이야기를 구성할 것인가, 그리고 그 결과로 무엇이 발견되고 무엇이 의미화 될 것인가는 전적으로 개인의 영역이 된다. 서사의 최종 완결자이자 의미의 구축자는 참여자, 즉 관객인 것이다.

3. 관객의 정체성은 어디에서 오는가?

고전적 개념의 관객의 위치와 역할에 전면적 문제제기를 하는 일련의 공연들은 '오늘의 관객은 과연 누구인가' 하는 근원적 질문을 던진다. 이것은 또한 관객은 왜 여전히 극장에 가는 것인가, 이러한 공연이 관객에게 주는 의미는 무엇인가, 수동적 존재이자 교화의 대상으로서의 근대적 개념의 관객은 진정 폐기된 것인가, 하는 질문으로 이어지는 것이기도 하다.

새로운 관객에 대한 관심은 20세기 초부터 제기되어 온 '행동하는 관객' '참여하는 관객'으로부터 오늘로 이어져 온 것이다. 다만 연극과 실제의 위계가 붕괴되고 '극 안에 개입하는 존재'이자 동시에 '극 밖에서 온 존재'라는 관객의 이중적 위치가 더욱 교란됨에 따라, 관객의 정체성 문제는 그 근원에서부터 다시 정리해야 할 필요성을 요구받게 된 것이다. 이제 관객은 공연이 진행되면서 자신의 신체가 점유하고 있던 물리적 공간까지 공연에 의해 침범당하기도 하고, 원하든 원치 않든(그가 적극적이든 소극적이든) 공연 안에서 역할이 배정되며, 자신의 가치관, 개인적 경험, 존재의 역사적 사회적 맥락, 평소의 신념, 습성 등을 그대로 극 안에 개입시킬 수 있게 된다. 나아가 정해진 법칙과 기획만이 있고 서사가 확정되지 않은 공연 속에서 관객은 자신이 움직이고 체험하면서 개인적으로 서사를 완성하는 작가적 위치까지 부여받게 된다.

이러한 작품들에서 중요한 것은 '스토리'나 '결과'가 아니다. 중요한 것은 오히려 주어진 '상황' 그 자체이다. 그리고 종종 그 상황은 공연 속에서 사적인 체험을 신체에 각인하고 개인적 서사를 구성해 나가는 '나' 자신이 공연 밖에서 실제로 살아가야 하는 사회적 상황을 다시 재구성해 보여준다. 즉 공연에서 발견하는 것은 나 자신이며, 공연 안에서 내가 맡은 역할 역시 나 자신이다. 그런데 우리가 나 자신이 된다는 것은 전적으로 개인적 문제에 속하는 것이 아니다. 나의 체험과 나의 기억은 공연이라는 공적인 공간 안에 위치 지어지면서 너의 체험 및 너의 기억과 만나게 된다. 기억과 체험의 공유, 적어도 상호 연결성이 생기는 것이다. 때문에 나의 사적인 서사와 사적인 체험은 동시에 사회 내 나 자신의 의미, 자신으로서의 역할, 자신의 사회적 정체성의 문제와 관련된다. 역설적이게도 불확실성과 불안정성이라는 포스트모던적 조건 속에서 탄생한 이러한 공연들이 오히려 강조하는 것은 극이 진행되는 동안 수행하게 된 나 자신이라는 역할에 대한 질문, 나 자신의 사회적 정체성에 대한 질문인 것이다. 이러한 정체성이 공연 내에서도 그러하듯 사회 내에서도 결코 확정적이거나 고정불변인 것은 아니라는 문제까지를 포함해서 말이다. 결국 관객이 이러한 일련의 공연 안에서 발견하는 것은 매우 구체적이고 물리적 차원에서의 '나 자신'이다. '지금-여기(now-here)'에 존재하는 '사회 내 나'의 찰나적이지만 분명한 위치(소속, 정체성, 동질성), 혹은 적어도 그것에 대한 질문을 갖게 되는 일인 것이다.

▌참고문헌

김윤철, 「제3회 테아트로 아 코테 축제 기행」, 『연극평론』 2009년 가을호.

바르트(Roland Barthes), 『텍스트의 즐거움(La Plaiser du Texte)』, 김화영 역, 동문선, 1997.

셰크너(R. Schechner), 『퍼포먼스 이론』 1·2, 이기우 외 역, 현대미학사, 2004.

야우스(Hans Robert Jauss), 『도전으로서의 문학』, 장영태 역, 문학과지성사, 1983.

이진아, 「도스토예프스키 연극과 페테르부르그 테마」, 『노어노문학』 17권 2호, 2005.

인네스(Christopher Innes), 『아방가르드 연극의 흐름(Avant Garde Theatre: 1892~1992(1993))』, 김미혜 역, 현대미학사, 1997.

홀럽(Robert V. Holub), 『수용미학의 이론(Reception Theory: A Critical Introduction(1984))』, 최상규 역, 예림기획, 1999.

Bennett, Susan, Theatre Audience: A theory of production and reception, Routledge: London & NY, 1998.

Freshwater, Helen, Theatre and Audience, Palgrave Macmillan, 2009.

Kwon, Mi-Won, One place after another: Site-Specific Art and Locational Identity, MIT Press, 2002.

Lancaster, Kurt, "When spectators become performers and theatre theory: Contemporary Performance-Entertainment Meet the Needs of an" Unsettled "Audience", Journal of Popular Culture 30.4. 1977.

Lehmann, Hans-Thies, Karen Jur-Munby trans. Postdramatic Theatre, Routledge: London & NY, 2006.

Meyerhol'd, Vs. Stat', Pisima, rechi, Vesedy 1, Iskusstvo: moskva, 1968.

Roose-Evans, J. Experimental Theatre, Routledge, 1984.

포스트드라마 연극에 관한 고찰들

파트리스 파비스(Patrice Pavis)

1999년 출간 이후 10여 년이 흐른 지금, 한스-티스 레만(Hans-Thies Lehmann)의 『포스트드라마 연극(*Das postdramatische Theater*)』은 동시대 연극에 관한 논쟁을 여전히 지배하고 있다. '포스트드라마 연극'은 실험연극이나 '탐구적' 연극의 커다란 흐름을 포괄하는 데 있어 1950년대의 '부조리극' 이후에 처음으로 등장한 용어이다. '포괄적인 개념(umbrella notion)'이자 거의 모든 것을 포함하는 일반적인 용어이며 복합적인 것을 몇몇 쉽고 단순한 이념들로 축소시켜버리는 이 일종의 보편적인 믹서는 모두의 관심을 집중시킬 만하다. 그것은 반대 의견들만큼이나 많은 논쟁들을 불러일으켰고 또 레만 역시 숙고 끝에 보완을 거듭했다. 그는 최근의 논문들이나 『정치적 글쓰기(*Das politische Schreiben*)』(2002)라는 저서에서 자신의 몇몇 주장들을 수정한 바 있다.

1. 개념 및 용어의 유래

1.1. 만일 레만이 포스트드라마 연극이라는 용어를 스스로 만들어내지 않았더라면, 그는 비판이나 가설의 토대 위에서 그 용어를 체계화할 수 있는 이점을 누렸을 것이다. 1980년대에 레만은 기센(Giessen) 대학의 새로이 창설된 응용 연극학(angewandte Theaterwissenschaft)과에서 안드르제이 비르트(Andrzej Wirth) 교수의 조교로 있었는데, 비르트는 레만보다 앞서 "언어 연극은 소리의 콜라주, 구술 오페라, 춤연극(Tanztheater) 등 각종 포스트드라마적인 형식들의 독점에 의해 자리를 잃게 될 것"[1]이라는 말을 참조한 바 있다. 엘리노어 푹스(Elinor Fuchs)에 따르면 비르트는 1970년대부터 뉴욕에서 포스트드라마 연극이라는 용어를 사용했으며, 포스트드라마 연극을 관통하는 모순어법들에 언제나 민감한 태도를 보였다.[2] 한편 리처드 셰크너(Richard Schechner)는 당시 미국에서 유행하던 미셸 푸코(Michel Foucault)의 안티휴머니스트적 명제에 호응하는 것으로서 포스트드라마 연극이라는 용어 또는 '포스트휴머니스트'라는 용어를 사용했는데, 이때 셰크너는 자신이 보기에 그 당시 이미 사라져가고 있었던 아방가르드를 굳이 규정하고자 애쓰지 않았으며, 단지 신문기사 투의 피상적인 방식으로 그 용어들을 사용했다. 1985년부터 헬가 핀터(Helga Finter)는 포스트드라마 연극이라는 용어 대신 포스트모던이라는 용어를 사용하는 가운데 셰크너나 비르트에 비해 훨씬 더 명확하고 적극적인 태도를 보였는데, 아마도 이는 레만이 자크 데리다(Jacques Derrida)의 해체와 같이 포스트모던과 포스트드라마(또는 해체) 사이에 뚜렷한 차이를 두었던 반면 핀터가

---

1) Weiler, "Postdramatisches Theater", Metzler Lexikon Theatertheorie, 2005, p.245 참조.
2) Elinor Fuchs, "Postdramatic Theatre", The Drama Review, 52: 2(T198), pp.178~183.

포스트드라마와 포스트모던 양자를 연결 지었기 때문이었을 것이다.

1.2. 어떤 경우든 포스트드라마라는 용어는 포스트모던이라는 용어를 모방한 것처럼 보인다. 당시에 이론은 쇄신되거나 새로운 경험들을 설명해주기가 어려웠기 때문에 단순히 뒤이어 오는 무언가, 즉 '포스트'의 편의를 선택했고 이는 다분히 프랑스어 속담에 나오는 "나 죽은 뒤 무슨 일이 일어나든 무슨 상관이랴"와 유사한 차원에서 이루어진 일이었다. 게다가 그 후 '포스트'라는 것은 '포스트-구조주의'(1968년 이후)나 '포스트-역사'(1989년 이후), 또는 '포스트-휴먼'(1999년 이후)[3]과 같은 축적된 개념들과 더불어 '전략적으로' 보편화되었다. 레만이 재편성한 연극 관행들은 이 '포스트'의 원리에 따라 종종 문장들 사이에서나 프레베르(Prévert)의 목록 속에서 재빠르게 준-전략적으로 축적되기에 이르렀다. 따라서 반대로 레만이 부정적인 것으로 분류하는 다음과 같은 연극들을 식별해내는 일이 훨씬 더 용이할 것이다. 연출이라는 것이 장식에 불과할 뿐인 문학적이고 로고스중심적인 연극, "이미 입증된 것들을 확증하는 의식"[4]에 불과하며 단지 자신의 테제들을 역설할 뿐인 정치적인 연극, 그리고 문화상호주의 연극. 왜냐하면 "정치적인 공공의 의견을 대신할 만한 새로운 공간을 문화상호주의 내에서 찾을 수 있으리라 희망"[5]해서는 안 되기 때문이다.

1.3. 그렇지만 예외적이면서도 그만큼 더 근원적이고 중요한 이와 같은 축출은 포스트드라마 연극이라는 '통제된 명칭' 속에서 찾아볼 수 있는

---

3) Catherine Hayles, *How we became posthuman*, University of Chicago Press.
4) Hans-Thies Lehmann, *Das postdramatische Theater*, Verlag der Autoren, 1999, p.451.
5) *Ibid.*, p.453.

일종의 아이러니 없이는 이루어지지 않는다. 요컨대 다음과 같은 기이한 삼위일체로부터 예기치 않은 유머가 발생한다.

1) '포스트'라는 말은 그 거부가 전적으로 시간적인 것인지, 혹은 이론적인 것인지, 즉 그것이 구조주의와 기호학이라는 이론에 통고된 해임장인지에 대해서 아무것도 알려주지 않는다. 레만은 '포스트'를 통해 다음과 같은 비-모순적인 원칙을 만들어낸다. "포스트드라마 연극이라는 것이 말하자면 애초부터 존재했다는 주장과 그것이 드라마 이후의/드라마를 넘어서는 연극의 특별한 시기를 한정 짓는다는 주장 양자는 서로를 배제하지 않으며 도리어 공존한다."[6]

2) '드라마적인 것'은 그로써 배후에 남겨지게 되고 또 버려졌으며, 서사시나 서정시나 철학 등의 그 어떤 다른 범주도 다양한 형식 아래서조차 결코 드라마를 계승할 수 없으리라는 생각이 팽배하게 되었는데, 이때 놀랍게도 레만은 '드라마'를 심지어 부정하면서조차 다시 취하고 있다.

3) '연극'이라는 단어는 분명 특별히 문제가 되는 것은 아니다. 그렇지만 우리가 아방가르드 연극 및 탐구적 연극의 지평을 넘어서는 유럽 바깥의 문화적인 실천들, 특히 비-미적(美的)이고 비-허구적인 문화 행사들에 관심을 보일 때면 그 단어는 연극의 그리스적 기원과 서양 또는 서양화된 세계 속에서 나타나는 그것의 독점적인 임무로 인해서 의심스러우며 거의 작동하지 못하는 것이 되어버린다.

---

6) H-T. Lehmann, *Contemporary Drama in English*, Vol.14, *Drama and/after Postmidernism*, Trier, Wissenschaftlicher Verlag, 2007, p.44.

2. 포스트드라마 연극 개념의 의미와 대상

2.1. 포스트드라마 연극의 대상은 의미상으로나 영역상으로나 끝이 없는 것처럼 보인다. 레만은 포스트드라마의 기준들을 규정하겠다고 약속했지만, 계속해서 나타나는 새로운 형식들을 발견하는 데 취해서 이내 그 약속을 잊어버리고 말았다. "우리는 선정의 지침이 되어준 기준들을 오직 설명의 과정 속에서 부분적으로나마 정당화해야 할 것이다."[7] 그러나 우리가 확인하건대 레만의 선정작들은 학문적이고 문학적인 문화의 경계들을 훨씬 뛰어넘었으며 그는 그것들을 대중적이거나 매체적인 문화로까지, 시각예술 및 모든 장르의 공연예술로까지 확장시켜갔다. 무용, 서커스, 비디오아트, 조형예술과 설치미술, 음악극 등이 거기 집합되었다.[8]

레만이 비록 포스트드라마 연극과 1950~1960년대의 실험들, 가령 해프닝이나 퍼포먼스, 환경연극, 신체예술 또는 빈의 행동주의를 구분하고 있기는 하지만, 그러한 실험연극의 형식들은 일찍이 포스트드라마적 그물망의 커다란 틈새들 사이로 교묘히 편입되어 들어왔다. 그 점에 대해서 제한적인 규정이 부재하고 그 영역이 너무나 방대하며 대상들이 잡다하다는 이유로 우리가 레만을 비난할 자격은 없을 것이다. 우리는 단지 포스트드라마의 기준들을 무엇보다 포스트드라마 연극이 항거하고 있는 바에 반(反)하는 것으로서, 또는 포스트드라마에서 높이 평가되고 있는

---

7) H-T. Lehmann, *Das postdramatische Theater*, p.19.

8) Jerzy Limon에 따르면 포스트드라마 연극은 17세기 초의 마스크 공연(Stuart Masque)에서부터 멀지만 분명한 효시를 찾을 수 있다. "Performativity of the Court: Stuart Masque as Postdramatic Theatre", *The return of Theory in Early Modern English Studies*, (Paul Cefalu, Bryan Reynold, eds.), Palgrave, London, 2011 참조.

〈사슴의 집(La maison des cerfs)〉, Jan Lauwers, Avignon, 2009. (사진=파트리스 파비스)

새로운 가치들 및 영역들에 대해 어떤 전망을 제공하는 것으로서 확인할 수 있을 뿐이다.

2.2. <u>주된 대립 항은 재현이라는 것이다.</u> 말하자면 그것은 하나의 허구적인 행위나 두 인물들 사이의 대립을, 그리고 무대적 사건의 고유한 시공간과 대비되는 또 다른 시공간을 텍스트나 연기에 의해서 재현하는 소위 드라마적인 연극의 오래된 의지를 가리킨다. 포스트드라마 연극은 텍스트가 이야기하는 바를 형상화하는 대신 도리어 언어의 메커니즘을 전시하거나 노출시키고, 텍스트를 하나의 소리 나는 오브제로 취급하며, 단어의 지시대상에 관심을 갖지 않는다. 그처럼 포스트드라마 연극은 모방적인 것과 수행적인 것 사이에 놓인 연극의 불안정한 균형을 다시금 문제 삼고자 한다. 마틴 푸크너(Martin Puchner)는 이를 "공연예술과 모방예술사이에 처한 연극의 불편한 위치"라고 명명한다. 푸크너에 따르면

사실상 "음악이나 발레와 같은 공연예술로서의 연극은 살아있는 인간 존재가 무대 위에서 보여주는 예술적 효과에 의존한다. 그러나 미술이나 영화와 같은 모방예술로서의 연극은 그들 인간 퍼포머들을 모방적 프로젝트에 종사하는 의미화의 재료로 사용하게 된다."[9]

포스트드라마 연극은 수행적인 원리를 우선시하며, 그럼에도 그 원리를 문화적 퍼포먼스들(*cultural performances*)에는 적용시키지 않는다. 포스트드라마 연극의 입장에서 볼 때 그것들은 여전히 연극의 미학적 영역 바깥에 있는 상징적인 행위들로 남아있다.

2.3. 그 결과 "수행된(performed)", 공연된 연극(théâtre joué)에 대한 포스트드라마 연극의 분명한 선호가 생겨난다. 그와 같은 연극은 드라마적 텍스트로부터 해방되었으며, 무대 시스템들 및 사용되는 물질들 사이에 놓인, 특히 무대와 텍스트 사이에 놓인 위계를 무화(無化)시키고자 한다. 포스트드라마 연극의 텍스트는 '무대적인'(말해지고 연기되기에 용이한) 것이 아니라 반대로 무대에 적용되기 어려운, 심지어 무대에 반하도록 쓰여진 것들이다. 그리고 사실상 포스트드라마에서 자주 인용되는 작가들, 가령 뮐러(Müller), 옐리넥(Jelinek), 괴츠(Goetz), 폴레쉬(Polesch), 케인(Kane), 크림프(Crimp), 뒤라스(Duras), 베른하르트(Bernhard), 비나베르(Vinaver), 포세(Fosse), 라가르스(Lagarce) 등은 무대를 위해서 쓰는 것이 아니라 무대에 반해서, 또는 잘 해봐야 무대와 상관없이 글을 쓰는 자들로 이해되고 있다. 무대는 텍스트를 예시하거나 명확히 진술하는 것이 아니라 그 텍스트로부터 새로운 관점들을 드러내주는 어떤 장치를 고안

---

9) Martin Puchner, *Stage Fright: Modernism, Anti-Theatricality, and Drama*, The Johns Hopkins University Press, 2002, p.5

해야 한다. 사회 – 심리학적인 상황이 아닌 행위적이고 시각적인 충동들 및 연기의 장치야말로 무대와 텍스트를 동시에 드러내주며 그것들을 서로 대면시킬 수 있을 것이다. 몇몇 연출가나 작가들은 그와 같은 리드미컬한 구조의 매력에 푹 빠져있는 것으로 잘 알려져 있다. 작가로는 윌슨(Wilson), 레지(Régy), 크리겐부르크(Kriegenburg), 탈하이머(Thalheimer), 에첼(Etchells), 라우어스(Lauwers), 파브르(Fabre), 카스텔루치(Castellucci), 르빠쥬(Lepage)가 있고, 연출가 중에는 콜테스(Koltès), 라가르스(Lagarce), 가빌리(Gabilly), 한트케(Handke), 포먼(Foreman) 등을 들 수 있다.

2.4. 포스트드라마 연극의 *희박한 대상(l'objet introuvable)*은 따라서 극작의 유형보다는 무대적 실천 속에서 더 많이 나타난다. 이는 이따금 우리가 극작의 탐구 속에 있는지 혹은 배우의 연기를 보고 있는지를 구분하기 어려울 때조차 마찬가지이다. 게다가 아마도 그런 까닭에 레만은 '연출(mise-en-scène)'이라는 개념이 옛 시대의 글쓰기 또는 코포 류의 '고전주의' 연출 방식에 너무 많이 연관되어 있다고 여겨 '연출'에 대해서 거의 말하지 않는 것이다. 이때 고전주의 연출이란 안정적인 것으로 여겨지는 텍스트로부터 불안정하고 예측 불가능한 무대로의 이행을 검토하는 것이다. 고전주의 연출은 창조적이면서도 텍스트에 충실한 한 연출가의 작품이 되고자 한다. 그렇지만 레만에 따르면 현대연극에서 연출은 "일반적으로는 쓰여진 드라마의 낭독이나 예시일 뿐인데", 장 – 피에르 사라작(Jean-Pierre Sarrazac)은 합당한 이유들을 들면서 이를 매우 부당하고 단순화된 것으로서 고발한다.[10] 레만의 극단성은 부분적으로는 1960년대에서 70년대까지 독일에서 나타난 *레지테아터(연출[가]*

---

10) Jean-Pierre Sarrazac, *Études théâtrales*, 2007, p.9.

연극, *Regietheater*)에 대한 권태에 의해 설명되며, 이때 *레지테아터*는 종종
연출가의 예술가적 *자아(ego)*에 너무 치중한 것으로 여겨지는 한 양식을
말한다(Zadek, Stein). 그렇지만 프랑스나 이탈리아 같은 다른 나라에서
는 1970년대에 이미 연출이라는 것이 그럼에도 불구하고 작품이나 공연
을 해체하는 가장 좋은 방식으로서 또한 이해되고 있었다. 몰리에르나
라신느의 고전 작품들에 대한 일련의 연습 및 공연에 있어서의 비테즈
(Vitez)나, 셰익스피어를 자신만의 광대연기양식으로써 근본적으로 재해
석했던 카르멜로 베네(Carmelo Bene)는 포스트드라마 시대보다 훨씬 앞
서서 텍스트를 해체했고, 무대를 텍스트보다 앞에/텍스트 위에 두었으
며, 단순하지만 근본적으로는 관객들의 감상뿐 아니라 배우들마저도 불
안정하게 만드는 어떤 장치를 제안했다. 그에 따라 그들은 마치 설치미
술이나 조형예술에서처럼 텍스트성을 노출시키고 전시하는 데 기여했
다. 포스트드라마 연극 및 해체적인 연출, 그리고 전개 중인 '해체주의'
는 연극이 실제 현실을 어떻게 모방하고 재현하는지를 관찰하는 대신에
배우가 텍스트 및 행위들과 더불어 무엇을 만들어내는지, 그가 어떤 장
치 속에서 행동하는지에 대해 질문을 던진다.

2.5. 배우와 포스트모던적이고 포스트드라마적인 그의 이중(double) 즉
퍼포머는 드라마적인 것과 포스트드라마적인 것 사이의 차이점들을 아
래의 표와 같이 보다 분명히 할 수 있도록 해준다.

드라마적 연극	포스트드라마 연극
배우	퍼포머

대사	코러스(choralié), 장치
대화 속에서의 대사	공중을 향한 비인칭의 호소
재현	호소 및 불확정적 수취인
감정 및 상호작용을 나타내는 육체	현시, 현존
동일시(Einfühlung)	비동일시(Ausfühlung)
극적 환영	활동적인 퍼포먼스

(Jens Roselt, "In Ausnahmezuständen. Schauspieler im postdramatischen Theater", *Text und Kritik*, 2004, pp.166~176 참조)

　　포스트드라마의 배우는 다름 아닌 퍼포머이다. 이때 퍼포머는 하나의 인물을 구성하거나 모방하려 하지 않고, 힘들의 교차 속에, 코러스 속에, 자신의 행위 및 육체적 퍼포먼스의 앙상블을 재편성하는 어떤 장치 속에 스스로를 위치시킨다. 그는 인물로부터 분리된 한 사람의 단순한 현존, 또는 음성적이거나 육체적인 지구력 겨루기(Pollesch, Castorf)를 통해서 나타난다. 그는 더 이상 자기 고유의 감정을 모방하거나 암시함으로써 관객의 감정 속으로 들어가지 않고(*Einfühlung*), 대신 로젤트(Roselt)의 탁월한 표현에 따르자면 동일시로부터 빠져나와야 하며(*Ausfühlung*), 자기 고유의 감정을 되찾기 위해서 위장된 감정들의 구렁텅이를 벗어나야 한다. 그는 운동가이자 음악가이며 코러스 단원이고, 인간적인 모방이나 극적 환영이 아니라 발화행위의 집합에 종사하는 기술자인 것이다.

〈리토랄(*Litoral*)〉, Wajdi Mouawad, Avignon, 2009

〈무엇을 하기 위한 둥지인가(*Un nid pour quoi faire?*)〉, Olivier Cadiot, Avignon, 2010.
(사진=파트리스 파비스)

3. 포스트드라마 연극이 출현한 역사적 시기

포스트드라마의 기원, 다시 말해 그것의 개념 및 무대적 실천이 출범한 역사적 시기를 연구할 때는 이론적인 개념과 그것이 설명하고 있는 구체적인 대상을 구별하는 데 있어 어려움을 겪을 수밖에 없다. 작품의 변천은 역사적인 이유에 따라 이루어졌고, 포스트드라마 이론은 그러한 변천에 대한 반응으로서 나타난 것에 불과하다. 그럼에도 그 변화들을 인식하기 위해서는 가능하면서도 정확한 개념적인 체제를 검토해보아야 한다.

3.1. 변천에 관해 말하자면, 레만은 1970~1980년대에 특별히 프랑크푸르트의 테아트르 암 투름(Theater am Turm)의 공연들과 독일, 네덜란드와 벨기에에서 보았던 공연들을 통해 그와 같은 변화를 인지할 수 있었다. 그 공연들은 공통적인 특징을 갖고 있었는데, 말하자면 그것들은 새로운 무대적 실천을 유발하기보다 드라마의 연장 및 사유의 상징주의 속에 위치해 있었던 철학과 문학에 본질적으로 연관하는 부조리 문학에 대한 반작용으로서 이루어진 것이었다. 베케트(Beckett)는 드라마적 문학과 추상적이고 비−상징적인 무대적 실천 사이에서 일종의 전환을 이끌어낸다. 순전히 시각적인 미학에 관해 말하자면(윌슨, 칸토르와 이후 세대의 Tanguy, Gentil 등), 그 미학은 드라마적 문학에 대해서와 마찬가지로 예술 연극이나 연출에 대한 반작용으로서 또한 구축되었다.

그럼에도 불구하고 이때의 드라마투르기(극작법, dramaturgie)는 1980년대(Vinaver, Koltès, Novarina)나 1990년대(Gabilly, Lagarce) 이래 프랑스 등지의 다른 국가들에서 일어난 연극적 글쓰기 및 출판의 부흥과 더불어 어떤 종류의 자율성을 유지한다. 비나베르(그리고 보편적인 연극에 대한 그의 분석표)나 사라작(그리고 랩소디 풍 연극에 대한 그의 개념)과 같은 드라마 이론가들은 안티드라마 또는 포스트드라마적인 반향에 전혀 가담하지 않는다. 그들은 여전히 고전적이고 규범적인 텍스트를 해체하고 변화시키며 그 방향을 바꾸기 위한 수단으로서 연출을 이해한다. 그럼으로써 그들은 포스트드라마 연극에게 매체나 조형예술, 대중적인 스펙터클 및 버라이어티와의 결합을 도모할 수 있는 완전한 자유를 넘겨준다. 그들은 1960~1970년대의 연장 속에서 연출의 힘에 대한 그들의 신뢰를 유지한다. 그들이 포스트드라마 연극과 공유하는 유일한 것은 바로 문화 상호적인 경험들과 문화적 퍼포먼스들에 관한 연극적 연구의 확장에 대한 일종의 눈감아주기이자 공공연한 무관심뿐이다.

3.2. 이와 같은 역사적 변천은 브레히트로부터 유래된 극작법적 (dramaturgique) 분석의 종결, 지배적인 기호학적 경향의 종결, 포스트구조주의 시대의 도래 등으로 대표되는 1968년부터 1980년 사이의 방법론적이고 인식론적 변화들에 상응한다. 아도르노의 『미학이론(*Théorie esthétique*)』 (1970)이나 "엔드게임(*Endgame*) 이해를 위한 소고" 등의 저술은 포스트드라마 연극의 발전을 뒤따르고자 하는 이들을 위한 중요한 좌표를 설정해준다. 요컨대 형식이란 침전된 내용과 다를 것이 없다는 아도르노의 생각은 형식의 변천에 대한 이론 및 형식과 내용 사이의 관계를 이해할 수 있도록 돕는다. 스촌디(Szondi)가 정의한 드라마적인 것 또는 레만이 정의한 포스트드라마에 있어 난점은 텍스트적이거나 무대적인 형식들을 표지하고 묘사하는 데 놓여있지 않다. 그보다는 드라마적이고 극적인 형식들 속에 기적적으로 숨겨져 왔던 우리 시대의 사회적이고 철학적인 내용들을 파악하고 분석하는 일이 훨씬 어려운 것이다. 포스트드라마는 더 이상 이

론을 세우고자 애쓰지 않으려고 이러한 난점을 이용하며, 극적인 형식들이 더 이상 커버할 수 없게 된 현실에 관한 모든 관점들을 포착하기를 단념한다. 그러나 우리는 과연 이를 비난할 수 있을 것인가?

3.3. 독일의 포스트드라마 연극에서는 전례를 찾아볼 수 없었으며 이후 프랑스나 다른 지역에서 다른 이름으로 이루어진 그러한 비약적 발전에는 여전히 다음과 같은 최종적이고 근원적인 이유가 존재한다. 도시나 국가로부터 전격적인 지원을 받고 인위적으로 후원되는 탐구적 연극은 그와 같은 도움이 없다면 결코 존속될 수 없을 것이다. 독일에서는 매우 능력있고 부유한 시립극장들(*Stadttheater*)이 재빨리 보조금을 채결하고 보강했으며 제도화했다. 그렇기 때문에 정부나 기업이 물러선 후에는 포스트드라마 연극이 사라져버리거나 보다 상업적인 작품으로 변해버릴 것이라는, 즉 '보다 쉬운' 연극으로, '잘 만들어진' 작품으로, '근사한(bon chic bon genre)' 공연 또는 영리한 통속극으로(Reza, Schmitt) 되돌아갈 것이라는 위험이, 또는 가능성이 존재한다. 게다가 이와 같은 부흥의 추세는 수많은 새로운 공연들 속에서 나타나고 있다.

따라서 어쩌면 포스트드라마 연극은, 겨우 그 효력들이 실질적으로 평가되기 시작한 데 반해 그것의 문제점이나 도전들을 결코 무시할 수 없는, 이미 위험에 처해버린 영역일지도 모른다.

4. 포스트드라마의 문제점과 도전들
4.1. 몇 가지 문제점들

포스트드라마적 고찰의 출발점에는 페터 스촌디(Peter Szondi)의 미완의 프로젝트가 놓여있다. 『현대 드라마 이론(*Théorie de drame moderne*)』 (1956)이라는 저서에서 스촌디는 1880년에서 1950년 사이 유럽의 극작법 (dramaturgie)을 연구했고, 드라마의 위기에 따른 극작법의 변화(Ⅱ)와 드라마적 형식의 보존을 위한 시도(Ⅲ), 그리고 해결책을 찾기 위한 이후의 시도들을 설명했다. 대략적인 역사적 검토에 결론을 내리면서 스촌디는 "새로운 양식"이 어떤 것으로 나타나야 하며 또 나타날 수 있는지를 상상한다. 스촌디가 평가하기에 20세기 중반인 그 시기에 드라마적 형식은 전통과 더불어 문제시되기에 이르렀고, "그에 따라 새로운 양식을 창조하는 일이 관건이라고 한다면, 단지 드라마적 형식뿐 아니라 전통의 위기에 대한 해결책까지 찾아야 할 필요가 있었다."[11] 스촌디가 사용하는 '전통'이라는 말은 연기, 즉 전통에 의해 전승된 연기 방식을 의미한다. 따라서 그는 새롭게 도래할 연극이 이제는 드라마적 텍스트로서만이 아니라 무대적 실천으로서도 이론화되어야 할 것임을 이해했다. 그로써 이제 더 이상 지켜야 할 전통도, 일반적인 모델도, 통일된 연기 방식도 존재하지 않는다. 왜냐하면 연기에 관한 저 경직된 전통은 1880년경 연출의 등장과 더불어서, 그리고 1950~1960년대의 새롭고 포스트고전주의적이며 포스트모던적인 형식 속에서 분명히 사라졌기 때문이다. 하물며 포스트드라마와 더불어서, 이제 그 어떤 연기 및 해석의 전통도 보잘것없는 안전성을 보장하기 위해서 지속되지 않는다. 연출은 단순한 전통적 치장이 아니라, 공연(spectacle)이라는 의미에서의 작품 제작에 있어 결정적인 무언가가 된다. 텍스트의 방향을 틀고 그 중심을 어긋나게 하는 데 있어 조금도 망설임이 없는, 코포(Copeau)의 연출을 본뜬 포스트고전주의 연출은 모든 법칙으로부터 자율적인 의미 있는 실천이 되었고, 연극

---

11) Peter Szondi, *Théorie de drame moderne*, L'Age d'homme, 1983, p.135.

〈파퍼라팝(*Papperlapapp*)〉, Christoph Marthaler, Avignon, 2010. (사진=파트리스 파비스)

을 제작하고 공연하며 또 이해시키는 하나의 방식이 되었다. 그리고 포스트드라마 연극 역시 연출에 대해 이와 동일한 입장을 취하고 있다. 다만 포스트드라마 연극에서는 연출의 작업 절차를 거의 연구하지 않으며, 만일 하더라도 상세하게 살펴보지 않을 뿐이다.

어쨌든 연극을 변화시키는 것은 연출에서의 변혁이라는 요소이지, 더 이상 지난 세기의 전반기까지 그래왔던 것처럼 극작법에 있어서의 변화들(만)이 아니다. 이제 드라마적 글쓰기는 그것이 의미의 생산 및 조정으로서의 연출, 또는 배우와 연출가 및 모든 협력자들에 의해 활성화되는 외적 실천이나 텍스트적 잠재력의 실현(mise en jeu)으로서의 연출과 맺는 연관 속에서, 즉 그것이 무대와 맺는 연관 속에서만 의미를 갖는다.

4.2. 몇몇 도전들

포스트드라마 연극은 장려되는 바와 동일한 정도로 많은 도전들을 또한 받고 있다.

1) <u>이질성</u>: 드라마적인 것과 무대적인 것은 분명 복잡하게 얽혀 있다. 그에 따라 이론적인 개념(포스트드라마)은 예술적인 대상과는 상당히 이질적인 것으로 나타나는데, 그럼에도 불구하고 그 개념은 우리 주위의 세계 및 작품들과 조화를 이룬다. 드라마적 장르들에 대한 그 어떤 이론도, 또 하물며 무대적 실천들에 대한 그 어떤 이론도 모든 공연들을 포괄할 수는 없을 것이다.

포스트드라마의 다양한 공연들(퍼포먼스들)은 하나의 본질이나 공통의 특징들로 규정될 수 없으며, 대신 근본적으로 상이한 무대적이고 사회적인 실천들에 의해서 규정된다. 공연이란 기술들과 물질들 또는 담론들의 이질적인 총합이며, 뿐만 아니라 그와 같은 기술들 및 물질들과 담론들 역시 그 자체로 이질적이며 비−특징적이다. "표면적인 기술들의 작용은 드라마적 형식을 움직이는 랩소디적 충동의 성격을 띠는가?"[12]

2) <u>극적이거나 수행적인 오브제</u> 역시 완전히 포착될 수 없다. 지구상에서 행해지는 수많은 문화적 퍼포먼스는 말할 것도 없이, 드라마적 텍스트와 연출, <u>고안된</u> 연극(*devised theatre*), 또 정치적이거나 전투적인 행위를 구분하는 것은 오늘날 불가능한 일이다.

3) 포스트드라마는 <u>텍스트 연극</u>('텍스트를 바탕으로 하는(text−based)') 과 <u>비언어 연극</u>(théâtre sans parole) 사이의 근본적인 차이를 구분하지 않는

---

12) J−P. Sarrazac, Etudes théâtrales, no. 38~39, 2007, p.16

다. 오히려 차이는 한편으로는 무대에 올려지거나 '연출되기' 이전의 텍스트와 다른 한편으로는 연기자와 작가 각각 또는 둘 모두로 구성되는 전체 그룹이 연습 과정에서 만들어내는('고안된 연극'의 기술) 텍스트 사이에 놓여 있다. 따라서 관건이 되는 것은 연출에서 텍스트가 갖는 지위를 검토하는 일이다.

4) 텍스트 및 텍스트 분석은 재검토되어야 한다. 고전주의 극작법의 도구들은 거부되기만 할 것이 아니라 채택되어야 한다. 드라마적 텍스트는 이야기도, 내러티브도, 서사도, 이야기하기도 아니며, 이와 같은 층위들은 혼동되지 않는 것이 바람직하다. 궁극적이고 중요한 난점은 드라마적이거나 포스트드라마적인 형식들이 현실에 대해 갖는 관계를 이해하는 데 놓여 있다. 실제로 레만이 인정하듯이 우리는 "드라마적 형식과 사회적 현실의 분리"("드라마적 형식과 사회적 현실 사이의 멀어져가는 거리")를 목격한다.[13] 그런데 과연 여전히 우리는 극작이나 무대의 형식들과 우리의 현실 분석들 양자를 연관 지을 수 있는가?

포스트드라마에 의해서 야기되고 북돋아진 이와 같은 도전들은 어쨌든 레만이 제기한 문제들이 실제적이라는 사실과 그 문제들이 동시대 연극에 대한 모든 질문에 연결된다는 사실을 우리에게 가르쳐준다. 만일 우리가 포스트드라마의 개념들을 포스트모던 또는 해체(이것은 확실히 레만의 의미에는 부합되지 않지만)의 개념들에 연결 짓는다면, 우리는 포스트드라마의 테제들 중 몇몇을 확증하거나 그것들을 해체에 비추어 검토해볼 수 있을 것이다.

5) 1970년 이후의 새로운 무대와 무대 밖의 경험들에 부합하는 개념적

---

13) H-T. Lehmann, *Contemporary Drama in English*, Vol.14, *Drama and/after Postmidernism*, Trier, Wissenschaftlicher Verlag, 2007, p.41.

인 총체를 찾아내는 일은 불가능할 것이다. 구조주의도 기호학도 수용미학도 그러한 총체가 될 수는 없다. 그 자체로 분할되고 해체되고 미완성인 작품에 대해, 관객이나 이론가는 더 이상 방대하고도 적절한 개념이나 도구들을 사용하지 못한다. 레만의 포스트드라마가 할 수 있는 유일한 일은 데리다(Derrida), 리오타르(Lyotard), 들뢰즈(Deleuze), 보드리야르(Baudrillard) 또는 랑시에르(Rancière)와 같은 프랑스 철학자들로부터 빌려온 개념들을 일회적이고 폭넓은 방식으로 활용하는 것뿐이다. 레만은 종종 다음과 같은 개념들의 대립을 참조한다. 사건/상황, 병렬/위계, 공간/표면, 재현/현존 등. 이처럼 대비되는 개념들은 레만으로 하여금 사태들의 일군을 조직하며 편성할 수 있도록, 그리고 드라마적인 것/포스트드라마적인 것의 거대한 이분법을 확증할 수 있도록 돕는다. 그렇지만 그와 같은 이원적 분할은 절단된 이분법을 교묘히 빠져나가는 다양한 현상들을 설명하기에는 너무 단순화된 것이다.

5. 포스트드라마적이고 해체적인 연출을 향하여?

레만은 데리다의 해체를 포스트드라마에 대한 자기 고유의 이해와 분명히 구분 짓지 않은 채로 종종 언급하고 있다. 하지만 데리다와 레만 모두에게 있어 포스트드라마와 해체 양자가 포스트모던적 사유와는 명확하게 구분되는 것임에도 불구하고, 다시 두 개념을 따로 구별할 필요가 있어 보인다.

해체라는 것은 우리가 보는 앞에서 연출이 순차적으로 이루어지고 또 흐트러지는 방식이라고 규정될 수 있을 것이다. 해체는 자기 고유의 분열을 표지하거나 유발하며, 자신의 모순과 자가당착 및 어긋남을 분명하게 드러낸다. 가령 공연의 한 디테일은 전체적인 내러티브적 구조를 해체할 수 있고, 세계를 재현하거나 인물을 구축하고자 하는 연출의 전체 의도를 훼손시킬 수 있다. 이때 관건이 되는 것은 단순히 표면적인 양식적 기법들이 아니라, 다름 아닌 의미에 대한 작용들이다. 게다가 바로 이 지점에 포스트모던과의 총체적인 차이가 놓여 있으며, 이때 포스트모던이란 문체들과 장르들과 양식적 층위들의 뒤섞임에 대한, 형식들의 혼종성 및 과도한 상호텍스트성에 대한 그 취향으로써 식별된다.[14]

비테즈의 연습들 및 수업들, 우스터 그룹의 작업들, 수차례에 걸친 케이티 미첼(Katie Mitchell)의 무대 제작(*Some Trace of Her*, 2008), 1980년대의 얀 데코르테(Jan Decorte)나 1990년대의 얀 라우어스(Jan Lauwers) 또는 1997년 이보 판 호베(Ivo van Hove)에 의해서도 이루어졌던(*Tragédies Romaines*) 셰익스피어 작품의 연출들, 기 카시에(Guy Cassiers)에 의한 프루스트와 무질의 소설들의 무대 각색 등을 제외하고는, 데리다에게서 영감을 받고 그 철학적 방식을 표방하는, 엄밀한 의미에서의 해체의 사례들을 찾아보기가 참으로 어려운 실정이다. 그럼에도 종종 다음과 같은 몇몇 원리들이 그 총체에 충분히 강한 어떤 정체성을 부여해주면서 다시금 나타나고 있다.

1) 연출의 탈중심화: 어쨌든 확실하고 명료한 그 어떤 전체적인 담론도, 그 어떤 연출에 대한 담론도 더 이상 찾아볼 수 없다. 연출가는 더 이상 작가가 아니며, 모든 것을 통제하는 핵심적인 주체가 아니다. 배우와 전체 그룹, 테크놀로지와 매체들은 더 이상 한 사람의 신적 예술가에게 종속되지 않는다.

---

14) Patrice Pavis, *La Mise en Scène contemporaine*, Armand Colin, 2007, pp.159~160.

2) 주체의 분열에 따른 고전주의 연출의 분열은 푸크너(Puchner)의 용어로 말하자면 '공동 제작' 및 '공동 수용'이라는 새로운 작업 방식으로 나타난다.[15]

3) 작업 과정의 전시(mise en vue), 즉 사건의 수행적 현시는 모든 재현과 형상화, 그리고 가끔은 심지어 의미화조차 대체해버린다.

4) 전체 연출, 더군다나 해체적인 전체 연출은 일종의 "혼란의 시학 (*Poetik der Störung*)"[16]이며, 반면에 그 시학은 제어의 이념을 배제하지는 않는다.

6. 연출의 귀환?

6.1. 데리다의 해체가 포스트드라마 연극에 개념적 골조를 제공한다고 한다면, 이때 해체는 철학적인 일반론을 또한 뒷받침하지만 대신 공연들의 구체적인 분석이라는 기반은 종종 벗어나버리고 만다. 레만의 저서 및 포스트드라마를 원용하는 그 제자들과 예술가들의 성찰들은 공연들에 대한 보다 정확하고 기술적인 서술로 되돌아올수록, 또 이미 잊혀지거나 부인되고 있는 오래된 개념인 연출이라는 개념에 다시 초점을 맞출수록 더욱 더 널리 확장된다. 왜냐하면 연출이란 여전히 이론과 실천이 만나는 유일하고 구체적인 장소이기 때문이다. 또 연출은 포스트드라마 연극의 사례들을 선택하고 다듬고 바로잡도록 허용해주는 무언가이기도 하다.

---

15) Martin Puchner, *Stage Fright. Modernism, Anti-Theatricality and Drama*, The Johns Hopkins University Press, 2002, p.176.

16) H-T. Lehmann, *Das postdramatische Theater*, p.266.

6.2. 그럼에도 우리는 '대륙적인' 의미에서의 연출과의 비교 하에 퍼포먼스의 개념 및 실천 역시 고려해야 하며, 두 모델들 사이의 대립을 활성화시켜야 한다.[17] 그 두 가지 패러다임은 실제로 국제적인 공연의 영역을 구조화하며, 특히 '대륙적인' 유럽 세계와 영어권의 영미 세계를 조직화한다. 이 두 세계는 여전히 얼마간 서로에 대해 무지하다. 그럼에도 연극을 보고 또 분석하는 데 있어 상이할 뿐 아니라 대립적으로 나타나는 그 두 가지 방식은 하이브리드적인 어떤 실천 속에서 만나게 된다. 우리는 어떤 종류의 '공연화(performise)' 및 '공연하기(mis en perf)'를 향해 나아가고 있는 것은 아닌가?

이야기, 스토리, 행위, 인물들을 제쳐둔 채 오로지 수행적인 것만을 위하여 모방적인 것을 완전히 저버리기 원하는 포스트드라마 연극은 인정받기가 어렵다. 자기지시는 고갈되고 미메시스는 되돌아오며 인물은 자신의 유해로부터 다시 태어난다. 뿐만 아니라 포스트드라마 이론은 수행적인 것에 대한 자신의 성찰을 멀리까지 밀고 나가지 못하며, 1990년대에서 2010년대까지의 수행성에 대한 연구들을, 특히 주디스 버틀러(Judith Butler)로부터 엘리자베스 그로츠(Elisabeth Grosz)에 이르러 나타나는 다양한 여성주의 이론을 고려하지 않는다. 한편 모든 종류의 정체성에 관한 질문은 분명 공연의 제반 요소들이 만들어지고 구현되는 방식을 보다 명확하게 하도록 허용해줄 것이다.

6.3. 포스트드라마의 일반 미학과 최근의 연출의 역사를 비교하고 또 연결 지음으로써 우리는 해체적인(또는 포스트드라마적인) 연출에 관한 이론의 기반을 확고히 하는 것이 아닌가? 이는 특히 다음과 같은 과업들

---

17) Patrice Pavis, *La Mise en Scène contemporaine*, pp.43~71.

에 유의할 경우에 그러하다.

 1) 무대적 실천들을 역사화하기. 그 실천들을 문맥화하고 상대화하며, 매체나 문화적 실천들에 관한 이론처럼 그것들을 거대한 총체 속에 보다 분명히 등록시키기.

 2) 그 실천들의 전략을 분석하기. 그것들의 조합과 논쟁적 가치 및 문화적 차원을 분석하기. 각각의 문화적이고 언어적인 맥락 속에서 포스트드라마적 사례들의 정체성이나 포스트드라마 연극에 대한 평가는 상이하게 나타난다는 사실을 기억할 필요가 있다. 그 때문에 네덜란드와 프랑스와 영국에서 고전주의 텍스트에 대한 이해는 매우 다른 것이다.

 3) 30년에서 40년 가까이 된, 그리고 레만이 처음 분석했을 당시에는 20년에서 30년 가까이 되었던 오래 된 사례들을 구체화하기. 오스터마이어 (Ostermeier)와 같은 예술가들이 포스트드라마와 거리를 유지했던 데 반해 리미니 프로토콜(Rimini Protokoll)과 같은 몇몇 예술가들이 포스트드라마라는 꼬리표를 심지어 스스로에게 붙였음에도 불구하고, 실천은 변화되었으며 경험들은 다양화되었다. "포스트모던 연극은 퇴폐적이고 배부른 한 시대에 대응하는 것이며, 그 시대는 이제 지나가버렸다. 1990년대 초 베를린에 있었던 관객으로서의 나는 가령 폴크스뷔네(Volksbühne)에서 공연된 연극의 추잡스러움을 도무지 견딜 수가 없었는데, 비평가들은 그것을 '해체주의적'이라고 규정했으며 그와 같은 공연의 입장에서는 '거대 서사들'이 우리에게 할 수 있는 말이란 더 이상 남아있지 않았다."[18]

 6.4. 드라마적/포스트드라마적이라는 이원체계 역시도 초월될 수 있

---

18) Thomas Ostermeier, Introduction et entretien par Sylvie Chalaye, Actes Sud-Papiers, 2006, p.53.

는 것은 아닐까? 미메시스(*mimèsis*)와 디에게시스(*diégèsis*) 사이의 플라톤적 대립의 전통 속에서 1920년대에 브레히트가 다시 한 번 드라마적인 것(dramatique)과 서사적인 것(épique) 사이의 정면 대립을 이론화할 수 있었던 데 반해, 우리는 그 대립으로부터 이미 많이 벗어난 상태이다. 포스트드라마는 어떤 때는 드라마적이고 어떤 때는 서사적이며 또는 자연주의적이거나 연극적인 요소들을 모두 내포할 수 있다. 연극성에 대한 모던적 거부 및 포스트모던적 수용 사이의 대립은 더 이상 유지되지 않는다. 이질성이라는 포스트모던적 원리에 의거하여 하나의 동일한 연출이 이것으로부터 저것으로 서슴지 않고 넘어가버리는 일은 얼마든지 가능한 것이다.

사실주의적 양식(재현의 표지들을 숨기고 있는)과 극적 양식(그 표지들을 강조하는)의 이원체계는 그렇듯 서로 비교될 수 있으며 또한 '뛰어넘을 수 있는' 이원체계이다. 예컨대 세로(Chéreau)와 같은 연출가는 심리학적인 순간들과 극도로 연극화되고 양식화되며 강화된('고양된(heightened)') 순간들을 교차시킨다.

7. 일반적인 결론: 드라마적 글쓰기의 경우

커닝햄(Cunningham), 바우쉬(Bausch), 그뤼버(Grüber), 차덱(Zadek), 고쉬(Gosch) 또는 슐링엔지프(Schlingensief) 등의 기라성 같은 예술가들이 사라져감으로써 한 시대가 저무는 이때, 우리는 포스트 − 포스트드라마적인 새로운 시대 속으로 들어온 것인가? 우리는 포스트드라마로부터 빠져나올 수 있는가? 그것은 자신의 그림자 너머로 뛰어오르는 것만큼이나 어려운 일이 아닌가? 우리는 드라마적인 것으로 되돌아감으로써 포스트드라마를 벗어날 것인가? 그럴리가!

어쨌든 포스트드라마라는 용어를 문자 그대로 취할 때 그것이 암시하는 다음과 같은 질문으로 적절히 되돌아오는 것은 바람직한 일이다. 드라마적인 것 이후에는 어떤 글쓰기가, 어떤 드라마투르기(극작법)가 나타나는가?

7.1. 대부분의 작가들이 포스트드라마 연극의 반-텍스트적인 경향들을 통합하고 흡수해버린 한에서, 동시대의 포스트드라마적 글쓰기에 대해 이야기하는 것은 아마 별다른 의미도, 또는 어쨌거나 별다른 타당성도 갖지 못할 것이다. 그런데 이때의 반-텍스트적 경향들은 단지 '해독 가능하다는' 의미에서가 아니라 드라마적 문학처럼 출판 가능하다는 의미에서 여전히 가독성이 있는 것으로 남아있다. 콜테스(Koltès)는 자신의 글쓰기와 무대의 미학을 부분적으로 통합시켰고, 콜테스의 작품을 연출했던 세로는 소외된 젊음에 관한 자연주의적 문헌들로 작품을 만들면서 1980년대에서 2000년대 사이의 다른 연출가들이 언제나 인식하지는 못했던 미메시스적 진정성과 연극적 작위성의 혼합 및 그와 같은 이분법을 글쓰기 내에서 간파해냈다. 글쓰기와 연기 연출 사이의 이와 같은 순환성은 연극 제작에 있어, 즉 단순히 '고안된 연극(*devised theatre*)' ─ 연습실에서의 즉흥 과정에 선행하는 텍스트나 대본이 없이 고안되는 ─ 에 있어서뿐만 아니라 글쓰기와 연출하기의 공동제작에 있어 빈번히 찾아볼 수 있게 되었다. 포크 리히터(Falk Richter)라는 한 작가는 스타니슬라스 노어디(Stanislas Nordey)와 함께한 작업에서(*My secret Garden*, à Avignon, 2010) 먼저 글을 썼고, 이후 단번의 번역을 거쳐서, 예컨대 몇몇 대목을 다시 쓰거나 그것들을 새로이 번역가나 연출가와 배우들에게 위임하기도 전에, 즉각

적으로 자신의 텍스트를 극화시켰다.

7.2. 이와 같은 순환은 창작의 조건이나 예술가들의 인내심이 그것을
허용하는 한 오래 지속된다. 그 순환은 텍스트와 연기의 실천적이고 이
론적인 뒤얽힘을 다시금 확증해주고, 우리로 하여금 연출의 메커니즘을
새롭게 성찰하도록 만든다. 그 순환은 30년에서 40년 전에 "더 이상 드
라마적이지 않은 연극 텍스트"[19]라 불리었던 텍스트가, '포스트―포스트―
드라마적인' 것이라고까지는 말하지 않더라도, "다시금 드라마적인" 텍
스트가 되었음을 우리에게 덧붙여 상기시킨다. '재현의 후퇴'[20]라는 언표
이후에 텍스트들은, 잘 만들어진 작품들로 다시 변모하진 못했을지라도,
다시금 스토리들을 이야기하며 현실의 요소들을 재현하고 인물의 효과
들에 동참한다. 이와 같은 귀환은 반동적인 재건과는 아무런 관계가 없
으며, 그 귀환은 단순히 인간의 모든 작품과 모든 담론이 언제나 무언가
를 이야기한다는 사실을 인식함에 다름 아니다. 연극, 특히 동시대의 연
극은 사라작에 따르면 언제나 '랩소디적이다.' 랩소디(음유시)라는 개념
은 "서사시적 영역에 연결되어 있다. 그 영역은 몽타주, 교차, 접합, 코러
스 등과 같은 글쓰기의 기법들과 동시에 펼쳐지는, 호메로스적인 노래와
이야기하기의 영역이다."[21] 우리는 이 개념을 연출의 총체에 적용시키며,
그로써 우리는 포스트드라마의 지평 위에 서게 된다.

그럼에도 차이점이 있다면 그것은 동시대의 텍스트 이론과 특히 그것
의 분석 방식이 여전히 구축되지 못했다는 사실일 것이다. 그와 같은 분
석적 이론은 드라마적인 것과 포스트드라마적인 것의 특질들을 통합시

---

19) G. Poschmann의 책 제목, *Texte théâtral qui n'est plus dramatique*, 1997.

20) H-T. Lehmann, *Das postdramatische Theater*.

21) J-P. Sarrazac, *Lexique du drame moderne et contemporain*, Circé, 2005, pp.183~184.

켜야 할 의무가 있다. 행위, 극작법, 플롯, 이야기, 이데올로기 등의 도구들은 여전히 적합한데, 이는 그것들의 부재 또는 침묵을 확증하기 위할 때에만 오직 그러한 것이다.[22]

7.3. 포스트드라마 연극은 그것의 새로운 규범들과 억견들(doxa)로 인해서 오늘날 드라마투르기(극작법)와 글쓰기의 발전을 저지하고 있는가? 사라작에 따르면 그와 같은 저지는 실제적인데, 왜냐하면 무대 위의 우연성들에 종속되지 않는 드라마적 글쓰기 및 그것의 고유한 발전을 포스트드라마가 무시하기 때문이다. 사라작은 포스트드라마에 맞서 반발할 것을 호소하며, 그 반발을 어떤 '탈환'에 견주고 있다. "드라마가 새롭게 구축되는 이 시기 – 재건의 반대편에 속한 –는 스스로의 이방인이 되어버린 연극의 영향 아래서 원기를 되찾고 있다."[23] 사실상 텍스트 – 무대의 관계가 완전히 급변했다는 실제적인 위험은 명백히 존재한다. 이 관계가 예전에는 텍스트와 로고스 중심주의에 의해 지배되었다고 한다면 이제 그 관계는 포스트드라마의 '무대 – 중심주의' 아래서 무대 및 무대적 실천에 전적으로 순응하게 되며, 읽혀질 기회도 혹은 드라마적 작가에 의해 작성될 그 어떤 여지도 텍스트에게 남겨주지 않는다. 새로운 주인은 이제, 여전히 너무나 로고스 중심적인 것으로 판명된 연출가가 아니라, '무대 위의 작가'가 되었다. 그는 연출가인 동시에 텍스트와 무대 모두의 창조자이며, 그런즉 어떤 하이브리드적 존재이자 무대와 종이 모두에 적합한 선수로서, 무대 위에 투사된 빛을 따라 자신의 텍스트를 다시 써내려가는 자이다.

---

22) Patrice Pavis, *Le Théâtre contemporain*, Paris, Nathan, 2002.

23) J-P. Sarrazac, *Etudes théâtrales*, 2007, p.17.

7.4. 탐구적 연극에서 자주 나타나거나 지배적인 면모를 보이는 이 '무대 위의 글쓰기(Tackels)'는 포스트드라마 연극에서 나타나는 두 방울의 물과 유사하다. 이 두 방울의 물이란 모든 창작이 무대의 구체적인 시공간 속에서 배우들과 함께 하는 구체적인 작업으로부터, 즉 무대로부터 나온다는 아이디어에서 비롯된 것이다. 이런 의미에서 '무대 위의 글쓰기'(이는 슬프게도 그다지 행복한 이름이 아닌데, 왜냐하면 여기서는 글쓰기도 전통적인 무대도 관건이 되지 않기 때문이다!)는 '고안된 연극'의 영국적 전통으로 복귀하며, 이때 그 연극 역시 탐구적 연극의 다른 형식들, 특히 극작법적 글쓰기와 '연출가' 연극(director's theatre), 그리고 대륙적 전통으로부터 영감을 받은 연출연극(théâtre de mise en scène, Regietheater) 등의 형식들을 흡수하는 유감스런 경향을 보인다. 근본적으로 포스트드라마 연극, 고안된 연극, 그리고 무대 위의 글쓰기라는 세 가지 유형의 경험들은 거의 언제나 고전주의 작품들의 재독을 기반으로 하는 연출 예술의 전통을 청산하는 것은 아니라 할지라도 회피한다는 공통점을 보인다. 독일의 시립극장(Stadttheater)들은 비교적 보수적인 성향의 대중이나 소시민이 요구하는 고전주의 레퍼토리 역시 쉽사리 그만두지 못하며, 이에 더하여 포스트드라마적 탐구들을 극장의 상임 연출가나 초청 연출가에 의해 얼마간 기계적으로 실행시키고 있다. 그와 같은 연극은 예전에는 윌슨에 의해 제작되었으며, 현재는 얀 라우어스와 얀 파브르, 루크 퍼시발(Luk Perceval)과 탈하이머(Thalheimer) 등의 포스트드라마적인 옛 아방가르드주의자들에 의해서 제작되고 있다. 다른 곳에서와 마찬가지로 독일에서 1970~1980년대에 포스트드라마의 데뷔를 뒷받침했던 그처럼 강력하고 확고한 구조들은 어쩌면 오늘날에 이르러서는 포스트드라마 연극들을, 가능한 모든 의미에서 회수하고 번안하고 상업화하며 종결지으

려 하는지도 모른다. 연극의 미래는 아마도 새로운 형식들- 드라마적인 것이 됐든 포스트드라마적인 것이 됐든 -의 고안 보다는 보조금 지원 시스템에 더 많이 달려 있을 것이다.

레만의 고찰 덕택에, 그리고 그의 후학들과 오늘날 전 세계에서 그를 인용하는 수많은 예술가들의 고찰 덕택에, 포스트드라마 연극은 확실히 우리 시대의 모순들 및 모호성들과 더불어서, 과거의 도그마들과 미래의 쉬운 약속들에 대한 자조적이면서도 절망적인 회의주의와 더불어서, 또 세계 연극의 생생하고 재생적인 전체 흐름을 형식화하는 데 있어 엄청난 이점을 갖게 되었다. 포스트드라마 연극이 자신의 비밀을 누설했다는 것은 당치도 않다. 양식도, 이론도, 방법론도 아닌 그것은 집중적인 모순들을 이동시키기 위한 하나의 술책일 뿐이다. 포스트드라마 연극의 존속이나 소멸은 드라마적인 것의 귀환에도, 신-고전주의적 극작법에도 놓여 있지 않으며, 오히려 드라마적 문학과 예술을 묶고 있는 밧줄들을 아직 완전히 끊어버리지 않은 어떤 글쓰기의 강화에 놓여있다. 포스트드라마와 싸우는 전장에서 드라마적인 것이 이미 최후의 말을 내뱉었다고는 볼 수 없는 일이다.

(번역: 목정원)

참고문헌

Etudes théâtrales, 2007.

Fuchs, Elinor, "Postdramatic Theatre", *The Drama Review* 4, Summer 2008, pp.178~183.

Hayles, Catherine, *How we became posthuman*, University of Chicago Press, 1999.

Lehmann, Hans-Thies, *Das postdramatische Theater*, Verlag der Autoren, 1999.

_____, *Das politische Schreiben*, Theater der Zeit, no. 12, 2002.

_____, Contemporary Drama in English Vol.14, "*Drama and/after Postmidernism*", Trier, Wissenschaftlicher Verlag, 2007.

Limon, Jerzy, "Performativity of the Court: Stuart Masque as Postdramatic Theatre", *The return of Theory in Early Modern English Studies*, Paul Cefalu, Bryan Reynold, (eds.), Palgrave, London, 2011.

Ostermeier, Thomas, *Introduction et entretien par Sylvie Chalaye*, Actes Sud-Papiers, 2006.

Pavis, Patrice, *Le Théâtre contemporain*, Paris, Nathan, 2002.

Puchner, Martin, *Stage Fright: Modernism, Anti-Theatricality, and Drama*, The Johns Hopkins University Press, 2002.

_____, *La Mise en Scène contemporaine*, Armand Colin, 2007.

Roselt, Jens, "In Ausnahmezuständen. Schauspieler im postdramatischen Theater", *Text und Kritik*, 2004.

Sarrazac, J-P., *Lexique du drame moderne et contemporain*, Circé, 2005.

Szondi, Peter, *Théorie de drame moderne*, L'Age d'homme, 1983.

Weiler, Christel, "Postdramatisches Theater", *Metzler Lexikon Theatertheorie*, Erika Fischer tichte, Doris Kolesch, Matthias Warstat, (eds), Stuttgart Weimar: Metzler, 2005, pp.245~248.

찾아보기

필자 약력

(게재순)

▎김형기

연세대학교 및 동 대학원 독문학과(M. A.)를 졸업하고, 독일 아헨대에서 연극이론으로 문학박사(Dr. phil.) 학위를 취득하였다. 독일 뮌헨대 연극학과 연구교수(독일 훔볼트재단 Research Fellow), 한국브레히트학회 부회장, 한국연극학회 편집위원장을 역임하고, 현재 순천향대학교 공연영상미디어학부 교수, 한국연극학회, 한국드라마학회 이사, 한국연극평론가협회 회장으로 활동하고 있다.

저서에는 『〈놋쇠매입〉과 〈연극을 위한 작은 지침서〉에 나타난 브레히트의 연극이론에 관한 비교연구』(독문), 『브레히트의 서사극』(공저), 『하이너 뮐러 연구』(공저), 『도이치문학 용어사전』(공저), 『탈식민주의와 연극』(공저), 『가면과 욕망』(공저), 『동시대 연극비평의 방법론과 실제』(공저), 『한국현대연극 100년. 공연사 II(1945~2008)』(공저), 『An Overview of Korean Performing Arts. Theatre in Korea』(공저), 『90년대 이후 한국연극의 미학적 경향』(공저) 등이 있으며, 역서로는 『보토 슈트라우스: 〈시간과 방〉』, 『브레히트: 〈코카서스의 백묵원〉』, 『Die Suche nach den verlorenen Worten』(이청준

작: 잃어버린 말을 찾아서)(독역) 등이 있다.

그밖에 베르톨트 브레히트의 「〈놋쇠매입〉 연구」, 「다중매체 시대의 "포스트드라마 연극"」, 「현대연극에 나타난 탈정전화 전략으로서의 패러디」, 「"연극성" 개념의 변형과 확장」, 「독일의 현대 '춤연극' 연구」, 「분과학문으로서의 연극학」, 「서술과 기억공간으로서의 연극」, 「다매체시대 연극의 탈영토화」 등의 논문과 다수의 공연비평이 있다.

▌심재민

연세대학교 독어독문학과를 졸업했다. 독일 튀빙엔(Tübingen)대학교에서 독문학, 철학, 독어학을 수학하고, 동 대학교에서 석사 및 박사 학위를 취득했다. 현재 한국연극평론가협회 부회장, 안산문화예술의전당 이사, 한국연극협회 이사 등으로 활동하고 있으며, 대학에서 학생들을 가르치고 있다.

저서로는 『생성과 자유. 칼 슈테른하임의 현대에서의 거리경험과 니체 관련』(독문), 『연극적 사유, 예술적 인식』, 『An Overview of Korean Performing Arts. Theatre in Korea』(공저), 『동시대 연극비평의 방법론과 실제』(공저), 『연극과 대화하기』(공저), 『탈식민주의와 연극』(공저) 등이 있다. 논문으로는 「생성과 가상에 근거한 니체의 미학」, 「그리스 비극과 신화에 대한 니체의 해석」, 「한트케의 〈관객모독〉과 2004년 한국 공연」, 「해체와 몸의 관점에서 본 하이너 뮐러의 〈햄릿기계〉와 로버트 윌슨의 연출」, 「형이상학적 세계 변화에 대한 인식의 형상화—김우진의 〈난파(難破)〉」, 「니체의 '가면'과 '웃음'」, 「'몸의 연극'에서의 수행적인 것의 가능성과 한계」, 「포스트드라마의 몸: 현상학적인 몸의 현존 방식에 대한 레만의 해석」, 「박근형 연극의 드라마투르기에 나타난 사회비판적 기능」 외 다수가 있다. 그리고 「몸의 한계 제거—영향미학과 몸이론의 관계에 대하여」, 「기호학적 차이—연극에서의 몸과 언어」 외 다수의 번역 논문이 있다.

▌김기란

연세대학교 국어국문학과를 졸업한 후 독일 베를린 자유대학 연극학과에서 공부했다. 연세대학교에서 문학박사 학위를 받고 연극평론가로 활동하고 있다. 현재 연세대와 상명대에서 강의하고 있으며 주요 논문으로는 「협률사 재론」, 「신연극 '은세계' 연구」, 「가족무대를 통한 새로운 가족정체성의 탐구-박근형의 작품을 중심으로」, 「대한제국기 극장국가 연구」 외 다수가 있다. 2005년 PAF 비평상(연극 평론)을 수상했다.

▮최영주

동국대학교 영어영문학과 및 대학원에서 박사학위를 취득하였다. 현재 한국연구재단의 지원을 받아 동국대학교에서 "퍼포먼스적/탈경계적 글쓰기"를 연구 중이며, 한국연극평론가협회 이사, 한일연극교류협의회 운영위원으로 활동 중이다.

주요 저서로는 『셰익스피어라는 이름의 극장, 그리고 문화』(2006), 『글에 담은 연극사랑』(공연평론집, 2008), 『동시대 연극비평 방법론과 실재』(공저, 2008), 『동시대 연출가론-서구편 I, II』(편저, 2007, 2010) 등이 있으며, 주요 논문으로는 「연극성의 실천적 개념」(2007), 「1990년대 영국 희곡에서의 실험적 글쓰기」(2008), 「한국문화상호주의 〈햄릿〉 공연에 대한 세 가지 방식 연구: 초문화, 혼합문화, 글로컬문화 소통 방식의 미학과 문제점」(2009), 「퍼포먼스텍스트 구성을 위한 탈경계적 글쓰기」(2010) 등이 있다.

▮최성희

이화여자대학교 영어영문학과를 졸업하였다. 위스콘신 주립대학에서 브레히트 연극이론과 정치극에 대한 논문으로 석사를, 메릴랜드 주립대학에서 브로드웨이의 오리엔탈리즘과 동양계 배우들의 퍼포먼스 전략에 대한 논문으로 박사학위를 받았다. 제2의 현실을 만들어 내는 전이영역으로서의 연극의 사회적, 정치적, 미학적 가능성에 관심을 가지고 여러 편의 논문과 연극평론을 썼으며 최근에는 일상에서 행하는 다양한 '퍼포먼스'가 인간의 존재와 인식에 미치는 영향을 탐구하는 일에 관심을 갖고 있다. 2003년부터 경희대학교 영미어학부 교수로 재직하고 있다.

┃이진아

숙명여자대학교 국어국문학과 및 동대학원을 졸업하고, 러시아 상트 페테르부르크 국립연극원(St. Petersburg State Academy of Theatre Arts)에서 연극학 박사학위를 취득하였다. 한국연극평론가협회 사무국장 및 한국문화예술위원회 다원예술 소위원회 위원(2~3기)을 역임했으며, 현재 연극평론가로 활동하며 숙명여자대학교 국어국문학과 교수로 재직 중이다.

주요 저서로는 『가면의 진실-20세기 러시아 연극의 실험과 혁신』(태학사, 2008), 『동시대 연극비평의 방법론과 실제』(공저, 연극과인간, 2009), 『한국근현대연극 100년사』(공저, 집문당, 2009) 등이 있으며, 『배우의 길』(지만지, 2009), 『체험의 창조적 과정에서 자신에 대한 배우의 작업』(지만지, 2010) 등의 번역서가 있다. 그 외에 한국연극과 러시아 연극에 대한 다수의 논문이 있다.

┃파트리스 파비스(Patrice Pavis)

파리대학에서 연극학 교수로 재직했다(1976~2007). 현재 캔터버리(Canterbury)에 있는 켄트(Kent)대학 연극학과 교수로 재직 중이다. 2011년 3월부터는 서울의 한국예술종합학교에서 초청교수로 있을 예정이다. 대표적인 저서로는 세계 각국의 언어로 번역 출판된 『문화 교차로에서의 연극』, 『퍼포먼스 분석: 연극, 무용, 영화』, 『연극학 사전』이 있고, 그 밖에 퍼포먼스 분석, 동시대 프랑스 극작가들, 동시대 연극에 대한 책들을 출간하였다. 가장 최근의 저작으로는 『동시대 연출(La Mise en scène contemporaine)』(Armand Colin, 2007)이 있으며, 곧 Routledge에서 영문 번역서로 출간될 예정이다.

The Aesthetics of Postdramatic Theatre

Contents

푸른사상 연극이론 총서 2

포스트드라마 연극의 미학

1판 1쇄 · 2011년 2월 28일 | 1판 3쇄 · 2013년 3월 22일

지은이 · 김형기, 심재민, 김기란, 최영주, 최성희, 이진아, 파트리스 파비스
펴낸이 · 한봉숙
펴낸곳 · 푸른사상
주간 · 맹문재 | 편집 · 김재호

등록 · 1999년 7월 8일 제2-2876호
주소 · 서울특별시 중구 충무로 29(초동) 아시아미디어타워 502호
대표전화 · 02) 2268-8706(7) | 팩시밀리 · 02) 2268-8708
이메일 · prun21c@hanmail.net / prunsasang@naver.com
홈페이지 · http://www.prun21c.com

ⓒ 김형기, 심재민, 김기란, 최영주, 최성희, 이진아, 파트리스 파비스, 2013

ISBN 978-89-5640-797-5 93680
값 20,000원

푸른사상 연극이론 총서 2

포스트드라마 연극의 미학

푸른사상 연극이론 총서 2

포스트드라마 연극의 미학